HISTORY OF THE ART OF WAR
战争艺术史

Hans Delbrück

蛮族入侵

［德］汉斯·德尔布吕克 著　　姜昊骞 译

世界图书出版公司
北京·广州·上海·西安

赫尔曼（阿米尼乌斯）纪念碑。在条顿堡森林会战中，日耳曼人在车茹喜部人阿尔米尼乌斯的领导下击败罗马军团，其统帅瓦卢斯自杀而死。

日耳曼尼库斯,罗马皇帝提比略养子,卓越将领。条顿堡森林会战后,日耳曼人取得决定性的胜利,日耳曼尼库斯临危受命,打败了阿米尼乌斯。

卢浮宫的尤利安皇帝雕像。在斯特拉斯堡会战中尤利安击败了强大的阿勒曼尼人。

铸有瓦伦斯头像的钱币。瓦伦斯率领的罗马帝国精锐部队在阿德里安堡会战中被哥特人彻底击败,这是罗马军队在坎尼会战和条顿堡森林会战之后的最大失利,也是罗马帝国走向灭亡的标志。

圣维他教堂的镶嵌画，带光环者为查士丁尼一世，其左侧蓄须者为贝利撒留，右侧为纳尔西斯。

法兰克王国墨洛温王朝的国王克洛塔尔二世和他的花押。克洛塔尔二世在公元614年颁布的《巴黎敕令》对法兰克贵族做了多项承诺,其中之一是某地的伯爵人选只会出自当地的大地主。

目 录

第一篇　古罗马人与日耳曼人的冲突

1. 早期日耳曼民族　　　　　　　　　　　　　　*003*
2. 日耳曼战士　　　　　　　　　　　　　　　　*010*
3. 古罗马降服日耳曼　　　　　　　　　　　　　*023*
4. 条顿堡森林会战　　　　　　　　　　　　　　*030*
5. 日尔曼尼库斯与阿米尼乌斯　　　　　　　　　*043*
6. 战争的高潮与结束　　　　　　　　　　　　　*054*
7. 古罗马与日耳曼的僵持局面　　　　　　　　　*067*
8. 古罗马帝国的军队建制与军人生活　　　　　　*075*
9. 军事理论　　　　　　　　　　　　　　　　　*112*
10. 古罗马军事体系的衰落与解体　　　　　　　*118*

第二篇　民族大迁徙

1. 日耳曼人为主体的古罗马军队　　　　　　　　*137*
2. 斯特拉斯堡会战　　　　　　　　　　　　　　*147*
3. 阿德里安堡会战　　　　　　　　　　　　　　*153*
4. 军队兵力　　　　　　　　　　　　　　　　　*166*

5　民族大迁徙时期的日耳曼军队　　　　　　　　　　*179*

　　6　日耳曼人与古罗马人的混居　　　　　　　　　　*191*

第三篇　查士丁尼皇帝与哥特人

　　1　查士丁尼军制　　　　　　　　　　　　　　　　*209*

　　2　塔吉纳会战　　　　　　　　　　　　　　　　　*220*

　　3　维苏威火山会战　　　　　　　　　　　　　　　*232*

　　4　卡西林努斯河会战　　　　　　　　　　　　　　*238*

　　5　战　略　　　　　　　　　　　　　　　　　　　*245*

第四篇　向中世纪过渡

　　1　古罗马-日耳曼国家的军事组织　　　　　　　　*257*

　　2　战术变化　　　　　　　　　　　　　　　　　　*267*

　　3　初期日耳曼-古罗马军事体系的衰落　　　　　　*275*

　　4　封建制度的起源　　　　　　　　　　　　　　　*279*

附注选译

　　1　日耳曼人政治-社会结构　　　　　　　　　　　*297*

　　2　阿里索的位置　　　　　　　　　　　　　　　　*312*

　　3　古罗马的人口、贵金属供给和军事体系　　　　　*339*

注　释　　　　　　　　　　　　　　　　　　　　　　*353*

BOOK I
第一篇

The Conflict Between the Romans and the Germans
古罗马人与日耳曼人的冲突

1　早期日耳曼民族

为了理解日耳曼人①的军制和军事,我们必须首先了解日耳曼人的政治-社会结构。

与高卢人一样,日耳曼人没有实现政治统一,而是各部落(Völkerschaften; civitates)分治,每个部落平均控制 2 000 平方英里(约 5 200 平方千米)左右的范围。由于有受到敌人突袭的危险,各部边境无人居住,因此只需一天左右的时间便能从一个部落最外侧的定居点来到部落的主要聚落。

由于森林和沼泽覆盖着大片土地,居民实际开垦的范围并不大。他们主要以鲜奶、奶酪、畜肉为生,人口密度不会超过每平方千米 4.2 人到 4.6 人。因此,每个部落通常有 2.5 万人左右,大部落有 3.5 万到 4 万人。这样算来,成年男性的人数就在 0.6 万到 1

---

① 在原文中,"日耳曼"和"德意志"是同一个词(Germany),但在汉语语境中,前者通常专用于古典时代,而后者专用于中世纪及之后,因此译为两词。

万之间，即使按最大的数目算，减掉1 000名到2 000名缺席的人，一个人说话也能让全部落的成年男子听到，因此仍然可以组织统一的议事大会。部落的最高主权就由这样的全民大会行使。

部落（tribe）是由氏族（clan）组成的，也叫"百户"（Hundred）。氏族之所以叫氏族，是因为它们不是随意编成的，而是由自然的繁衍关系结合起来的。完全不存在可以让年轻人流入并在那里组成新社会关系的城市。每个人一直都要生活在他出生的团体中。不过，氏族也会被称作"百户"，因为每个氏族约有100户战士。[1]当然，实际数目往往会比100大，因为日耳曼人对"百"的用法是宽泛的约数，即大的数目。除了数目，"百户"还有族长的意味，因为氏族成员之间的实际亲属关系毕竟相当稀薄。氏族不可能起源于若干住在附近的夫妇，然后这些夫妇经历数个世纪的开枝散叶，发展成一个大的氏族，而只能起源于这样一个事实：规模太大、一个地方供养不了的氏族会分裂。于是，一定的规模，一定的数目——大约是100——既是群体的基本单元，也是群体的起源。因此，氏族的性质取决于户数的程度不次于氏族的起源。氏族（Geschlecht）和百户（Hundertschaft）是等同的。

接下来，我们可以将一个氏族或者说百户的总人数估计在400到1 000人之间，个别多的可能到2 000人，其控制的土地叫作"宗域"（district），面积为20平方英里（约52平方千米）左右，也可能有几倍大。全族聚居在一个村庄里。日耳曼人修屋子时不会彼此紧贴在一起，而是视场址、森林、泉水便利自建。不过，我们不能将其理解成今天威斯特伐利亚（Westphalia）地区常见的那种独立农庄，而是一大片松散的聚落。耕种的活计主要由女人和不适合打猎参战的男人承担，他们的收获非常微薄。为避免土地贫瘠，聚落地点经常变更。即便到了比较晚的时候，日耳曼的法律也不将房屋视作不动产，而是视为动产。我们前面说过，每平方千米居住的平均人数为 4.2 人到 4.6 人，于是，一个 750 人的村庄相应就有 60 平方英里（155 平方千米）左右的土地。² 除非定期迁移，否则实际利用的可耕种土地不会太大。尽管日耳曼人已经不再是游牧民了，但他们与土地的联系仍然相当松散。

在战时，氏族成员——同时也是同村的村民——共同组成一个单元。因此，直到今天，挪威语里还将一支军队称为"Thorp"；在瑞士，"Dorf"这个词的意思是一群人，"Dorfen"的意思是召开集会。实际上，德语词"Truppe"（军队）也有着同样的渊源，是由法兰克传到拉丁，最后回传到日耳曼的。这个词保存了我们的先祖在尚无任何文字记载时代的记忆。外出作战的是平时聚居的村民，因此，"村庄"（Dorf）和"军队"（Truppe）这两个词都来自同一个词。³

因此，古代日耳曼社区从定居方式来看是村庄，从居住区域来看是宗域，从人数规模来看是百户，从人际关系来看是氏族。土地不是私产，而是公产，属于关联紧密的社区。用后来的说法来看，它形成了一个"公社"（communal march）。

罗马人没能完全对应上述现象的词汇，因此只能片面描述。本来最接近的一个词"gens"，已经几乎完全形骸化，其对说拉丁语的人来说几乎没有实在意义。于是，恺撒将日耳曼氏族称作"居住在一起的部族和父系家族"（gentes coǵnationesque hominum, qui una colerunt），以表达这些聚落中的真实血缘关系。塔西佗说，"家族及其亲属"(familiae et propinquitates)一起下地劳作，社区(universi)占有可耕作土地。保罗执事(Paulus Diaconus)也觉得没有一个拉丁语词能真正表达出日耳曼人的状况。在他用拉丁文写成的书里，保罗照搬了日耳曼人的词汇"fara"[家庭，这个词也是pario（我生下）及其过去时形式"peperi"的词源]，同时附上3个译词：ģenerationes（种族、家庭）、lineas（家系）和prosapias（家庭）。[4] 用来描述村庄的词汇也有同样的困扰。罗马人的村庄(vicus)面积很小，而且像城市一样密集建设。为了表示日耳曼村庄面积更大、建筑更松散的性质，塔西佗用了"村庄与乡野"(vici paǵique)这个词。

每个社区有一名选举产生的首脑，被称为"长老"(Altermann)或百户长(hunno)，就像同一个社区既被称为"氏族"，也被称为"百户"一样。乌尔菲拉(Ulfilas)[①]用"百户长"(Hundafaths)来指称《圣经》里的百夫长(centurion)。盎格鲁-撒克逊人有Ealdorman，挪威则有Herredsköniģe或Hersen。在整个中世纪，"Hunno"这个词都继续存在于德意志的许多地方，意思是村长，具体形式有Hunne、Hun和Hundt，甚至一直流传到当代锡本布尔根(Siebenburgen)方言中的Hon。

长老(hunni)在平时领导和管理村庄，在战时指挥男丁。但是，他们与村民们生活在一起。在社会中，他们与其他所有人一样都是普通公民。他们的权威不足以在发生重大纠纷或罪行时维持和

---

① 乌尔菲拉（310—383），基督教传教士，将基督教传入哥特等日耳曼部落，并将《圣经》翻译为哥特语。

平，其地位和眼界也不足以发挥政治引领的作用。每个部落都有一个或几个地位远高于普通大众的贵族，他们享有特殊的地位，自称是神的后裔。公民大会从贵族中选出若干"酋长"或"为首者"（principes），他们巡回于各宗域之间（"per pagos vicosque"："穿过村庄与乡野"）开庭断案、对外交涉、共议大事，还可能为了推动提案在公民大会通过而与百户长们磋商。开战期间，一名酋长还会出任总指挥，名为"公爵"（duke）。

通过瓜分战利品、贡品、礼品、强迫劳作的战俘和有利可图的联姻，贵族们积攒了日耳曼人眼中的巨大财富。[5]凭借这些财富，他们能够维持一支由自由人组成的扈从。扈从是最勇猛的战士，对领主宣誓效忠，至死方休，与主人同吃同住，平时显示威仪，战时护卫襄助（"in pace decus, in bello praesidium"："平时充当依仗，战时作卫士"）。不管酋长走到哪里，扈从都为他的话语增添权威和力度。

明确规定只有贵族才能当选酋长的法律当然是不存在的，但在现实中，贵族已经与大众截然分开，平民想跨入精英圈子是不容易的。大会为什么要选一个不比其他人更有地位的老百姓当酋长？尽管如此，平民家族连续出了几代百户长，赢得超乎寻常的声望乃至财富，并因此被贵族阶层接纳的例子并不罕见。事实上，贵族家庭本身可能就是这样形成的，杰出父亲的儿子在选举官员时具有天然的优势，之后逐渐转变为一种惯例：酋长去世后，人们都觉得老酋长的儿子有资格继任并被选为新酋长。酋长身份带来的种种优势又会提升酋长家族的地位，以致其悬隔于大众，于是其他人竞争的可能性就越来越低了。如果说这种心理-社会过程在当代公共生活中只有微弱的迹象，那是因为望族阶层的自然发展过程受到了其他强大力量的抗衡。在古代日耳曼人中间，世袭制无疑是从起初的选举制中发展而来的。在被罗马征服的不列颠地区，出身旧贵族的酋长成了国王和公爵。在本卷讨论的时代，上述关系依然在发展过程中。贵族阶层无疑已经上升为高出平民的群体，但百户长仍然属于群众，而且欧洲大陆的百户长从来没有取得过特殊的单独阶层地位。

罗马人似乎将酋长与百户长的集会视为日耳曼部落的元老院。地位最高的家族的子弟自幼便被赋予贵族的威仪，他们还会旁听长老议事。在其他情况下，这些努力追求不平凡、异于平民寻常生活事物的年轻贵族会由扈从负责教导。

只要大权掌握在一名酋长之手，或者其他酋长都被一名酋长消灭或压制，酋长共治就会转变为王制。因此，就其自身而言，这套制度的根基和精神还没有转变，因为最高的、最终的权力仍然掌握在全体战士出席的大会中，一如旧制。酋长统治和国王统治的区别很小，以至于有一次，明明有两名酋长同时在位，但罗马人竟然将其中一人称作国王。[6]另外，王位与酋长一样不是世袭相承的，而是能者居之，由人民投票和欢呼拥戴产生。在这个过程中，有身体或精神问题的继承人是有可能也确实会被选下去。如果说国王和酋长只有数量上的区别，那么领导和指挥的权力由一人或多人掌握的自然差别就仍然是巨大的。从现实角度看，国王独治完全排除了反对势力、公民大会权衡不同方案、提出各种建议的可能性。公民大会的主权渐渐变成了单纯地拥戴新王。但即便对国王来说，这也是必不可少的。哪怕有国王在场，日耳曼人仍然保留着自由民的高傲和质疑精神。"在日耳曼人究竟能多大程度接受他人统治上,"塔西佗在《日耳曼尼亚志》(13.54)写道,"他们都是国王(in quantum Germani reġnantur)。"

宗域与邦国的关系相当松散。一个宗域迁居到远方,以至于逐渐脱离了原先所属的邦国,这种情况是可能发生的。参加公民大会比以前麻烦了,去的人也少了;两群人渐渐不再有共同利益了。至此,宗域与邦国之间就只剩下同盟关系了,而且随着迁居氏族逐渐壮大,也会形成新的邦国,先前的百户长家族则变成酋长家族。另一种可能的情况是,各个宗域被分给若干酋长管辖,这些酋长将手下的宗域联合起来,建立王国,与母国脱离关系。这一点在文献里没有被直接证明,但却反映在流传至今的文献中的常见的含混用语上。在我们看来,车茹喜人(Cherusci)和卡狄人(Chatti)好像是民族(civitates)意义上的部落,但他们的地域极其广大,以至于其实可以被视为邦国联盟。在名目繁多的部落中间,我们也大可以怀疑它们或许不过是宗域而已。反过来看,"宗域"(pagus)这个名称可能常常指的也不是一个百户,而是一名统辖多个百户的酋长的领地。最稳固的关系在团结的百户(氏族)内,百户的成员以类似公社的方式共同生活,并且不容易由于外部和内部因素而解体。

2　日耳曼战士

本书第 1 卷中说过,军事成就不止有一个而是有两个差别极大的根源:第一个根源是显而易见的,即单个战士的勇猛和体魄;另一个根源是个体战士要结成坚固的阵形,也就是战术单元。尽管这两种力量——单兵战力和集体团结——的性质不同,但后者绝不是与前者无关。一个全由懦夫组成的单元,不管他们操练得多么熟练,都是做不成事的。然而,如果一群人有中等的勇气,再加上团结组织的成分,那他们的战斗力就要高于纯粹的个人勇武。希腊公民的方阵粉碎了波斯骑士的胆气。古代战争艺术史的主线就是方阵这种战术单元发展完善、推陈出新、形成梯形战术和大队战术的过程。罗马人之所以不断取胜,不是因为他们比所有对手都更勇敢,而是因为他们有纪律,由此形成了更坚固的战术单元。通过这段发展史,我们就能明白从起初死板的方阵演进出各种更小、更灵活的战术单元是多么重要,又多么困难。

只要记住古代战术史的历程,再加上对日耳曼人组织形式的了解,我们一眼就能明白日耳曼人必然蕴含着强大的军事力量。在贴

第一篇　古罗马人与日耳曼人的冲突

近自然的原始蛮荒生活中，在不断与野兽和相邻部落的战斗中，每一个日耳曼人都养成了高绝的个人勇武。他们生活的团体既是氏族，又是邻居，大家在经济、社区和军事方面都同心一致，而且领导者的权威在日常生活中融入整个团体。不论平时还是战时，百户长统率的日耳曼百户所具有的凝聚力，都让纪律最严格的罗马军团望尘莫及。日耳曼百户和罗马军团蕴含的心理因素完全不同，但结果却别无二致。日耳曼人不做操练，百户长几乎没有明确的处罚权，更别提严厉惩戒部属了。日耳曼人甚至没有真正的军事服从概念。但是，整个团体有着牢不可破的团结。百户的团结是如此坚实巩固，以至于历史文献中也会用村庄、社区、同志和氏族来称呼百户。与文明民族不得不通过纪律打造的人为团结相比，这种天然的团结还要更强。论列阵严整、行军有序、进攻时队伍不偏不散，罗马的百人队要优于日耳曼的百户。但是，日耳曼百户内在的就有团结，人人士气高涨，彼此真心倚靠。哪怕是在外部形势混乱、队伍完全被打散以至于经常出现撤退的情形下，日耳曼百户的内在团结也足以维持阵势。百户长的每一声高呼——我们就不用"命令"这个词了——部属都会听从，因为每个人都知道其他人会听从。凡是缺乏训练的战士群体，真正的弱点都在于惊慌失措；但是，日耳曼百户即使是在撤退时也能听从酋长号令，不再后退，反身再上。[1]

因此，前一章先阐明百户长与长老，宗域、氏族、百户与村庄长老两者的同一性是有意义的。这不是抽象政治-法律状况的一个争论点，而是要探索世界史上的一个重大因素。现在有一点是清楚的：百户长统率的不是一支人员构成和组织形式变动不居、依据具体形势而遴选出来的队伍，而是天生就统领一个自然形成的单元。

百户长的名号和战时职能与罗马百夫长相似，但两者的区别就好比自然天成与琢磨造就。一名平时不行使族长管理职责的百户长，到了战场上的效果就和平时不操练的百夫长一样。但因为他是族长，所以他不需要部属宣誓效忠、军法或严密管控部属，就能拥有等同于罗马百夫长必须通过最严厉的管教才能达到的组织性，以及类似于后者的服从性。

　　罗马人有时会说日耳曼人没有秩序，[2]日尔曼尼库斯（Germanicus）为鼓励军团士兵时也说过"他们撤退起来毫无羞耻之心，也不听长官号令"（"sine pudore fiaģitii, sine cura ducum abire"）。可按照罗马人的标准，这些话并不属实。但这从反面证明了日耳曼人强大的凝聚力，在斗志高昂的领导下，他们可以在看起来毫无秩序、暂时后退、没有真正的命令式指挥的情况下维持作战，而不至于阵形瓦解，甚至不会吃大亏。

　　日耳曼步兵采用的战术被古人称作"cuneus"，近代学者将其译为"楔形战术"（Wedge）。但这个词是有误导性的，就像我们说的"纵队"一样——从技术角度来看，"纵队"大概是cuneus最准确的译法。如果一个人想要比较"纵队"和"横队"两个概念的区别，那么他会指出，"横队"是宽度大于深度的阵形，"纵队"是深度大于宽度的阵形。但是，如果说这些概念运用到现实中已经有模糊的地方了，那么实际用词更是远远超出了"横队"与"纵队"的基本概念划分。例如，我们会将一个深度只有6人、宽度为12人至40人的阵形称作"连纵队"。同理，我们发现罗马人将概念上肯定属于"方阵"和"横队"的阵形称作"楔形阵"（cuneus）。以李维对坎尼会战的记载为例，参战的迦太基中军被称作"很浅的楔形阵"（cuneum nimis teneum），而实际上，它不仅肯定是线形阵，甚至——按照李维的形容——是很浅的线形阵。Cuneus 的意思甚至往往不过是"队伍"而已。³

进一步看，如果从"Cuneus"这个词不能得出确切含义，那么这个词除了笼统描述，同样有具体精确的用法，这也是无可置疑的。

"民族大迁徙"（Völkerwanderung）时期① 的几名作者似乎懂得这个词的精确含义。韦格蒂乌斯（Vegetius, 3.19）将 cuneus 定义为"步兵阵形，前窄后宽，向前推进以打破敌军阵线"。据阿米亚努斯（Ammianus, 17.13）② 记载，罗马人——蛮族人组成的罗马军事单元——以"军人般的直接"（soldatische simplicitas）发起攻击，采用"野猪头阵形"，"前端缩成一个点"（desinente in angustum fronte）。阿加西亚斯（Agathias）③ 写道，与纳尔西斯（Narses）作战时，法兰克人摆出了三角形的楔形阵（embolon）*。因此，楔形阵通常是这样的：前端是一名最优秀的战士，第二列有 3 人，第三列有 5 人，以此类推。但稍加详查就会发现，这个概念是不现实的。不管楔形顶点的那个战士的身体有多强壮，装备有多完善，当他击倒正面的敌军时，后者左边或右边的敌人总能发现侧面出击的机会。为保护前出战士免受两面夹击，唯一的办法就是第二列的战士尽快上前。但阵形接下来不断展开：现在楔形阵的顶端有 3 人，

---

① 4 世纪至 7 世纪期间在欧洲发生的一连串民族迁徙运动，从罗马人的角度看就是蛮族入侵。
② 阿米亚努斯（325—391），古罗马末期最著名的历史学家。
③ 阿加西亚斯（约 530—582/594），诗人和历史学家，著有《查士丁尼执政史》，是东罗马皇帝。

他们受到 5 人的攻击。于是，第三排的战士必须尽快冲到前面。简而言之，楔形阵并不能打穿敌军正面，而是在两军接触的那一刻就开始摊平，并在很短时间内由纵转横。原本为了保持楔子形状而有意留后的侧翼士兵全都冲向前方；三角形的底边开始向前推，端点则向后退，这是理所当然的，因为侧翼的士兵原本身前空荡荡，现在变成了身后空荡荡。因此，楔形阵不仅达不到预期效果，估计顶端反而要比侧后士兵还在向前冲的时候损失更惨重。楔形阵可谓愚不可及。一群人不管团结得多么紧密，终究是个体的总和，往前推进当然做得到，但不能像铁锋一般将侧方的全部压力集中于一点或刃上。

古典时代的文献中有两处对楔形阵的正确描述，一处是塔西佗，另一处也是在民族大迁徙晚期，即莫里斯（Mauricius）皇帝或托名为莫里斯皇帝的某人撰写的《战略》（*Strategicon*，成书年代或为公元 579 年）。《战略》①中写道，"金发人"——法兰克人、伦巴第人（Lombards）等类似民族——的进攻阵形深度和宽度相等。[4] 塔西佗（《历史》4.20）则提到了巴达维亚人（Batavians）的"楔形阵"："四面紧密，前后侧翼皆坚固"（"densi undique et frontem tergaque ac latus tuti."）。如果"四面人数相等，不仅前后相等，左右也相等的紧密队伍"是方阵，那么，深宽都是 20 人，总人数就是 400 人；深宽都是 100 人，总人数就是 1 万人。这样的阵形不会是正方形，而是一个前窄后宽的四边形，因为在行军过程中，横排间距会拉大到纵列间距的两倍左右。如果队长，或者说酋长走在深

---

① 查士丁尼一世统治初期情况的最重要文献来源。

第一篇　古罗马人与日耳曼人的冲突

度这么大的纵队前方，身后或两旁是扈从的话，那么队伍看起来就像方阵前面探出一个点。与现代作比较的话，我们可以说它类似于一个骑兵旅进攻时的情形：旅长带头，身后有3人——副官加上两名司号员——再后面是两名团长及其副官和司号员。接着依次是8名中队长及其司号员、32名排长和其余士兵。我们可以用三角形来描述它，但它只是阅兵阵形而已。按照条令规定，骑兵旅并不是渐次插入敌军正面，真到打仗的时候，尽管军官排在前面，但他们会号召士兵冲到自己前面，从而全体同时冲入敌军。日耳曼"野猪头阵形"的尖角同理。当日耳曼酋长或北欧领主（thane）领着扈从走在士兵方阵前方时，他会利用先锋的位置发起冲锋，带动和激励全体战士随自己向前。但那杀入敌军大概是同时发生的。顶点的任务并不是率先楔入，而是在两军整体相撞的那一刻随队长冲锋，发挥冲击单元的作用。即使前端没有一个顶点，深纵队也会呈现为三角形。如果这样一个楔形阵——假设长宽都是40人，总数为1 600人——向一个宽大的正面冲锋，那么受威胁最大的位置就是第一排的两端，因为这两个人在两军相撞时不仅要对付前方的敌人，还要招架敌方最近的纵列敌人发起的侧面攻击。因此，前排侧翼的士兵进攻时会比较谨慎，稍向后退，于是最先接战的就是前排中部。另一方面，后排靠外的纵队进攻时很容易被挤到外面。这样一来，本来就狭长的纵队前部就会给人留下尖角的印象。但这并不是好事，与其说是结阵，不如说是解阵。在冲击和推挤敌军时，整个阵形越齐整越好。前排侧翼士兵越勇敢，其他人就越不会怀疑他们是畏葸不前。后排士兵越能掩护好纵队，冲击力就越强。毫无疑问，队长们会尽可能确保士兵发起冲击时的深度与宽度协调。

当日耳曼人以纵队冲锋时，战士们会唱响"战歌"（baritus），同时将盾牌举到嘴巴前方，利用回声来扩大音量。"一开始像是单调的低语，"塔西佗告诉我们，"音量随着激烈的战斗而越来越大，直到如惊涛拍岸一般。"[5] 我们之前发现斯巴达方阵的随军笛手是其行军有序的证据（参见第1卷），同理，战歌也能证明日耳曼楔形阵的秩序性。

如果日耳曼楔形阵冲向另一个类似的单元且双方都没有被冲散，那么，双方后部的士兵都会往外冲，试图包抄对方。如果楔形阵冲击的是方阵，要么楔形阵突破了敌阵，这时敌军很可能不是被砸开了一个点，而是被撕开了一条线；要么方阵稳住了阵脚，这时楔形阵除了继续战斗就别无选择，只能尽快从后面拥上前去，拓宽正面，同样转换成方阵。

罗马百夫长有固定的位置，在方阵前排的右侧行军。只有在这里，他才能发挥自己的职能：维持与敌军间距，下令齐掷标枪后近距离突击。日耳曼百户长则是昂首挺胸地走在楔形阵的前方。当几个氏族共同组成一个大的楔形阵时，每个小阵形只有两三列宽，彼此紧挨着，百户长走在各自小阵的前面，酋长带着扈从走在大阵前面。由于不需要下令齐掷标枪，因此也不需要维持间距，发起攻击时与敌军的距离要长得多。队长不需要担心友邻单位的情况，也不需要维持特定的方向，只需要找准最有利的路线，抓住偶然出现的机会，领着身后的士兵向前猛冲。

日耳曼最初的战术单元是略呈方形的深纵队，正如古希腊罗马最初的战术单元是窄长的方阵①。再次强调：这两种阵形不是完全对立的关系。毕竟，方形阵的行列数不一定要相等，就算纵列数大约是横行数的两倍——比如宽度为 140 人，深度为 70 人，总共 9 800 人——目的同样能够达到。我们仍然可以将这样的阵形称作"方形阵"，而且事实上也必须这样做，因为 70 人的深度已经足以独立护卫侧翼了。⁶ 借用塔西佗的说法，它仍然是"四面紧密，前后侧翼皆坚固"。反过来看，大纵深的希腊方阵也是有记载的。这样来看，两种阵形之间就没有明确的界限，会有交叉。但这并不会泯灭它们在理论上的对立关系。而且，我们也不难明白古希腊、罗马和日耳曼最初采用不同阵形的原因。

希腊方阵比楔形阵优越的地方在于，它直接投入战斗的武器更多。10 排纵深、1 万人的希腊方阵，第一排有 1 000 人；换成 100 排纵深的楔形阵，一线人数就只有 100 人了。如果楔形阵不能立即突破方阵，那么其马上就会被四面合围。希腊方阵是一种可以执行包抄的阵形。

反过来看，希腊方阵的弱点在于侧翼：一侧受到的强大压力会将阵形卷起来并被击垮。骑兵尤其适合施加这样的侧翼压力。但日耳曼人有强大的骑兵，希腊人和罗马人则没有。因此，日耳曼人偏好大纵深阵形，以加强和保卫侧翼。而对希腊人和罗马人来说，这种需求的重要性就小得多了，他们可以冒险让纵深变浅，从而将更

---

① 此处原文为 phalanx，译为"方阵"是为了尊重通行用法，但从形状来看其实没有日耳曼人的阵形"方"。为表区分，下文会用"方形阵"（squared formation）来表示长宽比较小的阵形。

多的武器推到一线。

另一个事实也必然起到了强化双方各自倾向的作用：日耳曼人的护甲质量和数量都不及工业发达的希腊人和罗马人。因此，日耳曼人惯于只将少数装备最好的战士放在前排，以便尽可能增强大纵深带来的冲击效果。楔形阵内部那些装备低劣的士兵并不能造成太多杀伤。

最后，楔形阵还有行动便捷的优点，地形破碎也不会使其陷入混乱，而希腊方阵快步前进时只能走很短的一段距离。

问题在于日耳曼方形阵的规模有多大？平常是结成一个大阵，还是分散成几个或许多个小阵作战？总体阵形又是什么样的？

恺撒说过（1.51），在与阿里奥维斯塔作战时，日耳曼军队是按部落（generatim）结阵的，阵与阵之间等距排列：阿鲁得斯人（Harudes）、马克曼尼人（Marcomanni）、得里布契人（Triboci）、汪琼内斯人（Vangiones）、内美德斯人（Nemetes）、塞都尼人（Seduni）和苏维汇人（Sueves）。可惜的是，我们不知道这支部队的人数（参见第1卷）。恺撒带上战场的军团规模大概在2.5万到3万人，而日耳曼一方无论如何都要弱得多，因此不妨估计为最多1.5万人。那么，排除骑兵和部署在阵前的轻步兵，日耳曼人共摆出了7个楔形阵，每阵2 000人，长宽各为40人左右。他们以极快的速度冲了上来，罗马百夫长甚至来不及照例下令投掷标枪，士兵就将标枪丢掉，立即持剑格斗。恺撒接着写道，日耳曼人马上照例转为方阵（"Germani celeriter ex consuetudine sua phalange facta impetus gladiorum exceperunt"："日耳曼人很快就按照习惯，结成方阵来迎战罗马人刺出的剑"）。我对此的解读如下：当方形阵没有突破罗马人的战线（恺撒自然地命令第二梯队上前支援），罗马人插入己方阵形空隙，要从侧翼打垮楔形阵时，最后排的日耳曼战士冲到前面补空，于是形成了希腊式的方阵。这个过程肯定会有混乱，而且恺撒下面一句的"方阵"用了复数形式，或许可以解读为：日耳曼人没能组成一整条连续的战线。后排战士冲到前方的行动是表现日耳曼军个人勇武的一个光辉例证，因为楔形阵既然没有突破罗马军的方阵，那么日耳曼军的强项便失去了基础，战局遂转向不利。面对人数占据优势、阵脚稳固且更加严整的罗马大队，日耳曼人也没有丧失勇气。7

塔西佗对战况的记载与恺撒描述中得出的图景相符。根据塔西佗（《历史》4.16）的说法，西威利斯（Civilis）将手下的坎宁尼法提斯人（Canninefates）、弗里斯人（Friesians）和巴达维亚①人各自编成了楔形阵。在另一场战斗的记载中（5.16），他特意提到日耳曼军不是一字长蛇阵，而是楔形阵（"haud porrecto agmine, sed cuneis"）。

由于形状的原因，日耳曼楔形阵很容易集结，且不需要专门训练就能运动自如。当普鲁塔克（《马略传》19）说安布罗尼斯人（Ambrones）一边有节奏地敲击盾牌，一边迅速进入战斗时，我们不应该按照字面理解，以为他们的脚步像阅兵队列一样精准，而是可以大致将其理解成由一种自然倾向所驱使的动作。另外，日耳曼

---

① 公元69—70年领导巴达维亚人反对罗马统治。此事对近现代荷兰的影响颇大，例如拿破仑战争时期建立的共和国以"巴达维亚"为名，荷属东印度首府（今雅加达）也被称为"巴达维亚"。

人也能够轻易将整齐的阵形打散，向前冲锋，或者迅速以零星队伍甚至单兵的形式退入森林或原野。尽管如此，他们这时显然保持着结阵的精髓：不管是出于本能还是队长的号召，内部都具备团结意识，他们相互信任、一致行动。我们前面就讲过，这种精髓决定了一切，它比表面上的秩序重要得多。与由天生的领袖——百户长或长老——统领的、天然形成的日耳曼部落相比，纯粹依靠军纪掌握该精髓的难度要大得多。因此，日耳曼人不仅会酣战，更擅长小股战斗、林中突击、奇袭、诈败和各种形式的游击战。

日耳曼人装备有限，而且缺少金属。诚然，他们早就从青铜时代发展到了铁器时代，但与地中海地区的文明民族乃至凯尔特人不同，他们还不懂得按照自身的需要来延展坯料，自由地赋予其样式与形制。[8] 令人惊讶的是，在某些方面，相比共和国时期罗马人的武器，我们对日耳曼人的武器要了解得更多，因为日耳曼人与凯尔特人一样会把武器随葬，于是我们今天可以挖出来，而罗马人没有这种习俗。对罗马人来说，武器只是一件制成品，就像他自己在支队里的地位一样，只是一个单位——几乎只是一个数目，征兵官安排他在哪里，他就在哪里。日耳曼人和他的武器是一体的，武器是主人的一部分，因此，日耳曼人的武器会和尸体一起下葬。我们甚至可以按这个意思更进一步来想。大部分随葬武器都被折弯过，不能使用。有人说这是为了防止盗墓贼把武器偷走。这种解释大概没抓住重点，因为单纯被折弯过的武器很容易被修复。再说了，随葬品里还有珍贵的珠宝呢。真正的原因应该是，人死后就什么都做不成了，他的武器也随之失去了力量。对墓葬内容的仔细调查与比对确实修正了一部分罗马人对日耳曼人装备的认识，但总体来说是确证了罗马人的观点。罗马人告诉我们,有头盔或铠甲的日耳曼人极少。他们最重要的防具是覆革大盾,其材质有整块木头的,也有编织而成的。他们头上裹着生皮或皮革。塔西佗(《编年史》2.14)中有一段日尔曼尼库斯的战前讲话。这名罗马统帅说,日耳曼人的军队只有第一排的人(acies)装备了长矛,其他人只有"用火烧出尖的棍子或者短矛"("praeusta aut brevia tela")。当然,这是鼓舞士气的夸张说法,如果大部分日耳曼人真的只有尖木棍的话,那他们的勇气在从头保护到脚的罗马士兵面前也是无用的。塔西佗在《日耳曼尼亚志》第6章中有更准确的记载。他开头也说日耳曼人的长矛和刀剑都很少,接着说他们的主要武器是夫拉矛(framea)。他在其他地方(《日耳曼尼亚志》6、11、13、14、18、24)常常提到这种武器并对其有过描述,说它是一种矛,类似于旧式的希腊重装步兵矛。战斧是后来才出现的武器。[9]

至于长矛和短兵器如何在楔形阵中配合,这一点颇多疑问。在前面提到的日尔曼尼库斯讲话中,他宽慰手下士兵说,日耳曼矛在森林中不如罗马人的短剑标枪灵便。我们或许由此可以得出结论:日耳曼人的矛的长度与萨里沙长枪和16世纪德意志地区雇佣兵"国土佣仆"(lansquenet)的长枪相当,这似乎也不是不可能的。

长矛是双手武器,因此长矛手不能持盾,于是我们必然得出一个结论:长矛手是穿盔甲的。他们站在最前列——大概与起保护作用的牌手混编——形成楔形阵的突击矛头。当他们凭借强大的冲击力突破敌军正面,让对方陷入混乱时,装备夫拉矛的战士就会从后面冲上去,快速进入战线的缺口。如果没有短兵器的密切配合,长枪在近身肉搏中就毫无用处。因此,长矛手自己也必须装备长剑或匕首作为副武器，以便继续作战，直到战斗结束。

如果我们认为罗马人对日耳曼超长矛的记载是夸大其词，只是因为日耳曼矛比罗马标枪长的话，那么情况就简单多了。如果日耳曼矛只有12英尺到14英尺（约3.66米到4.27米），可以单手使用并配盾，那么它与夫拉矛的区别就不会大到两者无法在方形阵中混编的程度。这似乎是合理的看法。

一个重要的问题是，希腊人、罗马人和后世的骑士都为肉搏战配备了优质防具，日耳曼人没有防具怎么能打仗呢？我曾长期认为，日耳曼人是裹着兽皮作战的，只是兽皮在坟墓中腐烂了。但无数流传至今的日耳曼战士图画中从来没有这样的形象[10]，反而佐证了文献的说法，即他们的防具几乎只有盾牌。问题的答案大概在于作战方式的差别。日耳曼楔形阵的意图是凭借深度打垮敌军，与之相比，希腊方阵和罗马军团对单兵格斗的要求就高得多了。如果日耳曼人打垮了敌军，接下来就只是追击了。因此，只有外围士兵需要配备防具，后来的瑞士军队也是如此。另外，在机动战和小股作战中——日耳曼人要考虑这种作战的情况甚至比考虑楔形阵还要多——运动灵便极其重要，以至于盾牌以外的防具都被放弃了。

日耳曼人经常使用标枪。值得注意的是，他们弃用了弓箭。在青铜时代，日耳曼人有过弓箭，而再次使用弓箭要到公元3世纪了。文献记载和考古发现的观点是一致的。[11]

3　古罗马降服日耳曼

随着罗马人打败高卢人，以莱茵河为国界，他们就承担起了保护新臣民不受日耳曼人侵扰的职责。为免被蛮族奴役，高卢人归顺了恺撒，而罗马称霸高卢后的第一件事就是率领罗马和高卢联军驱逐了阿里奥维斯塔。但是，开启的战端就此延续了下去。野蛮的日耳曼部落屡渡莱茵河，世界帝国罗马的新属地在和平条件下越是繁盛，了解自身实力的原始森林之子们对战利品就越是蠢蠢欲动。尽管罗马人对雾气笼罩的蛮荒之地没有多大兴趣，但在他们看来，应对这种持续性威胁的最有效手段就是效法高卢，派兵进剿，为日耳曼人的自由画上句点。

奥古斯都[①]平定帝国内地，降服阿尔卑斯山区，将帝国边界推

[①] 奥古斯都（前63—14），原名屋大维，恺撒养子，于公元前27年称帝，开创罗马帝制。他之后是养子提比略上台（14—37年在位），然后分别是卡利古拉（37—41年在位）、克劳狄乌斯（41—54年在位）和尼禄（54—68年在位），因恺撒出自尤利乌斯家族，屋大维之妻利薇娅出自克劳狄乌斯家族，这5位皇帝所建立和统治的王朝被统称为"尤利乌斯-克劳狄乌斯王朝"。

进到多瑙河（Danube）后，先是派年轻的养子德鲁苏斯（Drusus）去征服从莱茵河到易北河之间的各民族，德鲁苏斯身殁后又将同样的使命托付给了提比略（Tiberius）。面对艰难的任务，罗马人自有一套方略。

单个日耳曼部落的人数很少，即便许多个部落组成联军，人数也多不到哪里去，就算真组织起了浩大军势，他们也不会运用（参见第 1 卷中的《罗马针对蛮族的战法》一章）。尽管如此，不管在什么地方，每一个日耳曼人都是战士。除了发动紧密阵形的大军征讨，罗马人面对这些不畏死伤的野蛮人也没有别的办法。但是，供给深入日耳曼内地的大军是非常困难的。当地的农业水平很有限，粮食只够很少的人吃。陆上辎重队长途跋涉对组织力的要求很高，而且除了日耳曼人以惊人的勤劳和智慧在沼泽上架起的少数栈道，那里全无现成的道路。德鲁苏斯第一次远征日耳曼腹地因粮草不济而撤兵后，建立了两座前进基地。罗马人在莱茵河下游的主要据点是位于克桑滕（Xanten）附近、利珀河（Lippe）与莱茵河交汇处对面的维特拉（Vetera，今比尔滕，Birten）。在春季和其他季节的部分时间里，小船几乎可以一直上溯到利珀河的发源地。于是，公元前 11 年，德鲁苏斯在利珀河上游建立了补给点阿里索堡（Aliso，今帕德博恩大教堂）。

如果有人觉得设置堡垒，不管规模大小，是征服和统治周边部落的一种手段，那真是大错特错。对于某些人群和某些情况来说，也许就是估计不会真正爆发战争的情况，或者征服已经取得了一定进展、只有小规模叛乱需要镇压的情况，派军戍守或建立据点有可能起到控制作用。那么，这就不是战略问题，而是警备问题。但

第一篇 古罗马人与日耳曼人的冲突

是,举个例子,日耳曼人与今天的黑种人不一样,只要一小支驻扎于固定据点的机动部队就能控制后者一大片区域。要是日耳曼人也能这样,罗马人肯定会松一口气。首先,只有通过大规模战争才能征服日耳曼人,而且只要日耳曼人没有降服,堡寨守军的使命就只能局限在确保自身及周边狭小区域的安全而已。恺撒在高卢也是如

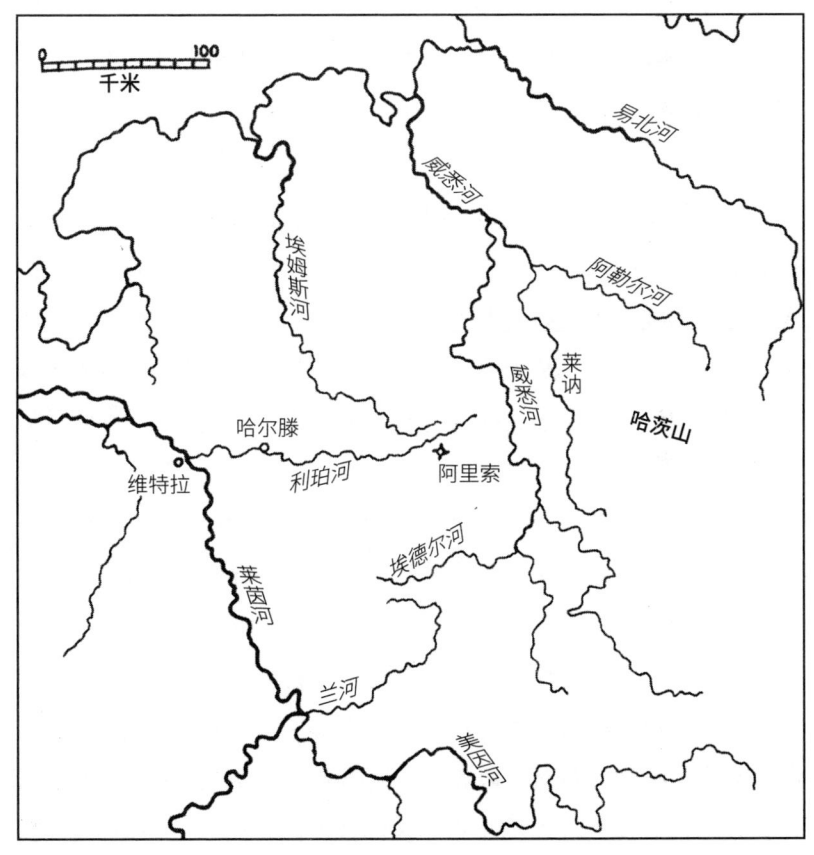

图1 日耳曼地图:莱茵河到易北河之间

此，除了为守卫莱茵河大桥所建的一座堡寨，他从来不修建堡寨，因为建了堡寨就要派人去守。他总是集结兵力，从不分兵，以便在野战中凭借绝对优势击败高卢人，使其溃逃。

有人还认为，德鲁苏斯在利珀河旁修建堡寨是为了确保一处持续可用、安全的渡口，于是他才到利珀河下游寻找堡寨的位置。利珀河是一条中等规模的河流，两侧都有不少路，就算这些路不是直接通到岸边，但这也算不上决定性的因素。即便利珀河岸多沼泽，人沿着路走往往走不远，但罗马人有许多辅助器材，还有绕路这个更简单的办法，日耳曼人根本无法阻止其渡河。因此，利珀河堡寨甚至连桥头堡都谈不上。

要是把依赖水路的补给状况考虑进来，情况就大不一样了。水运需要一个目的地，一个补给点，以便船只卸货，辎重队支取，供大军深入内陆之用。如果大军不必从莱茵河开始就随身携带粮食和肉类，而是径直沿着利珀河上游行进，只带行军150千米所需的辎重，视形势需要在补给点补充给养，那么日耳曼内陆的战事就是另一番局面了。在高卢，恺撒不必营建补给点并从军团中拨派士兵把守。补给事务交给了降服部族和盟友负责，罗马补给官从旁协助。在日耳曼地区，罗马人被迫改变了这种基础的组织形式。德鲁苏斯建造阿里索堡不是为了控制周边区域——那样的话，成效会很差——而是为罗马军在日耳曼内陆的行动建立一个巩固的基地。(参见下文中对阿里索的专门研究。)

堡寨建成后，自然会服务于其他用途，如接治病患、观察地方及当地居民，从而在罗马势力所及的范围内行使一定的警备功能，既对周边部落起到威慑作用，也是一处庇护所。然而，堡寨的首要意义还是凭借其水路转陆路的便利，发挥水路补给站的作用，堡寨的整体特点和选址原因都在于此。

除了阿里索堡，德鲁苏斯据说还在莱茵河上修了50座堡寨。[1] 乍看起来，这似乎违背了征服日耳曼地区的方略，因为驻守50座堡寨会分散一大部分可用兵力，而且如果日耳曼人成功被征服，堡寨就会被废弃。可能性最大的解释是：正规军开拔的时候，堡寨会由民兵接防，为平民提供避难所，以防日耳曼人在罗马军队面前守不住土地时，就打进罗马人的地盘，用这样迂回的策略来减轻所受压力。另外，野战部队大概也会驻扎在大规模的永备军营中，以备救援。

除了从莱茵河出发、沿利珀河行进，进军日耳曼内陆的路线还有一条：先走海路，再顺着通海的河流前进。德鲁苏斯成为日耳曼地区统帅后的第一次行动就是修建莱茵河-艾瑟尔河（Yssel）运河，这样就能通过须德海（Zuider Zee）直抵日耳曼北海沿岸。德鲁苏斯运河（fossa Drusiana）至今犹存，苏埃托尼乌斯①称之为"宏大壮观的建筑奇迹"（"novi et immensi operis"）(《克劳狄乌斯传》1)。[2] 罗马人在北海的贸易用不着靡费如此，但从战略角度就能理解了。公元4年，提比略向易北河进军时，陆军在易北河口与一支"装载着大量的各种补给品"的舰队会合。[3] 罗马舰船远达日德兰半岛，与日耳曼人发生了无数次内河交战。[4] 在后来的西威利斯战争（the Civilis War）期间，布鲁克特里人（Bructeri）俘虏了罗马海军

---

① 苏埃托尼乌斯（Suetonius，约69/75—130），罗马帝国时期历史学家，著有《罗马十二帝王传》。

司令的一艘旗舰"禁卫军三层桨战舰",沿着利珀河把它拖往上游,好献给他们的女祭司和女先知维莱达(Velada)。[5]

据说早在德鲁苏斯时期,威悉河(Wesser)口乃至易北河口处就修建了堡寨。后来,我们有了确切证据表明,罗马在威悉河口有驻军。[6] 这些工事为罗马海军和商船队提供了基地。[7]

经过上述精心筹备,罗马人大获全胜。首先,德鲁苏斯迫使沿岸的弗里斯人和考契人(Chauci)降服罗马;接下来,提比略甚至没有大动干戈就收服了直到易北河为止的所有部族。按照兰克提出的一个令人瞩目的推测,罗马人达成目标轻松得令人吃惊,其原因与高卢人倒向恺撒的情况类似:在那段时间,马克曼尼人(Marcomanni)首领马罗波多斯(Marobodus)恰好建立了一个庞大的日耳曼王国,从波希米亚一直延伸到易北河下游。为了摆脱马罗波多斯,威悉河沿岸部族遂主动与罗马人结盟(公元前11年至前7年)。

起初,双方还是自由结盟的关系。入冬后,罗马军就会撤到莱茵河畔或周围地区。这样转场显然有很大弊病。只要罗马人不敢冒险在当地过冬,日耳曼人就不会认为自己已经不可逆转地降服于罗马。这一解释同样只能从补给状况来理解。

即便在夏天,穿过北海后沿埃姆斯河(Ems)、威悉河、易北河上溯的航程也是危险的;到了冬天更是完全停航。于是,我们会看到今天这里有一个、明天那里有一个日耳曼部落必须重新被征服的记载。直到公元4年,第二次被派到北方的提比略似乎才终于征服了这些反叛的部落。这一次,他冒着风险在利珀河源头,也就是阿里索堡附近率军过冬。

罗马人建立了城镇和市场，日耳曼人似乎也适应了新的生活方式，他们会去集市做买卖，与入侵者进行贸易往来（迪奥·卡西乌斯，《罗马史》56.18）。没过多久，罗马人就准备连位于波希米亚、由马罗波多斯统治的日耳曼人王国也征服了。美因河（Main）沿岸的顺服部落会提供作战基地。这场战争没有打起来。当时，不久前通过类似方式征服的多瑙河以南诸部发起了一场大起义，罗马不得不投入全部兵力打了3年。即便是这段时期，北部日耳曼人依然完全没有动静。

但是，当罗马人在瓦卢斯（Varus）总督的统领下要动真格建立霸权的时候，日耳曼部落大起义终于在易北河与莱茵河之间爆发了。

4　条顿堡森林会战

就其本身而言，确定条顿堡森林会战的地点对研究战争艺术史并无直接意义。如果要考察这个被反复研究过的问题，我们的关注点不会放在地形问题上，恰恰相反，我们会关注罗马-日耳曼战争的宏观战略局势，而战略局势对寻找战场必然会起到指引的作用。

首先，我们必须确定瓦卢斯夏季营地的地点。

我们已经确定的是，罗马人作战的根基有二：一是海路；二是利珀河水路和阿里索堡。走过阿里索之后，他们必须翻越莱茵河与威悉河的分水岭奥斯宁山区（Osning）。

如果罗马人要越过利珀河地区，下一步就是与阿里索堡直线距离约为50千米的威悉河了。在阿里索和威悉河之间的山区建立据点毫无意义。不过，在大河威悉河畔扎营就能同时控制上游和下游，而且至少能从水路运来一部分草料、木材和日耳曼人提供的给养（兽肉、奶酪、奶、鱼）。因此，罗马人的基地肯定建在威悉河边，而且与帕德博恩（阿里索）离得尽可能近，有利于交通顺畅。

威悉河自中游以下形成了一个半圆，从贝沃恩（Bevern）到雷赫姆（Rehme）之间的城镇与利珀河谷的距离都大致相等。因此，我们无法通过利珀河来确定威悉河罗马据点的位置。但对威悉河畔的罗马人来说，与北海方面联系的重要性不亚于与利珀河水道的联系。在威悉河口考契人的地盘有一支罗马驻军，瓦卢斯战败后依然坚守到公元14年为止。北海交通的因素让我们不得不得出一

图2　条顿堡森林会战区域示意图

个结论：在所有与阿里索等距的合适备选地点中，营址只会在最北边的一点，既与阿里索距离最短，最便于沟通，又尽可能接近威悉河口。

这一点就是威斯特伐利亚隘口（Westphalian gate），位于今雷赫姆村南口，邻近明登市北口。

阿里索堡与雷赫姆的直线距离约为33英里（约53千米）。这条古路从一处名为德伦峡谷（Döre，亦称"门陉"，Door）的深垭口穿过奥斯宁山区，开通时间已不可考。路径上至今还有许多石堆路标，几代人之前还要多得多，它们证明了古路的存在。古路起于韦勒河谷，紧贴山壁，蜿蜒经过几条汇入森讷河（Senne）的山中深溪，最后抵达阿里索。古人有在行军公路旁建坟丘的习俗。罗马人从利珀河地区进入北德平原只有这一条路可走。

威斯特伐利亚隘口是两条深入日耳曼内地的战略通道的交会处，天然就适合建立控御威悉河流域的基地。这里有两条通往国内的安全通道。维持当地部落的恭顺对罗马人特别重要，而隘口正在地区中枢的位置。另外，如有必要，罗马军既可顺流而下，亦可逆流而上，可凭借河流转运物资，亦可在河上架设坚固的桥梁，穿梭于左右两岸。早已有人提出瓦卢斯大营位于此处，实际地点无疑也在此处。可是，多番考察却依然找不到确切地点。大营可能在威斯特伐利亚隘口的上方，也可能在下方，可能在威悉河的左岸，也可能在右岸。但当时没有沿河右岸延伸的道路。河边上就是悬崖峭壁，直到十七八世纪才炸开一部分山体，这才有足够的修路空间。不过，左岸隘口上方、雷赫姆附近有一处地方似乎是专门为罗马军营而设的。

第一篇 古罗马人与日耳曼人的冲突

雷赫姆本身是洼地,因此不适合筑营。但在村对面的韦勒河北岸,韦勒河与威悉河交汇的地方有一座平顶山,名叫"斗鸡山"(Hahnnenkamp),它拥有一切建造大型罗马军营的有利条件。南侧和东侧有河流屏护,北边朝隘口的方向山势陡降,只有西边通过一处垭口与平缓地段相连。于是,斗鸡山只有西侧暴露于攻击之下。另外,它与两条河河岸的距离,论近足以控制水道,论远又有从船上卸货和设立码头的空间。尽管如此,发掘工作迄今为止得出的结论是,除非斗鸡山的地形经历过巨大变动,否则这里肯定从来没有建过罗马军营。不仅没有发现陶器或类似的直接证据,而且发掘队员在多个地点挖了纵横交错的沟,如果确实有罗马军营的战壕,沟与壕肯定会有相交,但结果表明地表以下的土从来没有被挖起来过。当然,发掘工作有另一个重要发现:在柱洞中发现第一座炭化角梁残骸的早期日耳曼人村落——塔西佗将其描述为独立分散的住人地洞。

如果瓦卢斯大营不在斗鸡山上,那就只能到隘口下方找了。这一边背靠隘口小径,安全性当然要差一些,但更适合立即发起攻击,气势也更雄壮。罗马人可能在维特金山(Wittekind Mountain)建了一座堡寨把守小径,现在的条顿堡森林会战纪念碑就树立在那里。但目前为止同样没有发现任何踪迹,而且遗迹很可能——甚至可以肯定——已经永远湮灭了,就像阿里索堡原址现在是帕德博恩市一样,军营原址现在成了明登市。罗马人觉得适合建工事的位置,后人当然也会觉得是好地方,于是建起了村庄和城镇。因此,古迹在今天是再也找不到了。罗马人在日耳曼地区至少建了50座堡寨军营,但目前只发现了寥寥几座。

尽管罗马人在隘口附近修建的营地有双重交通线的便利，但他们还是不愿意冒险留在威悉河过冬，于是撤到莱茵河，也可能撤到利珀河畔的哈尔滕（Haltern），在那里发现了一座大型军营遗址。瓦卢斯大营只是夏季营地。即便罗马人立即着手改善道路——这种假设是可能成立的——但道路仍然要穿过深谷密林，而大军倚仗持续供给，自会努力确保与基地的冬季交通线绝对可靠。

当瓦卢斯接到偏远部落叛乱的消息时，他正在威悉河夏营，于是亲率全军前往镇压，行军纵队中还混杂着大批妇孺、奴隶、货车、驮兽。这支队伍明白无误地显示了行军的路线。不管瓦卢斯作为野战指挥官是何其庸碌，他绝不可能带领这么一伙人深入日耳曼的森林。在日耳曼内地供给行军已经够难了，如果一个罗马将军踏上这样的路程时竟然会带上非绝对必要的人员物资，那是不可想象的。我们可以怀疑文献记载是不是文学夸饰，但从整体语境来看，这次行军确有其事。战斗发生于秋季，这是确切的事实。毫无疑问，瓦卢斯不打算回威斯特伐利亚隘口的营地过冬。废弃了营地的他只能把所有人都带上，而且这一点对战斗本身的记载极其重要，不可能是虚构的。同时，瓦卢斯也不可能不走通往利珀河与阿里索的大路。他要平定的部落估计也在这个方向上，即阿里索堡以南或以西。若非如此，他就会认为自己还在友方地域，因此很可能只会派一支小部队掩护平民辎重去阿里索堡，同时亲自率领军团赶赴目的地，他的补给辎重应付一场短时间远征还是绰绰有余的。不管他要征讨的是布鲁克特里人、玛尔西人（Marsi）、卡狄人还是别的部族，军队和辎重行进的路线都是确定无疑的，因为迪奥·卡西乌斯记载，罗马人要在遍布深谷、崎岖不平的密林山区行进，甚至还没

第一篇 古罗马人与日耳曼人的冲突

等敌人进攻就整日忙于开路、砍树和搭桥。不过,要是从这段描述就得出整条路线皆为蛮荒的结论,那就错了。修建道路和沿路行军不可能同时进行。砍倒一棵老树、建起一座桥梁都需要好几个小时。如果大军真要穿过连小路都没有的原始森林,那肯定要先派一支小分队到前面开路或修路,同时大部队扎营休息。先开一段路,大军再跟进,每次几千米,分段进军。迪奥·卡西乌斯的记载必然是极大的夸张,而学者们从中得出的结论——行军路线是无路的蛮荒之地——是完全站不住脚的,只要我们回想一下随军队伍是多么不同寻常。

如果我们更平实地看待文献中的夸张修辞,而不是进一步推衍的话,那么我们很快就会意识到,文献中描述的路线是通往阿里索堡的。雷赫姆以南的黏质土地属于利珀河流域,名叫"莱姆戈"(Lehmgau),当时无疑是一片原始森林,直到今天也有一部分是森林。大军没有走有太多沼泽的韦勒河谷,而是直接向南,翻越中间有几道深谷的丘陵地带。一场骤雨风暴降临到行军纵队头上,让地面变得又软又滑。我们一定不能把这条路想象成完善的罗马行军大道,而只是一条罗马人先前通过搭桥、修栈道、排水等方式局部改善过的普通森林小路。罗马人的统治时日尚短,在利珀河上都没有建起真正牢固的大道,更别提这里了。[1] 由于恶劣天气,小路有许多处不可通行,只好绕一点路,大概还需要砍树开路。风暴冲垮了桥梁,将枝条刮了下来,还会将大树连根拔起,扔到纵队面前。日耳曼人可能也参与了拆桥,尽可能阻碍罗马人前进。

尽管塞格斯特斯（Segestes）① 提出过警告，但瓦卢斯还是没有采取任何专门的安全措施。士兵们没有做好战斗准备，而乱糟糟的辎重队大概位于中部，前后都是军队。突然间，日耳曼人从森林里杀了出来，扑向长长的纵队。

根据罗马的记载，瓦卢斯准备镇压的叛乱是日耳曼密谋者蓄意挑起的。有一种解读是，日耳曼人计划将瓦卢斯从牢固的行军大道诱入适合伏击的地方。

这种看法是错的。日耳曼地区到处是适合伏击的地方，但将一支敌军引诱到某个具体的遥远地点，又能让自己的部队神不知鬼不觉地、恰好在敌军经过的那一天守在那个地点，这样的计策根本不可行。另外，对阿米尼乌斯（Arminius）的计划来说，最合适的地点莫过于从威斯特伐利亚隘口去阿里索堡的大路。

假如密谋者确实与起事有关，他们的目标大概也不是将罗马人引诱到某处，而是集结自己一方的战士，打着支援瓦卢斯的幌子进军。

罗马军有3个军团、6个盟军大队和3个骑兵队（alae）。文献中明确补充说，由于分兵要把守各个堡寨、护卫辎重、处决犯人和追捕劫匪，罗马军的力量被大大削弱。但我们不清楚的是，这里讲的削弱指的是军团本身被削弱，还是占少数的辅助部队被削弱。因此，除了开战时罗马军的战斗人员数大概在1.2万至1.8万之间，以及为了加强这支部队，瓦卢斯曾打算到预计交战地区额外征募日

---

① 塞格斯特斯是阿米尼乌斯的岳父，车茹喜部头领，后劫持阿米尼乌斯的妻子投奔罗马。

耳曼辅助部队之外，我们没有什么好说的。正是这些"盟军"突然倒戈，扑向混乱无序的纵队。

纵队遇袭的地点是赫尔福德（Herford）附近的"黑色荒原"，即萨尔茨乌夫伦-朔特玛（Salzufeln-Schöttmar）一带。当时纵队中包括全部辎重，又缺乏行军纪律，总人数估计在1.8万至3万人，总长度为9英里（约14千米），遇袭前很可能长达9英里到12英里（约14千米到19千米）。

日耳曼人发起袭击的喊声响起后，罗马军自然马上停了下来。罗马军选择了一处相对开阔的地面，建起一座有围墙与壕沟保护的营地，后面的部队和辎重逐渐聚拢过来。瓦卢斯或许考虑过要不要退回刚刚放弃的夏营，那里的防护效果当然要好得多。后方很可能还有一座驻军越冬营寨。但是，日耳曼人不仅可能已经打败守军，攻占了夏营，而且罗马军手头的给养也不足以抵挡长时间的围困。再说了，继续向前并不比撤回去更危险。于是，瓦卢斯下令把多余的物资和货车统统烧掉，次日开拔——当时的队伍比前一天更有秩序了——希望能抵达目的地，阿里索堡。整顿军队、筛选和焚毁多余辎重都需要一定时间，所以他们大概很晚才开拔。第一段路程是开阔地，但仍然蒙受了部分损失。从罗马军还能往前走的事实得出一个结论：日耳曼人的攻击力度尚弱，而且没有多少骑兵。尽管文献中没有提到骑兵，但战场上肯定是有骑兵的，因为日耳曼人毕竟以骑兵见长，而罗马军中也有三队骑兵。一方面，假如日耳曼人完全没有骑兵，那他们根本靠近不了罗马纵队，早就被罗马骑兵赶跑了。另一方面，假如日耳曼人的骑兵很强，那罗马人根本走不成，因为一支军队不能同时交战和行军。这一点从卡雷会战和鲁斯皮纳会战中就知道了。同理，日耳曼人在首日的袭击肯定还很弱，可以说是在试探；否则，又长又混乱的罗马纵队甚至连森林都走不出去。

罗马军在次日行军谨慎，又是紧密队形，因此前进速度可能很慢。最终，他们又来到了一片不便军队行动的林区。

哪怕是在今天，我们也能从地貌中窥见当年罗马人一会儿在开阔地、一会儿在森林的行军过程。黏质地面到萨尔茨乌夫伦附近为止，接下来是多沼泽的沙地，山毛榉到处都是但长势不好，只有一些零散的地方适合橡树生长，现在的大片沙地松树林则是晚近才有的。因此，罗马人当年从萨尔茨乌夫伦附近就进入开阔地了。但是，奥斯宁山前不远处的沙地中有几条与大山平行的贝壳石灰岩山脊，与奥斯宁山的山脊一样，当时它们无疑也是林木茂密。我们不妨设想，那是傍晚时分，罗马军已经走了整整9英里到10英里（约14千米到16千米），总算来到树林和德伦山谷，却发现关口被日耳曼人占领了。此时最好的办法大概是全军突击，冲关破阻，因为日耳曼军的力量在不断加强，而且他们可以趁夜布置更多障碍物。但冲关需要侧翼迂回，两者都要耗费时间。另外，投入战斗前一定要先设防保护手无寸铁的辎重队。

我们还是不要想象了，比如，设想罗马军能够以紧密阵形突破关口，奋力挡住敌军的进攻。如果他们白天在开阔地行军时已经蒙受了惨重损失，那么他们根本就不可能继续朝着两边山上都有敌军把守的关口前进。要想冲过去，罗马军必须在酣战中、在没有手无寸铁的随军队伍妨碍的情况下驱逐守关敌军，在敌军有机会从后方赶上来之前迅速通过。于是，瓦卢斯决定再次安营扎寨，明天再强行破关。

发生在这里的第三日战斗过程只有极少的相关记载。但我们已经从马拉松会战中明白,如果我们熟悉交战双方的装备和战法,那么地形就是我们了解战斗性质的一个富有说服力的重要因素,以至于我们可以大胆地去重构战斗过程的整体轮廓,因为战斗结果毕竟是无可置疑的。

德伦山谷是奥斯宁山脉的一处深垭口,最窄的地方也有300步宽。奥斯宁山脉的山体由钙质硬岩构成,两侧和山路都有沙丘。德伦山谷大部覆盖着厚厚的沙子,常年没有树木生长。山路不经过中间的沙地,人们贴着两边的峭壁走。山谷和山路上的沙丘局部生长着茂盛的帚石楠,谷内散布着一些黏质土地。山谷是两条水系的分界线,谷内有一条向北流的小溪,也有一些沼泽和泥泞的区域。

山谷虽然宽,但通过难度相当大,要么踩着厚厚的沙子过去,要么翻越一个个沙丘。不妨设想,阿米尼乌斯从第一天起就派人砍树把关口堵住了。

另一方面,我们必须承认罗马军没有直接正面攻击关隘有其合理性,也必须假定他们曾试图绕远通过这座绝非无路可走的山。根据历史记载,罗马人成功拿下了山谷入口处的前几座沙丘,将日耳曼人赶了下去。但沙丘后面还有沙丘。开阔丘陵地带的边缘与狭窄关口之间大约有1.5千米的距离,而罗马人越是深入,就越是暴露于来自真正的山上的两侧、居高临下的攻击。这正好体现了日耳曼人的勇武:纵然缺盔少甲,仍然能正面对抗阵形紧密的罗马重装步兵。日耳曼人被击退后虽化整为零,但并没有惊慌失措,反而利用装备轻便的优势,迅速从一处制高点撤下来,占据后方近处的另一个制高点。暴雨再次降临，增加了罗马人进攻平缓沙丘以及在潮湿的森林地面上前行的难度。日耳曼骑兵在关口中没有用处，阿米尼乌斯大概从一开始就让他们不要进谷，而去骚扰后方的敌人，阻滞意图包抄的敌军纵队。罗马人是在往前走，但并没有冲破关隘，只觉得自己被困在了关里。

就这样，攻势最终停滞了。倾盆大雨不仅妨碍行动，更令士气沮丧，心志低沉。罗马大队刚刚后退一步，日耳曼百户就从四面高处冲下来，将其彻底赶回了营寨，从此回天乏术。骑兵离开了，希望从别处越过大山。瓦卢斯和一批高级军官自杀了。一名掌旗官见军旗已经保不住了，他至少要保住军团的荣誉，于是带着鹰旗一起跳进了沼泽，以免它落入敌手。

残部在掌营官凯戎尼乌斯（Ceionius）的带领下无条件投降。投降谈判期间，瓦卢斯的忠仆们想要将主人尸身火化，以免受辱，最后将烧了一半的尸体下葬。但阿米尼乌斯把尸体刨了出来，割下首级后送给了马克曼尼王——马罗波多斯。

一位更晚的作者告诉我们[2]，阿米尼乌斯有一次将战死敌人的头插在矛上，摆上城头，以震慑罗马守军。这段话讲的大概不是德伦山谷中的最后一座营寨，因为被围困的守军早已知道了情况。不过，它有可能讲的是这场战役中发生的事，也许是展示给威斯特伐利亚隘口营寨的留守部队或者阿里索堡的守军看的。

成功突破日耳曼人的包围圈、穿过德伦谷或翻越大山逃脱的罗马人去了阿里索堡，在那里遭受了长时间的围困。粮草终于耗尽时，他们试图用智慧对抗日耳曼人的戒备。在一个风暴肆虐的漆黑夜里，意志坚定的老战士、掌营官兼首席标枪手L.凯厄迪西乌斯

（L. Caedicius）率领守军突破包围圈，最后还用计策躲过了追兵：他们用号声引起了日耳曼人对即将到来的罗马援军的恐惧。[3]一千多年后，被普鲁士军队围困的条顿骑士团守军用同样的方法逃出了城堡。当时，巴滕施泰因（Bartenstein）城堡守军在敌境中穿行70英里（约113千米），最后安全抵达柯尼斯堡（Königsberg，参见第3卷第三篇第7章）。分散在日耳曼内陆的其余罗马守军和分遣队全部落入起事者手中，因此，从现实角度来看，瓦卢斯的3个军团被彻底消灭了。

我们对条顿堡森林会战的了解全都来自溃兵的报告，就连战场的名称——尽管它位于日耳曼地区中部——大概也起源于罗马人，而非日耳曼人。没有一部中世纪编年史和历史书提到过条顿堡森林的名字。它的唯一来源就是塔西佗的一段话（"saltus Teutoburgienesis"，《编年史》1.60），之所以能进入现代地理，是因为17世纪的学者。但是，我们今天应该来理解它、澄清它的源头了。

德伦山谷东南方约4英里（约6.4千米）处有一大一小两道圆墙，大的在山顶，小的在山顶以下几百步的坡上，感觉像是早期日耳曼工事。[4]小的可能是酋长驻地，大的则是给群众避难用的，也就是避难要塞。这种避难所平时无人居住，但在紧急情况下能收容整个区域的人口。许多地方都有此类遗址，最大的一处大概是孚日山脉圣奥蒂勒山（Mount Saint Odile）庇护所。

"条顿堡"（Teutoburg）一词最有可能的含义是"人民堡"（Volksburg），它的词干（Teuto）与附近的提特马勒斯（Tietmallus，今代特莫尔德市）的名字的第一个音节（Tiet）是相同的。专指名称经常是逐渐从这种一般性名称中衍生出来的。在本例中，条顿堡或许不是日耳曼人而是罗马人的叫法。罗马人问当地人，山上那一圈比酋长城堡高的大石墙是什么，听到的回答是"条顿堡"，于是就用这个词来指代罗马行军大道穿过的那片森林山丘了。

现在，条顿堡也叫"大堡"（Grotenburg），大圆围墙的中心竖立着阿米尼乌斯（亦称赫尔曼）的纪念碑。

纪念碑的选址是正确的。如果它曾经是塞格斯特斯的堡垒，塞格斯特斯从这里带着图斯内尔达（Thusnelda）[①]投奔罗马人——这种设想是可能的——那选址就再正确不过了。

这场会战还有两件遗物。1868 年，希尔德斯海姆（Hildesheim）附近地下 9 英尺（约 2.74 米）处出土了一件精美绝伦的银器，它无疑被放在瓦卢斯的桌子上，作为战利品分给了一名车茹喜酋长。波恩博物馆收藏着战友兄弟为纪念第 18 军团百夫长 M. 凯利乌斯（M. Caelius）所立的墓碑，凯利乌斯在"瓦卢斯战争"中被杀，墓碑上有墓主和两名忠实仆人的肖像，铭文中写道那两名仆人没能将主人的尸身下葬。

---

① 图斯内尔达是阿米尼乌斯的妻子，条顿堡森林会战 10 年后，她的父亲塞格斯特斯绑架了她，一起逃往罗马。

5　日尔曼尼库斯与阿米尼乌斯

罗马人没能马上报条顿堡森林的一箭之仇。诚然，罗马唯一堪此重任的统帅提比略迅速赶到了莱茵河，但他不适合投入一场长达数年的战争。由于他的皇位继承权能排在奥古斯都的孙辈前面完全是凭借收养关系，因此老皇帝去世时，他必须亲自在罗马才行。于是，提比略只能确保莱茵河一线，将部队补充满员和重振士气而已。直到5年后，听到奥古斯都驾崩，提比略上台的消息后，德鲁苏斯之子、提比略的侄子兼养子日尔曼尼库斯才开始复仇会战，要重新征服直到易北河为止的日耳曼部落。

我们对日尔曼尼库斯征战史的了解完全来自塔西佗。塔西佗的记载尽管全面，却依然不充足。除了修辞花哨，以至于忽略和抹杀了客观合理性，它还有一个令人烦心的特点。虽然塔西佗花大力气全面描述了日耳曼人，但他对日耳曼地理的认识显然很模糊。《日耳曼尼亚志》中写道，现实中居于北海海滨、威悉河口的考契人与住在黑森（Hesse）的卡狄人是邻居，尽管两个部落之间还有一个大部落——车茹喜人，更别提其他不太出名的部落了。[1]

据塔西佗记载，公元 15 年，罗马军从埃姆斯河沿海岸返回莱茵河的途中来到了威悉河。

公元 16 年，日尔曼尼库斯率军在埃姆斯河畔登陆。这段话之后紧跟着的一句是："扎营期间，他接到报告说，安格里瓦利人在后方发起了叛乱。"但安格里瓦利人（Angrivarii）明明住在威悉河沿岸。曾有学者试图订正这个明显的谬误，有人将前一段话（公元 15 年……）里的"威悉河"改为荷兰境内的一条小河——翁西尼斯河（Unsingis，今亨泽河，Hunze），有人将后一段话（公元 16 年……）里的"安格里瓦利人"替换成"安普西瓦里人"（Ampsivarii）。但剩下的内容就很难这样修改了，并带来了无法解决的困难。我们必须接受一个事实：塔西佗确实犯了这些错误，而且从心理角度看，这些错误并非不可思议。它们与塔西佗的整体视角紧密相关。他关心的不是真实的、客观的关系。对他来说，偶尔混淆两条日耳曼河流或两个日耳曼部落的名字没什么要紧。当然，我们马上就能发现。目前的大体趋势是承认塔西佗在第一段话里漏记了公元 15 年，罗马军撤回莱茵河之前曾派人侦察过威悉河口一事；第二段话则漏记了公元 16 年，罗马军从埃姆斯河去威悉河后又折返一事，因为他觉得这段经过与不平常的大事件无关。上述变通不是完全不可能的，但就塔西佗的资料作为军事史料来源的可靠性而言，这些解读并不能让人更放心，甚至会让人更不放心，因为这样一来，问题就从偶尔走神变成了根本不上心。一支大军从埃姆斯河去威悉河后又折返，即使途中没有发生战斗，那也是极其重大的事件，是关注整体战略局势的作者绝不会漏记的事。不论如何，我们研究这些战役时必须首先懂得一点：尽管第一流的史学家留下了详细的记载，但

第一篇　古罗马人与日耳曼人的冲突

我们仍然没有一份对这些事件的客观可靠的记述，而且如果我们真能做到的话，一定要做出大的订正才能取得融贯的认识。

在恺撒的情况下，他首先与高卢人半心半意地和平共处了一段时间，之后集结优势兵力在野战中击败了高卢的军队，征服了高卢的城镇，通过这种方式镇压了高卢的起义。高卢有大量耕地，而且总有几个忠于罗马的部落，有能力为罗马进军班师供应粮草。

在日耳曼，任务就完全不一样了。日耳曼人没有城镇，如果有的话，罗马人将其夺取和摧毁后，日耳曼人就有可能过来商量。就连恺撒都没有能力迫使维钦托利直接交战，日耳曼人在原始森林和沼泽中就更容易回避与罗马交锋了。但罗马大军完全不可能就地自给，这一点必须再次特别强调。当地人口稀疏，主要以畜牧为业，农业成分很小。因此，日耳曼没有大量可供征收或购买的粮食。如果日耳曼人不应战，罗马人就别无选择，只能搜寻和烧毁日耳曼村落。但这对日耳曼人算不上大的损失。毕竟，如果有时间提前转移家产的话，他们本来就会经常换地方住。最严重的损失是牲畜被俘，但抓到牲畜并不容易。罗马人不能将大军分成小股部队去搜查树林，寻找日耳曼人的藏身处和财产。这样的小部队肯定会被日耳曼人伏击。就连几千人的队伍都会遇到数量占优势的敌军，然后迷失在走不到头的地形中。于是，罗马人发现自己面对着一项极其特殊的战略任务，一项我们这本军事通史在前面的讲述中从未遇到过的任务。

早在公元 14 年秋季，日尔曼尼库斯就在利珀河以南玛尔西人（Marsi）的地盘有过一次损耗巨大的行军。由于遭到了突然袭击，日尔曼尼库斯大胆地将部队分成 4 路，这样一来，按照最好的估计，他们能够通过和掠夺的区域宽度就达到了 45 英里（约 72 千米）左右。

班师途中，罗马军遭到了前来支援玛尔西人的布鲁克特里人、图班特人（Tubantes）和乌西皮特人（Usipetes）的攻击。但秩序井然、筹备周全的罗马人击退了攻势，尽管4个军团加起来只有1.2万多人，再加上26个盟军大队和8个骑兵中队。如果将盟军估计在8 000人到1万人，骑兵在1 000人到1 500人的话，那么全军大概就有2万人。

公元15年的春征

次年（公元15年）春，日尔曼尼库斯侵入卡狄人的地盘，一直打到埃德尔河（Eder）。这次行动的出发点必然是美因茨（Mainz），罗马军队在莱茵河上游的大本营，从这里去埃德尔河的直线距离是150千米，或者90英里（约145千米）。一支在日耳曼森林中行军、一边采取最严密的安保措施、一边烧杀掠抢的军队日均直线行军距离大概不会超过5英里（约8千米）。因此，这次远征肯定要耗费5周到6周的时间。远征军由4个军团和1万名辅助部队组成，如果考虑到军团不满员的话，那么战斗人员总数就在3万人；要是加上辎重队的话，全军就是接近5万人。为5万人提供5周到6周的补给几乎是不可能的任务，单是粮草就需要3 000辆双轭马车运输，总长达27英里（约43千米）。[2] 不过，有迹象表明日尔曼尼库斯在此次战役中用到了水运。塔西佗记载道，远征开始时，日尔曼尼库斯重建了一座由他的父亲建立后被摧毁的陶努斯山（Taunus Mountain）堡。通常认为这座要塞就是萨尔堡（Saalburg），这倒也不是全无可能。

当时的道路大概是从美因河-尼达河谷（Main-Nidda）开始的，

经过堡寨扼守的陶努斯关后进入兰河河谷。日尔曼尼库斯本人从美因茨出发时可能只带着一部分军队,其余部队和辎重一起从科布伦兹(Coblenz)启程走兰河水路。陶努斯山一路的主力对兵力远远不及日耳曼军的兰河偏师起到了间接保护作用。两路罗马军可能在抵达魏尔堡(Weilburg)之前就已经会师了。现在,罗马人可以通过兰河将给养便利地运到马尔堡(Marburg),接下来从马尔堡以北的兰河河湾出发,再走 20 千米便可直达埃德尔河。因此,美因茨到陶努斯山萨尔堡的直线距离是 70 千米,陶努斯山萨尔堡被赋予的使命是:确保罗马大军回程时关口畅通、囤积给养、尽可能阻碍日耳曼人在陶努斯山南北两侧的交通。

上面讲的过程即使不是完全不可能,但可能性也不大。对于从美因茨出发去征讨埃德尔河,"陶努斯山上"(in monte Tauno)还有另一处堡寨选址要有利得多。那就是弗里德贝格镇(Friedberg)。它所在的山脊仍然可以视为陶努斯山脉的一部分,而且后来罗马人以美因茨为起点、途经韦特劳地区(Wetterau)、通往埃德尔河的修建的大道就沿着这道山脊。山脊北坡陡峭,中世纪时期建有一座城堡。因此,这座堡寨相当于阿里索堡的翻版:与水路相通的前进补给点。由此去埃德尔河只有 55 英里(约 89 千米)左右——看起来不远,但对一支身处日耳曼地区的大军来说,需要异乎寻常的筹备和努力才能走完这段路。

日尔曼尼库斯从西南方向攻打卡狄人的同时,凯基纳(Caecina)率领莱茵河下游的军团从维特拉出发,溯利珀河而上,阻止车茹喜人援救卡狄人。卡狄人不敢冒险与之争锋。凯基纳与前一年家园被蹂躏过的玛尔西人打了一仗。

远征归来时，日尔曼尼库斯接见了塞格斯特斯派来的使节，他们说自己的酋长又与阿米尼乌斯反目了，后者正围攻他们。罗马统帅立即动身，再次沿着利珀河路线进军，赶走了塞格斯特斯的敌人，然后护送他和部下回到莱茵河。塔西佗没说日尔曼尼库斯与车茹喜人有过交战，因此塞格斯特斯被围攻的城寨肯定在车茹喜部的边界上。假如日尔曼尼库斯曾深入车茹喜部所居的山林，我们很难相信阿米尼乌斯会让他不经一战就打道回府。这样的行动同样需要大量准备工作和装备。据载，阿里索堡在次年遭到日耳曼人围攻，因此我们只能认为罗马人在公元15年重建该城并辟为补给站，大概是趁着凯基纳还在当地，可以保护施工时进行的。如果在利珀河上游没有一座物资充裕的补给站，上面提到的远征是不可能说走就走的。塞格斯特斯的堡寨很可能就是条顿堡（亦称"大堡"），距离阿里索不超过14英里（约23千米），所以这次行动不算大，但光靠阿里索的守军还是不够的，必须派遣一支真正的军队将车茹喜人吓退。车茹喜人主要生活在威悉河的另一边，一直延伸到哈尔茨山区（不伦瑞克地区的希尔德斯海姆）。

公元 15 年的大战

春季战役中，罗马军不仅对利珀河与美因河之间的日耳曼部落构成了严重威胁，而且重修了阿里索堡，从而为第二场更大的战役做了铺垫。在前一次战役中，两路罗马军只是间接协作。现在，罗马要集合全军的力量，以泰山压顶之势发力了。第一个目标是利珀河以北的日耳曼部落的布鲁克特里人，然后转向车茹喜人。

日尔曼尼库斯率领人数较少的一路，共4个军团上船，从德鲁苏斯运河驶入北海，再溯埃姆斯河而上，从北边攻打埃姆斯河上游两岸的布鲁克特里人。其余的军团在凯基纳的率领下走利珀河一线，从南边的维特拉进发。骑兵则专门走一条穿过弗里斯人地盘的路线。文献中没有写骑兵为什么不与凯基纳同行。无论如何，分兵三路表明罗马人预计不会在埃姆斯河以西发生战斗（参见图3）。

从时间和空间来看，全军从维特拉出发，摆出平行的几路推进当然大有好处。因为日耳曼人不会在开阔地应战，也不会让敌军包围自己，因此罗马军单走一路还是分兵数路其实无关紧要。但分兵的好处是，日尔曼尼库斯可以随军水运补给。我们可以这样设想：日尔曼尼库斯走到离布鲁克特里人还有一段距离的地方——可能是哈瑟河（Hase）与埃姆斯河交汇处的梅彭（Meppen）附近——将大部分船只和回程所需的补给品留在一座坚固城寨中，然后只带着若干装载粮草的特制平底船继续向埃姆斯河上游进发。

塔西佗说罗马诸军在埃姆斯河会师，但我们只能将其理解为两军建立了联系而不是真正合兵一处，否则就违背作战目标了。只要罗马人预计不会与日耳曼人决战，那么与其将部队集中起来，不如分成几路，尽可能多地扫荡、摧毁和劫掠敌境。扫荡的区域越大，找到敌人隐匿起来的物资的可能性就越高。化整为零不仅能触及更大的地面范围，对作战效果也有好处。唯一的顾虑就是，每支纵队都要有独立抵挡日耳曼人进攻的实力。塔西佗接着写道，利珀河到埃姆斯河之间整个沦为废土。与前面一样，这句话不能理解为罗马人的行动范围仅限于两河之间，因为在罗马人的文献里，这片地方的宽度连9英里（约14千米）都不到。塔西佗的记载中很可能是专门出现两条河的名字,因为布鲁克特里人主要就居住在两河之间,但他们的地盘还包括正北部的密林群山,以及群山与河间地之间的山谷(今奥斯纳布吕克,Osnabrück 所在地)。这两片区域很可能也被罗马人尽力扫荡过了。

当罗马军沿着奥斯宁山区前进,去往埃姆斯河的源头和布鲁克特里区的边界时,他们来到了瓦卢斯当年的战场附近。几个月前,

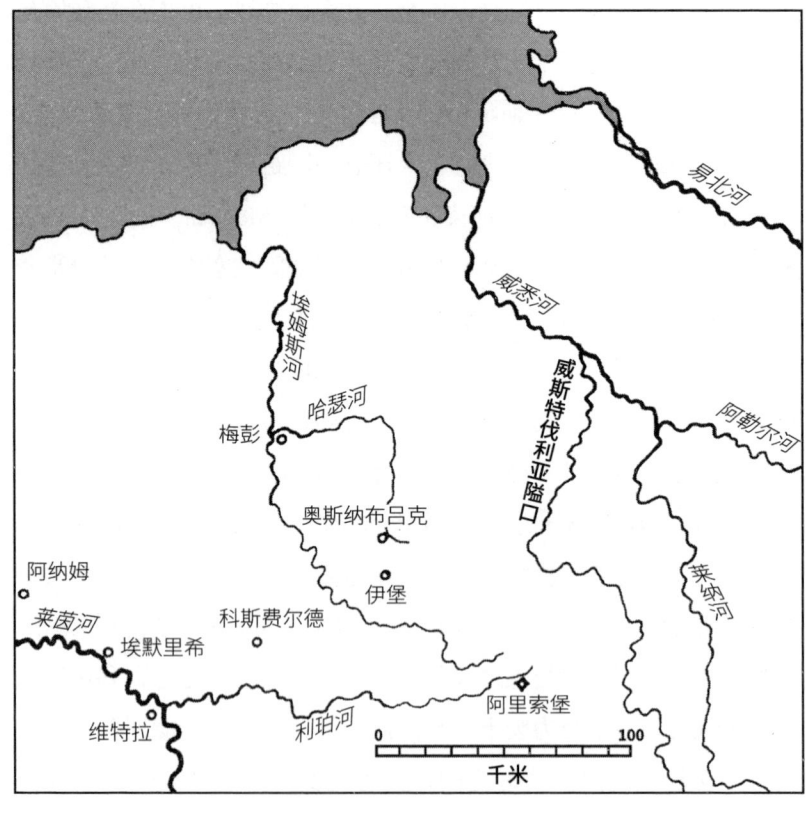

图 3　阿里索堡区位图

日尔曼尼库斯去解救塞格斯特斯时也曾到过附近，但他当时没有直接过去。他为什么没有去祭拜亡灵？有人问过这个问题。答案是很明了的。没错，德伦关口与阿里索堡的距离只有14英里（约22.5千米）左右，与条顿堡的距离只有5英里（约8千米），对要去解救塞格斯特斯的罗马军来说是很近的。但是，要想完整地办一套葬礼，日尔曼尼库斯就必须去威斯特伐利亚隘口旁的瓦卢斯夏季大营，从阿里索堡过去要3天到4天的时间，因为他们在那片区域行动时必须万分谨慎。收集遗骸和举行葬礼又需要几天时间。因此，行动总共至少需要10天到12天的时间，调动大军同样需要大量准备工作。但最重要的是，日尔曼尼库斯想要的不只是匆匆寻访惨败之地，安葬死者，然后打道回府。更重要的是，他希望将祭拜亡灵与重振罗马声威、一雪瓦卢斯战败耻辱的战功结合起来。现在，他已经狠狠教训了当年参战的一个部落，几乎将他们全部赶走，让日耳曼人再也不敢冒死守护家园，他这才来凭吊死者。他安葬了战死将士的尸身，为他们立起了一座坟丘。

塔西佗记载道，当罗马军抵达布鲁克特里地区的边界时，凯基纳先被派去侦察密林山区，并在沼泽地上搭建栈道桥梁。这段文字并没有排除罗马军一部沿着从阿里索堡起始、途经德伦山口的原有道路行军的可能性，因为条顿堡森林正下方的森讷河流域当时是林木丛生的泥潭，沼泽化程度很可能比现在还要高，而且日耳曼人大概早就拆掉了先前修好的罗马栈道和桥梁。无论如何，只会有一部分罗马军队走这条路。北路军大概会经过比勒菲尔德（Bielefeld）关口，那里之前没建过工事，所以要新修。近年来甚至有人声称找到了凯基纳的工事遗迹。

直到目前为止，文献中都没讲阿米尼乌斯的活动。尽管塔西佗接下来说日尔曼尼库斯尾随阿米尼乌斯进入无路荒野，然后打了一场不分胜负的战斗，但这段话并没有给我们多少信息，因为他没说阿米尼乌斯退却、日耳曼尼库斯尾随的方向是什么。唯一的参照点就是，日耳曼尼库斯最后率军回到了埃姆斯河。如果罗马人追击车茹喜人时渡过了威悉河，日耳曼尼库斯当然不会撤回埃姆斯河，而是会去近得多的阿里索堡，他在那里有补给站，走利珀河回莱茵河很方便。因此，我们认为可能性高得多的情况是，日耳曼人不是在罗马人前方集结，而是在后方——这符合他们的本性——途经条顿森林堡，来到威斯特伐利亚关隘前。接下来，日尔曼尼库斯从威斯特伐利亚隘口再次转向西边，到维恩山（Wiehen Mountains）和奥斯宁山区搜捕阿米尼乌斯。一部分罗马军估计在雷赫姆至奥斯纳布吕克之间的山间活动，另一部分从明登翻山向北去布拉姆舍（Bramsche）。罗马军接近阿里索时，辎重队大概在那里补充了给养，以供深入原野之需。无论如何，阿米尼乌斯成功躲过了罗马人。日耳曼尼乌斯最终粮草耗尽，只好撤军。他亲率一半人马去埃姆斯河上船。罗马军估计在梅彭附近的营地接到了送来的给养，不管营地是在埃姆斯河畔还是在哈瑟河畔。由于附近有日耳曼军队，之前独自穿越弗里斯人领地的骑兵部队——路线可能是从埃默里希（Emmerich）至赖讷（Rheine），也可能是从阿纳姆（Arnheim）至林根（Lingen）——在上船点之前只能与日尔曼尼库斯同行。由于船只装不下骑兵，直接返回的路线又被布尔唐沼泽（Bourtang Moor）阻挡，所以骑兵绕到了沼泽北面，沿着海岸线回莱茵河。[3]

　　分兵后，凯基纳率领的一路罗马军径直走陆路去了维特拉。阿米尼乌斯动手的时机到了。凯基纳部要走一条极其危险的通道。这条木排道穿过丘陵林区,是罗马统帅 L. 多米提乌斯·阿赫诺巴布斯（L. Domitius Ahenobarbus）几年前搭建的。为了找到这些罗马人口中的"长桥",人们已经用尽了办法,但迄今为止还是毫无进展。古条木排道的数量太多了,最近甚至在罗马人从未涉足的西普鲁士都有发现。如果严格从字面上去理解塔西佗的文字,我们就只能认为全体罗马军来到了埃姆斯河畔,而且之前从来没有分兵。这样一来,长桥就必然位于埃姆斯河左岸,科斯费尔德（Coesfeld）附近的某地。但正如前面所说,塔西佗的记载并没有牢靠到可以做这样确切的理解。凯基纳早就与日尔曼尼库斯分开了,且"长桥"位于奥斯纳布吕克以南的伊堡（Iburg）附近,这也不是完全不可能。[4]

这个地理问题对我们的军事史研究不是很重要。唯一重要的是,日尔曼尼库斯手下 8 个军团加辅助部队,人数很可能多达 5 万的大军既没有迫使日耳曼人进行大决战,也没有将其包围。恰恰相反,当罗马人出于后勤因素不得不分兵撤军时,阿米尼乌斯找到了进攻其中一路,即凯基纳部的恰当时机和地点。根据罗马人自己的报告,阿米尼乌斯让他们陷入了万分危急的境地,要不是日耳曼人的不守纪律和贪婪心理破坏了阿米尼乌斯的计划,他们有可能重蹈瓦卢斯的覆辙。在另一名车茹喜部酋长、阿米尼乌斯的叔叔音吉奥美路斯（Inguiomerus）的劝说下,日耳曼人去强攻罗马营寨,结果被久经战阵的凯基纳打败。正如恺撒在阿莱西亚所做的那样,凯基纳明白当时必须做什么,在正确的时机发动了一场突袭。日耳曼人遭遇惨败。走水路的日尔曼尼库斯一部也因为风暴和恶劣天气损失惨重,但最终与凯基纳一样回到了大本营。

6　战争的高潮与结束

我们已经知道了阿里索堡对罗马军作战的重要性。公元16年，阿米尼乌斯发动了新战役，首先就要拿下阿里索。但是，当日尔曼尼库斯率领6个军团逼近时，阿米尼乌斯没有迎战，而是撤围退兵，再次将主动权让给了罗马人。

塔西佗对这一年战事的记载甚至比前面的内容还要不确定。事实上，该记载包含着一处极大的内在矛盾，若无彻底订正，简直就完全无法理解。一开始，塔西佗清晰地讲述了日尔曼尼库斯对战略局势的判断。在酣战和野战中，他打败了日耳曼人；日耳曼人也有"帮手"，是森林和沼泽，是短暂的夏天，是早早降临的冬季。长途跋涉和物资损失对罗马士兵的伤害比战斗更大。高卢人对供应马匹感到了厌烦。无穷无尽的运输队是伏击的好靶子，防守也很难。不过，如果走水路的话，军队就能突然地、出乎意料地抵达想去的地点，可以更早开战，一起运输军团士兵和后勤补给，骑兵和战马也能够在日耳曼腹地精神饱满地展开行动。综合上述考量，日尔曼尼库斯建造了1 000艘船。据塔西佗记载，他和以前一样溯埃姆斯河而上,然后上岸,从埃姆斯河长途跋涉到了威悉河。[1] 这次行动与前一次战役的重大区别是,全部军队都是由船只运输的,而非只有一半军队。但是,此一变化没能给罗马军带来好处,因为将全军集中于一点必然会让行动比前一年凯基纳部驻于利珀河的时候更困难。事实上,回想一下日尔曼尼库斯在前一年曾率领 6 个军团来到阿里索附近这件事,他现在的行动就变得完全不可理解了。从阿里索去威悉河,行军只需不到 4 天。而据记载,他先退了回来,上船去埃姆斯河,又从埃姆斯河一带的山脉北边出发,行军至少 8 天到 10 天抵达威悉河。对于节省战马劳苦,将士兵精神饱满地带到日耳曼腹地来说,这实在是一种奇怪的方式。

此外,塔西佗全然没有记述罗马军从埃姆斯河至威悉河的行进过程,而只是写他们先在埃姆斯河上岸,然后直接就到了威悉河。

只有一种解释能将这一团乱麻解开,那就是塔西佗弄混了埃姆斯河与威悉河的名称。我们知道,德鲁苏斯和提比略曾乘船驶入威悉河和易北河。我们还知道,威悉河口的考契人一直忠于罗马,即便是瓦卢斯战败后,当地还有一支罗马驻军坚持到公元 14 年(参见前文)。塔西佗笔下的阿米尼乌斯后来对同胞发表了一次演说,他说罗马人之所以选择绕远走海路,是为了避免自己刚抵达就被迎头一击,一旦战败也能免于被追击。如果罗马军是从埃姆斯河出发,经陆路长途跋涉而来,这番演讲就说不通了。我们在前面引用过的一段话表明,塔西佗对日耳曼地区诸河流的地理关系没有概念,因为他将一支从埃姆斯河去莱茵河的军队说成从威悉河出发。他在这里肯定是把河流搞混了。日尔曼尼库斯驶入的不是埃姆斯河,而是威悉河,在那里上岸后直接就到了车茹喜部的边境。不过，不管是4个军团还是只有两个军团，走海路的罗马军当然不是全部，而只是一部分。两个军团看起来有点少，但几乎肯定是正确的数字。哪怕阿里索堡的6个军团中只有一小部分先走路去莱茵河，然后入海经威悉河抵达威斯特伐利亚隘口，个中所需的努力都是我们很难明白的。[2] 对全部注意力都放在日尔曼尼库斯本人身上的塔西佗来说，省略不归日尔曼尼库斯率领的一路并非不可理喻。那一路的规模肯定要大得多，但没有发生任何值得记述的事情。哪怕这一路的人数较少，日尔曼尼库斯决定亲自指挥整场战役最困难也最重要的海路行动一事证明了他的领导素质。

海路行动的全部意义就是通往威悉河的流动补给站。随行士兵的必要性只在于保卫安全。如果这一路真的只有两个军团，那么可能只有这两个军团是满员的，而其他6个军团都留下了一部分守卫堡寨和莱茵河边境所需的兵力。另外，这两个军团很可能还有一支盟军劲旅随行，之后他们又在威悉河与考契人会合。塔西佗在后文中（2.23）中明确写道，日尔曼尼库斯回军时派遣了一部分兵力经陆路去冬季营地。

因此，我认为在日尔曼尼库斯率军——可能占总兵力的多数，也可能占少数——向威悉河上游进发的同时，其余部队也在沿着阿里索-德伦隘口路线向他行进。两路在威悉河中游会师，可能是在明登附近。

罗马军主力停驻阿里索堡，等待舰队抵达威悉河的时间颇久。他们用这段时间修建一条将阿里索与莱茵河直接连起来的坚固公路，以此保卫阿里索地区的安全。[3]

如果说我们通过上述订正为这场战役找到了一个显而易见且清

第一篇　古罗马人与日耳曼人的冲突

晰的基本战略构思,接下来的战役过程就绝不是清晰可辨了。塔西佗写道,日尔曼尼库斯在两场大战中击败了日耳曼人,一场在威悉河畔的伊迪斯塔维索(Idistaviso),另一场还是在安格里瓦利部和车茹喜部交界处的岸边。尽管此处似乎给出了很好的地理参照点,但各次行动之间的关系很不清晰,以至于学界既不知道战斗地点应该在威悉河的左岸还是右岸,也不知道第二次战斗发生在罗马人进军的时候,还是撤军的时候。罗马人自称取得的大捷极其可疑,因为大捷没有带来益处。另外,根据塔西佗本人在后面的记载,阿米尼乌斯与马罗波多斯交战时的形象不是一个被罗马打败的人,而是一个打败了罗马的人。战斗经过的细节不仅模糊而前后矛盾,而且在战术上是不可能的。我之后会对此做详细阐发。这两场战斗对我们没有多大意义,因为我从一开始就不得不质疑其存在。

阿米尼乌斯怎么可能在酣战中正面对抗罗马全师?我们已经看到,直到现在为止,这位车茹喜部酋长本人对罗马人的强项和弱点都有非常正确的判断,回避正面交锋,等待突袭的时机。即便我们假定他同时通过外交手段大大拓展了联盟,掌握的军队规模远远大于前一年,上面的分析也依然成立。这一年里,罗马军没有带上规模庞大、容易遭到日耳曼人伏击的辎重队。车茹喜部躲着罗马人,罗马人只能在其领地里穿行,劫掠破坏,除此之外别无他法。为了相对方便地执行这项任务,他们只好分兵。无论如何,与跟罗马全军打防御战相比,这样能够给日耳曼人带来更多有利的战机。在防御战中,不管日耳曼人在什么位置,庞大的罗马军——很可能有压倒性的数量优势——都能够发起包抄,或许还能将日耳曼军消灭。

后续事件中根本看不出罗马军大捷的样子,由此可见,罗马军不可能取得了决定性的重大胜利。另外，在塔西佗本人之后的记载中，阿米尼乌斯的形象一直是没有被打败过的人。[4] 同样，罗马人也不可能吃了败仗，因为那样就不会有多少罗马人能回到莱茵河。两场大战确实存在，只是同样不可能有胜负未分的情况。首先，在所有确实发生过大战的情形下，胜负未分的战斗必然损失惨重，以至于哪怕在塔西佗纯粹的一面之词中都会有所表现。其次，如果真有一场大战，罗马人只要不胜，就等同于彻底的战略失败。他们将全部兵力都派上了场，这支军队在酣战中的必胜把握不仅是其军事行动的基础，也是其整体政治姿态的基础；不仅对日耳曼人如此，而且对全世界都如此。

因此，我认定伊迪斯塔维索和安格里瓦利这两场大战属于传说。罗马人的记载不足以让我们信服，因为后续事件不能确证其存在，又有各种反对的理由。小规模战斗是有可能发生的。有人提出过一个假说，认为塔西佗对日尔曼尼库斯征战经历的记载直接或间接源自一首诗歌。我认为，这个假说的可能性很大。[5] 塔西佗的文字中充斥着冒险情节和生动的场景，很符合战争史诗作者的调性：阿米尼乌斯与弟弟弗拉维乌斯（Flavus）的隔河对话；日尔曼尼库斯夜巡军营，听见手下士兵称赞自己；奥德赛式的渡海归国旅程。另一方面，他对战略和地理关系的处理却漫不经心，这些内容几乎不可能出现在平实史家的文字中。

因此，这些细节我全部不采纳。我相信，尽管有种种问题，但了解战略大环境、通过分析整体形势来还原真相并非不可能。

我们研究的对象毕竟不是临时起意，有可能基于假情报行鲁莽之举，而是由一群素养最高、经验最丰富的军人详尽综合各方面因素、最终分析敲定的战役方案。即便文献里对年轻统帅日尔曼尼库斯的个人能力或有夸大，但奥古斯都和提比略都对人性有着敏锐的判断力，肯定为他配备了一支由经验最丰富的军官组成的参谋团。同样可以肯定的是，作战方案不只是前线大营的共识，也会被送给提比略审批。但提比略可是一位卓越的将领，而且熟知日耳曼的情况，我们可以假定作战方案是明智合理的。如果从确切记载的事实中能得出多种符合逻辑的可能性，那我们确实无法决断。但我认为，在假定战略为精心制订的前提下，只有一种能够解释整体局势的可能性。因此，我们必须接受这唯一的可能性。

据塔西佗记载（《编年史》1.58），塞格斯特斯投奔罗马时提出，他可以做罗马人与日耳曼同胞的中间人。

即使没有正面的信息，我们也必须设想塞格斯特斯说了这样的话。纵观历史，从雅典僭主西庇阿斯①到大革命时期的法国贵族，再到1848年的德意志共和主义者②，流亡者中间都有一种常见的幻想：他们在流亡期间总以为自己在国内有一大批追随者，只等他们回归追随者就加入自己。公元15年底，塞格斯特斯的兄弟西基默尔（Sigimer）也投奔了罗马。我们或许可以相信，这两位车茹喜部酋长曾向日尔曼尼库斯保证，只要他率领一支雄壮的军队出现在威悉河边，车茹喜人就会抛弃阿米尼乌斯，投靠塞格斯特斯兄弟和罗

---

① 西庇阿斯（Hippias），雅典僭主庇希特拉图之子，继任后于公元前510年被推翻，从此雅典进入民主制时期。公元前490年，西庇阿斯于流亡地利姆诺斯岛去世。
② 1848年欧洲各地爆发争取自由、要求建立共和国的革命，革命失败后，德意志地区的革命者们只得流亡外国。

马人。事实上，我们不仅可以假定这个因素对日尔曼尼库斯的作战计划起了作用，而且应该认为这是一个必然的假设。若非如此，对罗马人来说，将战区转向车茹喜部就是一个显而易见的错误。公元14年和公元15年，罗马人蹂躏了玛尔西人、布鲁克特里人、卡狄人部落，大概也包括这些部族之间的小部落。我们实在不知道布鲁克特里人是怎么挺过了公元15年那样的大扫荡的。假如罗马人连续几年重复这样的行动，受到打击的部落肯定要么饿死，要么远走，要么降服。通过这种方式，罗马人无疑就能步步为营地从莱茵河推进到威悉河。现在，除非罗马人预计能毕其功于一役，让车茹喜部降服，否则罗马人会让这些部落有了休养生息、与车茹喜部合力的机会，两头都顾不上。这不可能通过几次大战达到。日尔曼尼库斯没有比公元15年迫使阿米尼乌斯交战的更大的把握，而且大战也并没有发生。但日耳曼尼库斯身边有阿米尼乌斯的兄弟弗拉维乌斯，而且尽管塔西佗没有明说，但肯定还有阿米尼乌斯的岳父塞格斯特斯及其岳父的兄弟西基默尔。如果这三位车茹喜部酋长能成功分裂部落，哪怕只让一部分部民转投罗马人，阿米尼乌斯肯定就会支撑不住，最后要么归顺罗马，要么逃到易北河外。罗马人会接纳和饶恕其他酋长手下的车茹喜人，这样的功绩肯定会让莱茵河与威悉河之间的各部落更亲罗马。一击之下，易北河以西的地域就会建立起罗马的霸权。

从阿米尼乌斯和其兄弟弗拉维乌斯隔着威悉河的假想对话中，我们能发现这条计策遭到了拒绝。我们不能被记载中阿米尼乌斯对今后行动的设想带偏，从其心理角度看，他绝不可能有这样的设想。如果兄弟对话的情节不全是虚构的话，那也是对双方既有交锋也有商谈这一事实的诗意描绘。我们不知道他们商谈到了什么程度，但要是认为塞格斯特斯完全没有试图履行居中协调的承诺，以此恢复自己在本国的权势，那也是不可能的。否则的话，罗马人的记载中根本不会出现塞格斯特斯的提议。

将一个没有直接文献记载的观点插入一场战役中似乎有些莽撞。持此看法的人会认为那只是一个假说。但是，只有把这个观点加进来，一个明摆着的错误才会消失：日尔曼尼库斯在解决玛尔西人和布鲁克特里人之前就去攻打车茹喜人。另外，我们现在可以这样说：一名真心想成就伟大功业的罗马统帅肯定也会像日尔曼尼库斯那样做。但是，由于这场战役的基本政治前提并不成立，因此他的大业注定失败。车茹喜人肯定明白自己深陷危局，也受到了很大的诱惑，尽管有部落上层贵族叛逃，但阿米尼乌斯的强大人格足以让车茹喜人站在自己一边并把士气维持住，这种情形类似于当年安东尼征讨帕提亚。罗马诸军在威悉河畔的威斯特伐利亚隘口成功会师，而且很可能已经渗透到了车茹喜部境内，也有可能渡过了兰河乃至阿勒尔河（Aller），与这两条河上的补给船只会合。由于车茹喜部的亲罗马派既无表现，又无成绩，再加上居住在威悉河中游、考契部与车茹喜部之间的安格里瓦利人再次起事，罗马军不得不再次折返。至于撤军的原因，塔西佗只说了夏日已尽。有人质疑过这个理由，因为据塔西佗记载，日尔曼尼库斯在同年秋天还兴大兵征讨卡狄与玛尔西两部。如果他确实像传统观点认为的那样，乘船回到了埃姆斯河，上述质疑就是合理的。但是，如果我们认为整场远征都发生在威悉河，那一切就都说得通了。罗马统帅不可能无故拖延时日，让庞大的运输船队白白暴露于秋季的北海风暴之下。但他还是遭遇了风暴,因此我们不妨这样假设:他考虑到大军已经走了这么远,又仍然希望能制服日耳曼人,于是在车茹喜部境内停留了太长时间,有可能一直等到9月。即便他回到莱茵河的时间不早于9月底,他还是可以在10月份对边境部落发起两次远征。

如果我们认同塔西佗写这场战役的资料来源是一部战争史诗,从一开始就与政治因素或战略思路不搭调的话,那么他自然就不会写这些内容了。即便这一假说没有根据,但他拔高日尔曼尼库斯的倾向也足以解释他不写战略和政治方面的原因。如果他写了局势的这个方面,他当然只好承认日尔曼尼库斯的失败。但这场战争要被写成一场胜利才行,作者也确实给人一种大捷的印象。将车茹喜人写成被两场大战打得几乎灭族,而罗马人撤回莱茵河只是季节原因,季节是一个众所周知的阻止罗马军队停留于日耳曼内地的理由。

我们会再一次认识到设立日耳曼内地据点对罗马军队的意义。哪怕已经打了两场军事意义上的胜仗,日尔曼尼库斯依然不敢冒险在阿里索过冬,更别提威悉河一带了。他必须撤回莱茵河。只要利珀河南北的布鲁克特里部和玛尔西部没有被征服,没有接受罗马统治,冬季在利珀河河源扎营就会带来极大的危险与不便以及得不偿失的小规模伤亡。

战争结束

纵观日尔曼尼库斯历次战役的结果,即便罗马人在军事上占了上风,最后一次也是规模最大的一次战役显然也是失败的。尽管如此，此战并非一无所获。塔西佗写道，安格里瓦利人最终归顺了罗马，还赎回了其他部落手里的罗马战俘，以此讨好罗马人。由于弗里斯人和考契人已经与罗马结盟，于是罗马人在威悉河上有了一个对车茹喜人施加巨大压力的立足点。安格里瓦利部归顺一事或有疑点。既然领地一直延伸到易北河口的考契人已经与罗马人交好，我们实难知晓安格里瓦利人是从哪些部落赎回海难俘虏的。不管这是怎么回事，一支罗马大军出现在了威悉河与易北河之间。尽管罗马人在班师途中遭受海难，损失惨重，但他们必然对车茹喜部领地造成了巨大破坏。无人可以阻挡罗马人次年复归。

当年恺撒进入高卢后便不曾离开，甚至大败的时候也是如此。现在，罗马人不得不屡次从日耳曼撤回莱茵河，因为森林和草地供养不了大军。若要继续深入，他们大概也不会一开始就再讨伐车茹喜部，而是会彻底打败布鲁克特里人和玛尔西人。当然，这需要极强的实力；只有数个军团组成的大军才能冒险深入日耳曼地区。但是，高卢战争结束时的恺撒手中至少有11个到12个军团，而日尔曼尼库斯只有8个。我们很难明白罗马帝国为什么不能连续多年派遣数量相当，甚至更多的军团越过莱茵河，也不知道日耳曼边境诸部要如何抵挡这样的大军。每一次远征都是昂贵而凶险的，但绝非不可能做到。从长远来看，如果对手的实力不足以造成双方集结兵力、打一场大规模战术决战的形势，那必然是要失败的。此外，与先前的高卢人一样，日耳曼人中间的各种倾向都有利于亲罗马派系的形成。公元16年秋季，玛尔西部酋长马洛温杜斯（Malovendus）便叛族投敌，将玛尔西人藏匿条顿堡森林会战俘获鹰旗的地点告诉了罗马人。塔西佗说，罗马军确定敌方已经在动摇和考虑求和，战争在第二年夏天就会结束。尽管我们完全不采信罗马人两次大败车茹喜部的说法,但这段记载或有几分真实。

对此的解释不仅要在战区里寻找,更要到罗马帝国各个统治集团之间的关系中寻找,兰克(Ranke)早就明白了这一点。提比略登上皇位只是通过收养关系,他不是奥古斯都的血亲。日尔曼尼库斯与奥古斯都的关系类似于奥古斯都与恺撒的关系:他是奥古斯都姐姐的外孙,又娶奥古斯都外孙女阿格里皮娜(Agrippina)为妻,日尔曼尼库斯夫妇的儿子是奥古斯都的血亲后代。纵然按照罗马的法律,养子与亲子享有同样的权利,而且提比略也将日尔曼尼库斯收为养子,但皇帝与日尔曼尼库斯一家仍然关系紧张,这对双方都构成了持续的威胁。为自身安全起见,提比略不能容忍日尔曼尼库斯与日耳曼军团在多年征战中发展出罗马共和国时期恺撒与高卢军团之间的那种关系。条顿堡森林会战与日尔曼尼库斯的3次战役已经表明,日耳曼人是性格倔强的"自然之子",征服他们是一项艰难到可怕的任务。只有位高权重、兵精粮足、放手经年征讨的统帅才能结束这场战争。提比略派不出这样的统帅;事实上,他也不会允许自己派出这样的统帅。观察战况两年之后,他将日尔曼尼库斯召回,于是日耳曼人保住了自由。

对后世来说,日耳曼人一直处于罗马势力范围之外而没有像凯尔特人那样罗马化这一事实有着无比重大的意义。要真正理解其中的因果关系,我们必须分两面来看;在大事上不糊涂的塔西佗对此洞若观火。他的记载有很多方面不能让我们满意,文风里暗藏的思想感情更是主观挂帅。但是,不管他的观点如何,他确实点出了根本。他一方面认为,若非疑心的提比略召回日尔曼尼库斯,罗马会取得胜利；另一方面认为，阿米尼乌斯无疑是日耳曼的解放者。这两个判断都是正确的。

在条顿堡取胜后，阿米尼乌斯将瓦卢斯的首级送给了马克曼尼国王马罗波多斯。这一举动只能被理解为是号召日耳曼各部团结起来，共同对抗罗马。马罗波多斯拒绝加盟，将瓦卢斯的头送给奥古斯都安葬。正是此事让我们得知了真相，而且确证无疑。没过多久，以阿米尼乌斯为一方，马罗波多斯为另一方的日耳曼内战就爆发了。当时与伦巴第人结盟的车茹喜部首领无疑取得了胜利，但阿米尼乌斯本人最后却在内战中死于背信弃义的亲属之手。他是日耳曼人的解放者，一位在一个世纪后记载了这些事件的罗马作者说，蛮族人依然在歌谣中赞颂他。尽管如此，有没有可能他后来被同胞遗忘，1 500年后才因为学者的研究而重新为人所知？语文学界宣称找到了阿米尼乌斯身后声名的些微踪迹，尽管我们永远无法真正证明，但它本身就具有不可忽视的诗性的力量。

我们不知道这位车茹喜部国王的日耳曼语名字；他的日耳曼语名字与"赫尔曼"（Hermann）一词没有关联。阿米尼乌斯是他在罗马城获封骑士时获得的罗马名字。不过，他的父亲名叫西基默尔，而在日耳曼人中间，儿子的名字经常是随着父亲起的。那么，阿米尼乌斯的名字有没有可能是齐格弗里德（Siegfried）？史诗《尼伯龙根之歌》的主角齐格弗里德的父亲就叫齐基蒙德（Sigemund）。据塔西佗记载，车茹喜部还有一位酋长叫齐基蒙杜斯（Segimundus）。毫无疑问，这一组名字都属于阿米尼乌斯一族。齐格弗里德的传说可以追溯到日耳曼神话，而且也包含与罗马时期有关的内容，因为齐格弗里德父亲的首府在克桑滕，而克桑滕只有在罗马大营维特拉设于此处时才是要地。与阿米尼乌斯一样，齐格弗里德在事业的巅峰时刻英年早逝，原因也是亲属的妒忌和背叛。他的妻子一直忠于他，而不从娘家人。害死齐格弗里德的凶手哈根是独眼龙，这一点在《尼伯龙根之歌》里没有提及，却出现在另一份文本中。剧中有一段情节和阿米尼乌斯之弟、在罗马一方作战的弗拉维乌斯的事迹如出一辙。在阿米尼乌斯去世后的争斗中，除了弗拉维乌斯的一个儿子（他当时在罗马境内），车茹喜部酋长的家族都死绝了，正如尼伯龙根的所有酋长。

如果阿米尼乌斯就是齐格弗里德，对阿米尼乌斯个性的记忆以最光明磊落的男子汉形象被保存了下来，那就是一个民族献给民族英雄的最崇高的纪念。事实上，对有血有肉的历史人物来说，史诗中的形象大概是过于伟岸了。因此，我们还是只把它当成一个笼罩在遐想面纱下的传说。

7 古罗马与日耳曼的僵持局面

条顿堡森林会战与日尔曼尼库斯历次战役的结果是,罗马人与日耳曼人僵持不下。囊括四海的罗马帝国无法在边界以外的广阔森林、山峦和沼泽地带征服富有勇气、热爱自由的蛮族部落;而日耳曼人在正面对决中无力对抗罗马,也不能主动进攻。

尽管如此,罗马帝国并未停止扩张。它继续扩张了一个多世纪,在之后的一个世纪里仍然有过扩张的想法,做过扩张的努力。日耳曼人的勇气太旺盛,土地太闭塞,而罗马人则成功征服了不列颠岛上凯尔特人居住的地盘,还在多瑙河下游以北的平原(今匈牙利和罗马尼亚)新建了一个大省——达西亚(Dacia)。最后,在公元2世纪初,罗马与帕提亚再次爆发大战,征服了美索不达米亚。

罗马人之所以等了一个半世纪才为克拉苏和安东尼报仇,原因与罗马人最终放弃降服日耳曼人的想法是一样的。我们不能设想帕提亚人的力量足以抵挡罗马举全国之力的全面进攻。但是,一场新的"亚历山大远征"必须有一位新的亚历山大。马克·安东尼当初想当新亚历山大,结果没有成功。究其原因,既非安东尼缺乏必要的素质,亦非这件事本身不可能做成,而是因为他制订了一个具体的方案，由于情势不利，他的方案失败了，然后他就放弃了新的尝试。罗马人或许本来可以步步为营，首先将目标局限在征服美索不达米亚上。即便如此，这仍然是一场浩大的行动，必得亲征方可。皇帝本人必须精力充沛、能征善战、权位稳固，并将帝国治理得遵序守法，从而可以放心地常年离开首都，全身心投入遥远边境上的战争。尤利乌斯-克劳狄乌斯王朝（Julian-Claudian）与弗拉维王朝（Flavian）诸帝或者才能不足，或者形势不利，直到图拉真①在位时期（98—117），罗马才出了一位满足全部条件的皇帝。

当他受召回朝，准备以养子身份继承皇位时，图拉真正在美因茨大营统领莱茵河上游的罗马军团。我们会觉得，如果他想要发动战争，为罗马增添荣光，为帝国驱逐未来的隐患，那么他肯定会致力于完成征服日耳曼人的功业。但他不想冒这个险。阿庇安（Appian）②告诉我们，罗马之所以没有征服不列颠岛北部，是因为那片土地毫无价值。只要帝国朝廷讨论吞并日耳曼是否明智和必要，这个理由就会被搬出来。图拉真更倾向于达西亚，最后又转向帕提亚。他确实将亚美尼亚和美索不达米亚并入帝国，但在作战期间他去世了，随后罗马立即开始了新一轮处理内政与对外交战的交替。即位的哈德良帝位不稳，不能亲自继续指挥帕提亚战争，也不能把这件事交给将军，于是议和并放弃了图拉真征服的土地。罗马人之后确实又多次来到和越过底格里斯河，但每次都只能短暂停留。

---

① 图拉真（98—117年在位），罗马皇帝，"五贤帝"之一，军功显赫。113年，为纪念达西亚大胜，于罗马树立图拉真柱。
② 阿庇安（95—165），古罗马历史学家，代表作为《罗马史》。

第一篇　古罗马人与日耳曼人的冲突

让易北河成为帝国边界的计划再也没有被实施，于是，提比略召回日尔曼尼库斯成了世界史的一大转折点。从那以后，罗马不再大举进犯日耳曼，将主要目标局限于维持和保护边境。但是，边境防御为战争艺术提出了一个本质上的全新挑战。

提比略叫停日尔曼尼库斯的征讨后，罗马军团并没有全部撤回莱茵河左岸，而是继续驻守右岸的若干地区和堡寨¹，甚至会有些许推进。莱茵河与美因河交汇处的温暖地带和兰河一带发现银矿的吸引力是如此之大，以至于罗马人最后占领此地并留了下来，从而延伸到了莱茵天堑以外，不得不建立人工的边境防御体系。韦特劳地区和位于莱茵河、多瑙河夹角之间的奥登瓦尔德（Odenwald）和施瓦茨瓦尔德（Schwarzwald）也被纳入了这块突出部。

这就是当时的边防问题。

即便日耳曼人无力进攻一直由枕戈待旦的军团守卫的罗马帝国，他们也绝没有因此成为安分的邻居。为了在大规模野战中击败和驱逐日耳曼人，也为了平时保护边境免遭劫掠，罗马需要维持一支常备军。就算蛮族国家想要做出停止劫掠的外交承诺，他们也做不到，因为他们对手下好战的部族的管控力有限。

在永远好战的敌人面前守卫长达数百英里的边境线难度极大。入侵可能在任何一点、任何一天发生。如果将边防部队平均分派到整条边境线上，那就处处薄弱，全挡不住集结起来的敌军。如果将兵力集中于几个点，那就有大片土地敞开，无人看管。

在莱茵河下游，罗马自保的方式是与河对岸的日耳曼部落长期结盟，包括巴达维亚人、坎宁尼法提斯人和弗里斯人。这些部落有大批子弟当罗马的兵，领罗马的饷。此举能确保他们安分守己，甚至能约束他们在老家的亲属。双方偶尔发生的龃龉都被解决了。

在更上游，大致相当于普鲁士莱茵省的地方，双方一直以莱茵河为界，但罗马人在右岸制造了一条广阔的无人地带，不许日耳曼人来定居。尽管日耳曼人只要一天就能穿过无人区，然后渡过莱茵河，进入罗马境内，但如果罗马的巡哨和岗哨警惕性比较高的话，想要做到其实也不容易。当然，需要特别关注自东向西流的各支流河口对岸，日耳曼人可以乘船突然出现在这些地方。

在波恩（Bonn）与科布伦茨（Coblenz）之间，新维德（Neuwied）下游的地方，边界伸入莱茵河右岸，"长城"（limes）在这里开始修建。"长城"在美因河与莱茵河交汇点上游14英里（约22.5千米）处的法兰克福越过美因河，然后延伸到多瑙河畔的凯尔海姆（Kehlheim）。凯尔海姆位于源出拉蒂斯邦（Ratisbon）的阿尔特米尔河（Altmühl）河口处。于是，莱茵河与多瑙河之间的突出部就被横贯其间的"长城"保护了起来。

"长城"是在不同时间，以不同方式分段修建的。内卡河有一段相当长的旧墙，至今依稀可辨；后来在旧墙的前方又修了一段新墙。凡是有大河——美因河或内卡河的拐弯处——构成边界和提供保护的位置，那里就不修"长城"了。

由于近年来的勘探工作，我们不仅能相当准确地追踪这一存续至今，俗称"鬼墙""围栏"的边防体系的走向，还能追溯它的历史。因此，用一位目光敏锐的研究者的话说，这一伟大工程不再是僵死的纪念碑，如今焕发了青春，它的发展历程中处处都是有意思的点。

提比略和之后几位皇帝在位期间，针对日耳曼人的防御工事尚未连成线。韦斯巴芗（Vespasian）①将工事从莱茵河上游向前推进，越过黑森林，直到内卡河为止，以此缩短多瑙河与莱茵河之间的交通距离。占领这些地区毫无困难，因为本来就几乎无人居住。但到了内卡河一线，罗马人与日耳曼人离得就近了。韦斯巴芗之子图密善（Domitian）与卡狄人打了一仗，然后占领了韦特劳地区（Wetterau）。于是，罗马人就有了一条漫长的陆地边界需要守卫，而且边界在韦特劳地区呈突出部形态，更增大了防御难度。

图密善占据了这片区域，并建设了一套完整的堡寨体系。狭义的"长城"，也就是将各堡寨彼此相连的连续防线，可能就是在图密善时期或之后形成的。这条最早的"长城"是一系列犬牙交错的树篱（vineae）。

哈德良将树篱换成了木栅，又过了几代人的时间，木栅才被壕沟土墙所替换或完善。"长城"新增的最后一段很可能完成于3世纪初，那是一道位于多瑙河以北、罗马与雷蒂亚（Raetian）交界处的高耸石墙。于是，之前大体依地形而建的防线被尽可能地拉直了，以便观察和示警。根据目前可以确定的几处遗迹，雷蒂亚石墙的高度不低于2.5米。

下文中会区分"上莱茵长城"和"雷蒂亚长城"。前者起于莱茵河畔的新维德，绕过韦特劳后，在斯图加特（Stuttgart）以东的符腾堡地区（Württemberg）洛尔希（lorch）镇结束；后者从洛尔希沿东西方向延伸，直到拉蒂斯邦（Ratisbon）附近的多瑙河滨。

---

① 罗马皇帝，69—79年在位，结束了尼禄皇帝去世后的混乱局面，开创了弗拉维王朝。

直到今天我们依然能发现，上日耳曼地区的"长城"主要由土坡加壕沟组成，雷蒂亚长城则是由切割好的石块堆叠而成。前者沿线每隔约5分钟距离就有一处小型瞭望哨，墙后不远处是大大小小的永备堡寨，间距不超过9英里（约14.48千米），通常可供一个大队驻守。起初是土堡配木哨，后来改造成了石制工事。雷蒂亚长城沿线的堡寨往往不是紧邻城墙，而是在后方4千米到5千米的地方。尽管上日耳曼长城和雷蒂亚长城有很大区别，但我们不能得出两者设立目的不同的结论。它们的差异可以部分由地质条件来解释。一边土质松软，所以会堆土坡、挖壕沟，另一边石头多，于是就修石墙。此外，统帅们对两种工事适用性的主观认识也是一部分原因。上日耳曼长城偶尔也有石墙遗址，不全是土制工事。

现在可以抛弃过去的通行观点——"长城"的用途是直接防御的，因为人们已经认识到，是不可能据守长达300多英里（约480多千米）防线的。此外，某些发现的工事不是土坝，而是将一部分山体劈开，且垂直面不是朝日耳曼人一边，而是朝罗马一边[2]；还有的土坝修在沼泽靠外而不是靠内的一侧。有的学者走向了另一个极端，彻底否认这些工事的军事目的，认为它不过是用来收取关税的。这种看法是矫枉过正了。与贫穷的日耳曼人贸易没有那么重要，不至于如此兴师动众。它确实是军事工事。

首先，这道墙是针对尤其危险的骑马入寇者的重要屏障。另外，用古斯塔夫·施罗德将军（Gustav Schröder）的话说[3]，这道墙可能是为了妨碍日耳曼人撤退的。每个瞭望哨大概有3个人，他们挡不住成群的日耳曼人侵犯罗马土地，却能发现入侵者并传出示警信号。瞭望哨都布置在至少能看清前方几百米的地方，而且可以联络后方的堡寨。图拉真柱上也绘有烽火台，目的显然是示警。看到信号后，部分堡寨守军就会立即出发，拦截入侵者。墙在这里就有大用处了，因为它能拖住被追击的日耳曼人。他们不能迅速翻过墙去，至少没法很快将抢来的财物、牲畜、俘虏和车辆运走。[4] 如果追击的士兵来自多个方向，他们可以从一开始就协同抓捕，墙下擒敌。规模更大、带有战争性质的入侵同理。一个堡寨乃至多个堡寨的守军都不足以对付这些入侵，而需要从远处的大营赶来的军团。若能将敌军压迫到墙下，胜利就能变成歼灭战。

城墙对边境的直接防御也有意义，因为它对罗马巡逻兵和部队有庇护和掩护作用，防止他们被直接发现。逼近城墙的日耳曼人永远不会知道，他们选择的越境地点背后会不会藏着一支守株待兔的罗马军队。

从莱茵河至多瑙河一线，同时有人驻守的堡寨总数约为 50 个。算上小型瞭望哨的侦查员，总共大概最多有 2.5 万人，长城上的守兵可能只有 1.5 万人。[5] 这些部队并非罗马军团，而是盟友的部队，因此甚至会有一部分日耳曼人。军团驻扎在更后方的莱茵河畔，主力在美因茨大营，另有一部分在斯特拉斯堡（Strasbourg），早期（公元 105 年之前）在苏黎世附近的温迪施（Windisch）。若干中等规模的堡寨可能由支队驻守。下日耳曼军团的驻地有波恩、诺伊斯（Neuss）、奈梅亨（Nijmegen），尤其是维特拉-克桑滕，它一直是下日耳曼省的首府。上日耳曼和下日耳曼各有 4 个军团，雷蒂亚一个都没有。于是，罗马在北海—莱茵河—"长城"—多瑙河—帕绍（Passau）一线驻扎了 8 个军团，再加上盟军，总兵力为 7 万左右。

罗马边防体系的基础不是直接和绝对地防御边界线本身，而是一种间接防御。通过将边界推进到天然屏障，也就是河流，或者创造人工屏障，也就是墙，然后清理屏障前方地带的手段，罗马人在一切可能的地方提高了跨越边境的难度。日耳曼人并非完全不可能跨越这些障碍，但凭借组织完善的观察和报警体系，罗马人总能及时采取惩戒行动。日耳曼人必须明白，尽管他们有可能在对面劫掠成功，但把抢来的东西和自己带回来可就难了。

在真正的战争中，面对攻来的大军，边墙不仅毫无保护作用，甚至会带来危险，因为它会把可用的部队平摊在一条警戒线上，彼此远远分开。但这也是没办法的事，因为边境是一定要守的。考虑到这种可能性，军团没有被拉到警戒线上，而是作为总预备队驻扎在后方的莱茵河一线。

我们现在知道，日耳曼人集结起大军并不容易，罗马在日耳曼也不缺报告大军行动的探子。因此，即便面对大规模入侵，罗马人也总能将临近盟友编入军团，形成足够的兵力及时做出反制。

原始森林和盘踞着一个野性强悍民族的荒野就在紧邻的地方，罗马人在戍边军团的庇护下过着优雅文明的生活。直到今天，罗马人留下的遗迹依然让我们赞叹，尤其是特里尔（Trier）。

罗马人渐渐觉得自己安全了，于是在2世纪中期将莱茵河沿线军团的数目从8个减到4个，两个控制莱茵河上游，两个控制莱茵河下游。

8　古罗马帝国的军队建制与军人生活

我们的任务不是介绍古罗马军事体系的形式与遗产，但我们仍然必须去理解这个庞大组织日常生活中的各主要方面。

奥古斯都颁布的《奥古斯都谕令》(Constitutiones Augusti) 是一套全面系统的军队条令，确定了罗马军队的建制。尽管《奥古斯都谕令》今已不存，但通过多处引文还是能够分辨出大概。

内战时期，军团数目不断增加。恺撒留下了 40 多个军团，后三头同盟又新增了几个，反对后三头同盟的共和派也有 23 个军团。公元前 36 年，屋大维和安东尼共有超过 75 个军团。在共和国早期，只有罗马公民会被编成军团。这条基本原则不仅被逐渐废弃，更被颠倒了过来：进入军团者会被授予罗马公民身份。就连恺撒手下的军团里，出生时就是罗马公民的士兵都只占少数，后三头同盟手下的军团肯定更是如此。在许多这些军团里，罗马公民成分只是表面上的。维吉尔直言不讳地将定居意大利的退役士兵称作蛮子。[1] 当奥古斯都成为无人挑战的唯一统治者时，他留意到先前的原则，并以一种着实巧妙的方式来运用它们，以适应这个以罗马城和拉丁民族为内核的世界帝国的状况。他没有一刀切地将公民组成的军队和非公民组成的军队分开，但与国家的政治格局一样，军队也是按照不同的民族来组织的。如果军队继续不加区分地混编罗马人和非罗马人，那么，每个单位的拉丁人成分都会相当薄弱，既不能同化其他成分，又不能主导之。在如此疏松的制度下，军队战斗力必然会受到影响。

起初，奥古斯都似乎将军团数目砍到了 18 个，他去世前增加到了 25 个，塞提米乌斯·塞维鲁（Septimius Severus）[①] 时期又到了 33 个。内战时期，通常只有轻步兵和骑兵作为辅助部队配合军团作战，而现在对重步兵也做了区分，一边是罗马特色鲜明的军团，一边是按照民族编为大队的辅助部队。进入军团服役则自动获得罗马公民身份的原则被保留了下来。因此，被分配到军团里的士兵绝非清一色的天生公民。但我们可以设想，军团中的非公民肯定已经一定程度上罗马化了，尤其要懂得拉丁语，以免偏离军团总体的罗马特色。

尤利乌斯王朝时期，西部军团仍然主要由意大利土著构成。这一状况从韦斯巴芗时期逐渐走向终结[2]，意大利人之后基本只被编入罗马城的禁卫军。军团士兵在驻地省份征募；从铭文资料来看，就连日耳曼人都越来越多地进入军团。[3] 在一份流传至今的铭文中，一名禁卫军士兵和维吉尔一样提到了"蛮族军团"。从血缘来说确实如此，但从精神、习惯和语言来说，尽管这些人出身蛮族，但是

---

① 罗马帝国塞维鲁王朝的开创者，出身北非，公元 193 年称帝前为潘诺尼亚总督。

第一篇　古罗马人与日耳曼人的冲突

如今的军团都是从帝国境内已经罗马化的民族中征募兵员,服役期间更是如此。

只有一小部分百夫长出自军团本身,这进一步确保了军团的罗马性。百夫长大多是从意大利人组成的禁卫军调来的。[4] 此外,从铭文尤其是墓碑能发现,百夫长经常在军团之间调动,从而维护并加强了全军军官队伍的团结精神。

辅助部队中无疑有个别罗马公民服役,但主体是由尚未罗马化的罗马属民组成的。武器、战法和纪律与军团一致。军官和士官是罗马人。执行任务时使用拉丁语,日常交际大概是用土话。[5] 因此,辅助部队和军团只有相对的区别,而且区别在逐渐消失。这些辅助部队构成了与按民族编成的轻步兵和骑兵部队,以及纯蛮族之间的一道桥梁。在纯蛮族与罗马人的关系中盟友关系多于隶属关系;蛮族是带着自己的武器、组织和长官加入罗马人的。当然,这里也有转化程度的差异。

一方面,塔西佗的《阿古利可拉传》(*Agricola*)第 28 章中写道,一支驻扎在不列颠岛的乌西皮特人大队哗变,杀害百夫长和"掺入他们的支队,传授军纪,被视为榜样和教员"的罗马士兵,然后企图乘着 3 条船回老家。由此可见,罗马人曾试图强迫顽固的日耳曼人完全接受罗马军事体系的形式。

另一方面,在西威利斯领导下起事的巴达维亚人尽管表面上是大队,却显然纯粹是按照部族编成的。但此事之后,罗马人更谨慎了,不再将同乡的日耳曼人编为一队,而是将其打散,派到远离家乡的地方。他们还任命罗马人当军官,不再由本部酋长一族统兵。现在的驻印英军就类似于这些罗马辅助部队。

上级部队编制对罗马军队的性质而言极为重要。每个军团都配属了数量不等的辅助大队，但后者的规模通常不会大于军团本身，而且通常要小得多。即便这套制度在实际应用中做不到整齐划一——比如，前面讲过的雷蒂亚就没有军团，只有辅助部队——但上述编制确实可以视为基本情况。我们来想一想：假如蛮族大队被集中部署或全部作为独立单位的话，一切将会有多么大的不同。那样一来，罗马人的成分与非罗马人的成分就是并立关系，有着同等的权利；罗马人的成分会被占据数量优势的蛮族压倒。通过将军团布置在罗马化蛮族辅助部队之间，而非与其打成一片，以及围绕军团布置尚未开化或开化不久的蛮族辅助部队，这样就使得罗马人的成分在整体编制中占据了主导地位。大队的编制分散独立，民族又不统一，共同的纽带只有军团而已。从最核心的罗马人开始，军团的罗马化过程必然会逐步向外层推进。

军团规模沿袭旧制，满员 6 000 人左右，加上配属的骑兵和辅助部队，总兵力平均估计在 0.9 万到 1 万人。

从法律和原则上讲，普遍兵役制依然在实行，但现实中主要是志愿兵和募兵。入伍后，服役年限为 20 年（禁卫军为 16 年），但通常会大大延期。我们知道有一些人尽管力竭体衰，却依然留在军中，有些人甚至已经可以正式退伍了。他们有不用干杂务的特权，而且很可能会划出军团编制，组成独立的小单位"别营"（vexillationi）。这样做的原因大概不是招募和训练新兵困难，而是要尽量利用老兵的好处。

有时大概也会有募兵不满员额、要靠征兵补足的情况。被选中者可以找一人代役，这当然就意味着确实有人愿意当兵。唯一的区

第一篇 古罗马人与日耳曼人的冲突

别在于，绕了个弯子以"代役"身份入伍的人能拿到国家酌情发放给这位或那位富家青年的奖金。

奴隶不得参军，违者处死。

上述状况在小普林尼（Pliny）与图拉真皇帝的通信中表现得非常清楚。时任比提尼亚（Bithynia）总督的小普林尼在新兵中发现了两名已经宣誓但尚未被分配的奴隶，就问皇帝要不要处罚他们。皇帝的答复是，那要看他们是志愿兵、征兵还是代替别人服役。如果是应征入伍，那就是官员的失误；如果是代替别人服役，那应该惩罚的是正丁；如果是志愿参军，那他们自己就要受到处罚。如果两人并非被分配，这一点则不在考虑范围内。

近年来影响很大的"军人身高标准"在古罗马就有了。在帝国时期，它被称作"incomma"。学者们对具体标准的观点有很大差异。一名学者相信，从一则俏皮话中能得出"5罗马尺（1.48米）就被认为是相当高了，甚至对军人也是如此"[6]——于是，罗马人就成了小矮子，因为这比最矮的法国或德国士兵还要低6厘米。另一名学者认为平均身高是5英尺10英寸（1.725米），比普鲁士禁卫军的标准还高。[7] 其实，他引用的原文（韦格蒂乌斯，1.5）里只说，第一大队要有5英尺10英寸（1.725米）高，这就与后面一段话中给出的5英尺7英寸（1.651米）对上了。[8] 征兵数目少时，当然会选最威武的人，于是"大高个"就成了统帅的门面。文献中写道，尼禄为自己征召了一个全员身高6英尺（1.774米）的军团[9]，命名为"亚历山大大帝方阵"，准备将其派去里海隘口

(Caspian Gates)^①。

只有很少几支部队驻扎在城镇或村庄中。罗马城虽然有较多守军，但整个禁卫军军团和各城防大队加起来依然不超过1.2万人。罗马城外另有几支驻军。高卢全境只有首府里昂有1 200名驻军。其余帝国内地省份均无驻军。军团驻地都在边境附近的坚固大营。在大营不远却也足够远的地方留出一圈空地，并修有围墙，平民聚落（canabae）在这里很快就会形成并逐渐发展成城市。[10]

辅助大队主要驻扎在大小不等的一线边防堡寨。

尽管士兵要服役到40岁或50岁，却不准娶妻。如果他们组成了家庭，家人也不许随营生活。既然不是"合法婚姻"，当局在部队换防时也不会考虑这个因素。

禁婚令也适用于百夫长。哪怕是位阶最高的统帅，只要离开罗马城或受命统军，也要把妻子留在家里。

高级军官（保民官和司令）出自罗马城和省城的贵族家庭。与共和国时期一样，他们还不是单纯的军人，而是承担司法、行政、军事等各项职责的官员。唯一的资质要求就是地位崇高和贵族心态，他们有信心做好任何事，所以什么事都能做。卢库勒斯（Lucullus）曾率领一支军队去征讨米特拉达梯，据说他以前对军事一窍不通，靠行军途中上课读书来准备作战。[11]他很好地完成了使命。马略确实曾在罗马人民面前大肆贬低这种指挥官[12]，恺撒在作品中也不常夸奖手下的保民官。在这一点上，奥古斯都通过新设掌营官（camp prefect）在罗马社会结构与军事需要之间求得了平衡。

---

① 里海隘口，又称亚历山大隘口，据传为亚历山大东征时建造。

第一篇 古罗马人与日耳曼人的冲突

顾名思义，掌营官起初大概是大营留后，但其数目和职责很快就增多了。掌营官获得了监察和把控军队行政事务的职责，这些事务是专业素养参差不齐的保民官做不来的。掌营官是职业军人，从百夫长提拔而来，是令人畏惧的风纪纠察员。后来到了3世纪，他们完全融入了司令的职务，成为军团的长官。

与共和国时期一样，军队的中坚力量是百夫长，我们曾将其描述为担任连长职务的士官长。不过，共和国时期的百夫长全部起于行伍，而现在受过教育的年轻人也会通过向皇帝申请百夫长的职位之后再晋升为军官的途径参军。前一种百夫长被叫作"军靴百夫长"（ex caliga），后一种叫"罗马骑士百夫长"（ex equite Romano）。

后来，军官不再被严格划分为两个层次。士兵出身的军人可以升到百夫长乃至掌营官，百夫长出身者可以升到保民官，而顶级家门的子弟，尤其是元老的儿子，一进来就是保民官，可以做到司令的位子，相当于现在的将官。或许从恺撒的时候起（1.456），每个军团就有一名常设的司令了。后来，可能在奥古斯都时期，也可能在哈德良时期①，保民官也成了大队的常设长官；事实上，早在马略时期的军事原则就已经要求这样布置了。军团一贯设6名保民官和10个大队，而韦格蒂乌斯明确记载，大队一部分由保民官指挥，一部分由队官（praepositi）指挥。于是，我们可以设想这里也存在背景方面的平衡，从现实角度出发，4个大队的指挥权交给

---

① 哈德良（Hadrian），罗马皇帝，117—138年在位，"五贤帝"之一，于不列颠岛修建哈德良长城。

了提拔上来的百夫长。因此，队官大概是百夫长与掌营官之间的一个职位。[13] 在帝国军队中，相当于今天的一等兵到士官这一级的军人被叫作"初级军官"（principales）。最干练、最勇敢、教育程度较好的士兵会根据一套明确流程铨叙晋升。与共和国时期一样，最重要的岗位——掌旗官（signifer）、百夫长副手（optio）和巡营官（tesserarius，负责文书保管）——是候选百夫长或基层单位的长官。初级军官不仅能被提拔为百夫长，也能当军队里的文职人员和高级军官的参谋，最后还能成为帝国文官。[14]

共和国时期，军团士兵的报酬是年薪75第纳里加上通常为45第纳里的补助（frumentum）。恺撒把军饷翻了一番。奥古斯都在位晚年更是增加到了最初的3倍，也就是225第纳里（合195马克）。从生活状况完全相同的辅助部队年薪不到三分之一（75第纳里）中就能看出来，给予军团士兵的军饷是很大方的。然而，禁卫军——他们不住军营，而是驻扎在罗马和其他几处舒适的地方——的军饷超过军团士兵的3倍，也就是750第纳里（合650马克），补助另算。

除了常规收入，士兵们在新皇即位和其他特殊场合时会获得赏赐，退伍时还有一笔津贴，军团士兵不低于3 000第纳里（合2 600马克），禁卫军不低于5 000第纳里（4 300马克）。军人的另一项福利不是金钱，而是一块农田。不过，有人会怀疑一个从18岁就参军、40岁或45岁才退伍的人还能不能心满意足地过小农生活，这项特殊福利只属于军团和禁卫军士兵，辅助部队是没有的。

图密善将军团士兵的年薪提到了300第纳里，康茂德（Commodus）375第纳里，塞提米乌斯·塞维鲁500第纳里。增加军饷的实际效果无法确定。由于塞提米乌斯·塞维鲁时期的第纳里含银量只有奥古斯都时期的一半,所以看似巨大的报酬涨幅可能只是表面文章。但是,这种货币的购买力很可能有所提高,从而大大提高了军饷的实际价值。考虑皇帝对士兵的倚赖,这一点是很自然的。[15]

百夫长的军饷在共和国时期只有普通士兵的两倍,在帝国时期则增加到了5倍,与普通人的差距比以前拉得更大了。

一整套外在的嘉奖表彰体系被用来提升军人自豪感,共和国时期就是这样,帝国时期亦然,有赏矛,有锦旗,有赐盾,有佩戴在胸前或马具上的勋章,有手环,有颈环,有头冠,有花环。[16] 整支部队也会获得同样的嘉奖或其他的荣誉称号。

军团和大队肯定为医生和医院(valetudinaria)配备管理员和护士(qui aegris praesto sunt,指"为病患服务的人")。[17]

文献中还提到了马医。

每个大队都有一笔储蓄金,还有多笔小额应急基金,特别是安葬基金,均由掌旗官负责。士兵必须把一部分军饷,特别是赏赐存到储蓄金上,至少要存满一定金额才能不存。佩森尼尔斯·奈哲尔(Pescennius Niger)曾下令禁止士兵上阵时携带金币或银币,而是要统一存起来,战后再取出。

若无非常精确的记账制度,是管不了拿钱打仗的部队的。在古埃及的纸莎草文献中,除了大量其他资料,还有几份涉及军务的资料。一份公元81年至公元87年的拉丁文档案详细记录了每名士兵的军饷、执掌、告假等信息,记录者是一名百人队的文书。[18]

每天傍晚,全体号手会到营中的帅帐集合吹号,直译过来的话，就是归营号（tattoo）。然后，巡夜兵就上岗了。[19]

军纪保持了罗马早期的性质与严厉程度：偶有松弛，但很快总会出现一名统帅来整肃。据塔西佗记载（《编年史》11.18），科尔布罗（Corbulo）曾整顿纪律松弛的军团，重申克劳狄乌斯皇帝时代的传统，当时有一名士兵在边墙工作时没有按规定佩剑，所以被处死了，另一名士兵只带了匕首，所以也被处死了。

与18世纪的我国军官一样，百夫长手里总是拿着戒条，也就是一根藤条，打起来毫不留情。在奥古斯都去世后爆发的大规模军团哗变中，一名百夫长和许多其他军官一起被士兵活活打死。士兵们以前给他起了个绰号，"再来一根"（cedo alteram），因为他每次打士兵脊背把藤条打断时，都会要别人再给他一根。在腓特烈大帝的军中，由于连长出身贵族，与手下有某种主仆关系，既有责任照顾手下，也有部分责任找人替换老兵，于是上级任意体罚下级的权力得到了一定程度上的限制。这些缓和因素在罗马百夫长那里全都没有。他只有长官的身份，他要亲自监督日常执勤，而且他本人就出身行伍，因此尤其严苛。

但罗马军队和罗马国家并不是单纯依靠严刑峻法和抽象的军事荣誉概念而团结起来的。凭借主体民族的政治智慧，罗马不仅成了世界帝国的政治中枢，更是宗教中心。毫无疑问，罗马人允许被征服的民族保留本族神祇，但除了地方神，到处都建起了为罗马诸神与皇帝威严献祭的神庙祭坛。罗马军营的情形与此类似，但有些许差异，没有供奉罗马诸神的祭坛。军团崇拜传统的卡皮托利欧山诸神，朱庇特、朱诺和密涅瓦；辅助部队崇拜本族神祇，但所有部队都有专门歌颂皇帝天纵英才的祭祀活动。随着辅助部队逐渐丢掉原有的部族特性,老兵被来自各个地方的新兵替换,随着罗马化程度的提高,他们也接受了罗马诸神。战神马尔斯的崇拜者尤其多。人们也为无数其他神祇或人格化的抽象事物,比如胜利神、命运神、荣耀神、美德神、忠诚神、纪律神、土地神、校场神、军营神等,建起了祭坛。[20] 专门为罗马城而设的祭坛很少,而且直到3世纪才有。民间宗教与军营宗教的区别体现了军队在国家中的政治地位:军队主要是皇帝之军队,非国家之军队,而且事实上,皇帝的位子是由军队赋予的。

从来没有神学上的表述去讲清楚皇帝的神性或灵魂,一个有血有肉的凡人怎么会如同神祇。有些皇帝将自己封为神祇,更优秀、更明智的皇帝——奥古斯都、提比略和二世纪诸帝——则会让人性的一面隐入背景当中,而让御像出现在神圣的军旗旁边,出现在军人供奉的神祇当中。军队统帅享有通常献给神祇的荣誉,军人的宗教、纪律、荣誉构成了一个三角,而宗教将其余两者联系在了一起。[21]

在几个世纪的时间里,罗马帝国军队保障了文明世界的和平,少有纷扰之时,而与古希腊和罗马共和国时期的征召军队相比,与近现代的常备军相比,这支军队的规模是相当小的。据估计,奥古斯都的25个军团,再加上平时也要长期服役的辅助部队,总人数不会超过22.5万,而帝国人口是6 000万到6 500万。[22] 因此,军队占人口的比例仅略高于三百分之一;而在第二次布匿战争的20年间,大约7.5%的罗马人拿起了武器;在1914年之前的德国和法国,军人比例哪怕在平时也要大大超过1%。

多亏了罗马人骄傲自诩的组织性和纪律性[23],少量精兵便可维持帝国的和平，而大众可以去经营农工商业，只需纳税便可免于战争威胁。

对于军团数目后来从 25 个增加到 33 个是否意味着军队实际人数随着人口而扩大，我们只能避而不谈，因为罗马公民权在不断放宽，所以可能也存在辅助部队转为军团的情况。据说，图密善曾计划削减军队以节约开支，但那样一来，他的力量与蛮族相比就太弱了，于是他只好放弃了该计划。[24]

从普林尼与图拉真的几封往来信件中能发现节约军费的考量。比提尼亚总督与手下官员、总督与皇帝本人之间都在部队待遇问题上讨价还价，相关信件在比提尼亚和罗马之间来往反复。

军团建制和战术基本上因循前例。调整大队人数和设立人数相当于两个大队（milliariae）的单位对战术没有任何影响。皇帝们的改革，尤其是哈德良的改革完全是在条令方面，对战术体系毫无改动。野战炮兵——姑且这么叫——似乎有了比较大的发展。最初仅用于攻城的抛石机和弩炮被改造为野战兵器。（参见第 1 卷对公元前 207 年曼提尼亚会战的介绍。）这些武器可能在恺撒手下的军团里就成了常规装备，恺撒描述几场交战中己方和敌方的情况时都提到了它们。[25] 塔西佗对安格里瓦利堤坝会战的记述中谈到了这个话题。根据一份后来的记载[26]，每个军团的编制里有 55 架移动弩炮和 10 台扭力抛石机。前者发射大型箭矢，由骡子拖曳和 11 人操作；后者由公牛拖曳，抛出沉重的石块。这些武器在围城战中非常重要，但在野战中效果不彰，因为它们投出的箭石尽管穿透力很强，但有效攻击距离并不比手持武器远多少。所以，在近战中只要后退或向前推进都很容易躲开箭石。

我们没有具体了解罗马的队列方式。不过,同时代的希腊战术家肯定发表了大量关于组织和指挥的言论,从中我们可以对队列有所认识。我们将这一点应用到罗马人身上时还要更多几分把握,因为罗马人的队列形式与现代很类似。对此可以这样来解释:它蕴含的法则——一部分是数学的,一部分是心理的——相当简单和基本,以至于对任何时代的任何人来说,这些法则所要求采取的现实行动必然是相似的。

单位要排成整齐的队列,有人在前面领路,有人在侧面约束,向左(向右)转、左(右)转弯——走、向后转——走、向左(向右)看都有规定的步骤。下面列出几项口令原文:

拿起武器!	aǵe eis to hopla!
解散!	ho skeuophoros apochōreitō!
立正!	siǵa kai proseche tōi paraǵgellomenōi!
(矛)上肩!	anō ta dorata!
(矛)放下!	kathes ta dorata!
向右(矛)——看!	epi dory klinon!
向左(盾)——看!	Ep'aspida klinon!
齐步——走!	proaǵe!
立定!	echetō houtōs!
向右看——齐!	zyǵei!
卧倒!	stoichei!

队列要做到精准，取决于将口令分成预令和动令两步，古人就已经懂得这条法门了。战术学家阿斯克列庇欧多图斯（Asclepiodotus）和埃里安（Aelian）不仅提出口令必须简短干脆，还提出具体指令必须放在一般性指令的前面，要说"向矛——看！"，而不能说"看向——矛！"，否则匆忙之下，有人会向左看，有人会向右看。

按照军规，罗马士兵不仅要练队列，还要修围栏、投标枪、做体操、游泳和演习。演习被称为"decursio"，具体解释是"分别于演练场两侧列队后模拟对冲交战"，恰好符合我们所理解的"演习"。每月要进行3次装备齐全的野外拉练（ambulatio），往返各10英里（约16.09千米）。[27]

与现代常备军一样，罗马军纪的基础是操练。不过，新兵的数量非常少，毕竟，绝大部分军团士兵都是中年人。在存在类似状况的18世纪军队中，通行做法是给大部分中年士兵放长假，每年只在短暂的演习期归队，归队时派他们去站岗。休假制度不适用于常年戍守边疆的罗马军人。于是，与共和国时期一样，士兵们整日忙于施工。不光长城、瞭望哨和堡寨要由士兵自行修建维护，边境省份的大路也是如此。直到今天，我们还能通过铭文辨认出这些道路是哪支部队修的。奥古斯都明令禁止让士兵给私人干活，但士兵会被用来建造神庙等公共建筑。

一份偶然流传下来的罗马军史文献为我们描绘了一次阅兵的情形，鲜明地例证了人的本性总是一样的，而且同样的制度总会产生同样的结果。

法国征服阿尔及利亚时在荒凉的兰贝西斯（Lambaesis）地区发现了一大块铭文，那里曾经是罗马军团的营地。经辨认，铭文是公元128年7月1日哈德良皇帝于该地阅兵后发表的讲话。负责指挥的副将卡图利努斯（Catullinus）命人将讲话内容刻在石碑上，令后人铭记他和他的军队在皇帝阅兵中的卓越表现。为了纪念远隔千年的同袍留下的遗物，一位法国上校团长举行了一场阅兵式，要手下士兵从石碑前走过。从那以后，人们曾多次试图通过语境来补全碑文缺字，将讲话稿还原了出来，尽管内容并不完整，但大体意思是搞清楚了。1882年，我在《军事周报》（*Militär-Wochenblatt*）上发表了与校友威廉·莫勒（Wilhelm Möller）合写、以《拉丁铭文集成》（*Corpus inscriptionum latinarum*）为底本的铭文内容，并附上了一篇尽可能贴合现代军队样式的译文。我相信凡是接触过我国军队内情的人，肯定会从中发现某种"世界史观"：原来从远古至今，阅兵讲话的内容都是肯定中有批评、嘉奖中有克制、威严中有温情，规训教谕与尊长智慧兼具。

铭文如下：[28]

军团整体状态

副将向我报告了（本师）本军团的特殊情况：[29]

缺编一个营；每年轮流任命一名军官负责行政工作；3年前，一个营和四分之一的连被调到同师的第三团，以作补充；[30]该团驻地分散于多处；最近不仅团部转移两次，而且不得不修建新团部并加固其防御。假如你们有很长一段时间没有办过大型演习，那么，上述原因都能拿来当借口。然而，这次检阅的结果表明，这些借口是多余的。我要向该团表示，我对他们完全满意……

参谋军官（或者副将？）督促部队训练是用心的。营长、初级军官和士官们履行各自职责是投入的。[31]

骑　兵

部队训练是一个有机整体；少了，不够用；多了，又太难，落实下来就要打折扣。但是，该团不是仅仅满意于难；而是把最难的任务也办到了，那就是把骑兵训练成射手（对此，我不是完全批评的态度），甚至表扬这种做法背后的精神（同时……）。

辅助部队

卡图利努斯将军阁下对帐下所有部队一视同仁……这位师长认真督促了部下的训练。我会为该部返回科马基尼（Commagene）发放特别补助……

第六科马基尼骑兵营

骑兵营要出彩本来就难，[32]再加上骑兵团之前进行的训练，想不演砸都难上加难；间距、人数、复杂的回旋动作[33]、密集阵形、漂亮的换马、对得起优厚待遇的精良装备全都换了个样。再想到该中队用刻苦攻克了难关，在规

第一篇　古罗马人与日耳曼人的冲突

定项目中证明了自己的实力，加了反投石机和抛射器作战的项目，还表现出了非凡的跳马本领，实在是更加值得肯定，表明卡图利努斯将军阁下确实是实心办事，他……你们……

演　习

该团只用一天就做到了平常需要几天的事情，建成了一般冬季大营才有的大型野战工事，耗时不比那种材料易得、修建简便、只需要把泥板分类切割成相等大小然后垒在一起的那种工事长多少。该团用的是沉重的巨石山岩，必须严丝合缝，不然没法运、没法搬，也没法堆。沟壕的基底是坚硬的石地，挖的方式正确，边缘做了圆滑处理。修完工事后，官兵入营，马上开火做饭，然后再次列队。当先前派出去的骑兵返回时，该团让出了空隙使其通过，呼声震天……

……敌人不敢靠近营地……集结太慢……突袭……

卡图利努斯将军阁下设定的演习计划（整体思路）是要贴合实战。对此，我必须表示赞许。实际演习效果同样值得高度赞扬。科尔奈利亚努斯（Cornelianus）团长的表现是称职的。对于他的外线（？）进攻，我不能苟同。奥古斯都谕令规定，骑兵不可贸然往前冲，追击时要谨慎；如果骑手看不清方向，或者不能随时将马停下来，他就会闯进陷阱……进攻时必须是紧密队形。

说完哈德良的一般性命令，我还要补充塔西佗对提比略登基时爆发的大规模兵变的记载（《编年史》第1卷）。

塔西佗对兵变的记述展现了这支了不起的军队兼具的平凡与不平凡，妙笔生花，无出其右。军人与皇室、罗马人与外省人、以皇帝为首的罗马军国与仍然由元老院代表的罗马民邦之间的关系好像在文字中活了过来，正如罗马共和国的军队在百夫长李固斯提努斯（Ligustinus）的演说中活了过来。我之所以要全文摘录塔西佗的记述，不只是因为罗马军队，更是因为后文中还会有其他时代、其他民族的军队中发生类似乃至如出一辙的、值得我们注意的事件。

塔西佗写道：

> 潘诺尼亚诸军团爆发叛乱时，罗马的状况就是这样——兵变没有任何特殊的缘由，只是因为皇位更替让他们觉得叛乱不会受惩罚，内战反倒有好处而已。当时有3个军团集体驻扎在夏季大营，由尤尼乌斯·布莱苏斯（Junius Blaesus）统率。得知奥古斯都去世、提比略上台的消息后，他马上停止了日常操练，悼念先帝，庆贺新皇登基。这是兵士们躁动不安、出言不逊、听信谗言、厌倦军纪与做苦工，最终放纵狂欢、无所事事的第一个缘由。营中有一个人叫佩尔肯尼乌斯（Percennius），从前在剧院里带头叫好现在却是个大嘴巴的大头兵，凭借剧院里的本事成了闹事的好手。渐渐地，在夜里的聚会中，他对着那些担心奥古斯都去世后士兵待遇问题的老实人煽风点火，或者趁明事理的士兵不在的时机，把最坏的分子聚集起来。最后，

等同伙们也做好准备的时候,他当众问了如下几个问题:

他们为什么要像奴隶一样服从那么少的百夫长,还有更少的保民官?现在新皇立足未稳,他们都不愿意去找他提要求、要武器,那他们什么时候才能要求退伍呢?这么多年来,他们上了三四十次战场,吃够了胆子小的亏,现在他们年纪大了,大多数人都有伤痛折磨。他接着说,退伍的人也一样,服役期还没结束,同样在军旗下当兵,承担着同样的困苦,只是换了个名号而已。要是有人把这些都熬过去了,他会被打发去远方,说是田地,其实要么是泥泞沼泽,要么是崎岖山地。他说,服役本身其实就是受压迫和吃苦;一个汉子的性命和力气,就值一天10个阿斯,衣服、兵器、帐篷的钱全都包括在里面,要想不受百夫长欺负,不干苦工杂活,还要另外交钱。普天下只有他们这么苦,不是挨打,就是受伤,冬天难熬,夏日闹瘟,打仗要遭罪,平时也倒霉。来时条件说得好,现在道理哪里找:人人都能领到1第纳里;服役16年后结束;期满绝对不强留,津贴以现金形式在营内发放。说到底,那些拿着2第纳里军饷,16年期满就能回家的禁卫军大队面对的危险就更多吗?他也不想城里没人站岗,只是要他们同样在自己的营帐里面对蛮族敌人。

兵士群情激奋,大声表示赞同。有人亮出伤疤,有人亮出白发,大家都亮出了褴褛的衣衫和饱经风霜的手脚。最后,他们激动之下决定将3个军团合而为一。由于嫉妒心,此举没有实行,因为每个军团都认为其他军团应该合并到自己的番号下，于是他们又想出一个主意，将3个军团的鹰徽和各大队的军旗放在一处。同时，他们拿来泥板，准备树立高台，好让他们的位置更显眼一些。在他们正干着活时，布莱苏斯来了，痛斥造反兵士，把几个人抓了起来，大呼道："让你们的手浸在我的血里吧，与其辜负皇恩，不如杀害大将，那样还少几分亵渎。生，我要保军团忠顺，死要令逆贼速悔不及。"

尽管如此，他们还是在堆泥板。等到士兵在坚定的布莱苏斯面前屈服，放弃举事的时候，泥板已经堆到胸口那么高了。凭借优秀的演讲能力，他对士兵们说："士兵绝不能通过兵变和谋逆的方式引起君王的关注。你们的先辈不会对过去的皇帝提出这样的要求，你们自己也不会对神灵一般的奥古斯都提出这样的要求。为新君增添烦恼实在是太不恰当了。"不过，如果他们想要在平时争取到连内战获胜的一方都无法企及的东西，为什么要去强取、置服从精神和军中法规于不顾呢？他们应该派代表到他面前才对。士兵们大喊："保民官，布莱苏斯的儿子会代表我们发言，要求放归服役满16年者。"第一步成功后，他们接着采取了第二步。年轻的保民官离开后，军中相当安定。同时，士兵们吹嘘说，他们委派司令的儿子去为大家说话，这就充分表明用温和手段拿不到的东西，他们靠施压拿到了。

兵变开始前，有几个支队被派去那波图斯（Nauportus）修路修桥，并完成其他一些必要工作。他们刚得知营中骚动，马上就带着军旗离开了。在劫掠了附近村落以及相当于乡镇的那波图斯之后，他们就追着奚落辱骂百夫长们，最后还拳脚相向，百夫

第一篇 古罗马人与日耳曼人的冲突

长只能勉力自卫而已。乱兵大多痛恨掌营官奥菲迪努斯·鲁弗斯（Aufidienus Rufus），把他从自己的车上拽下来，让他背着行李在队伍最前面走，戏谑地问他，他喜不喜欢背这么沉的行李，走这么远的路。鲁弗斯当过很多年的普通士兵，然后升为百夫长，现在成了掌营官，多年的艰苦生活让他须发皆白。他想要恢复当年严格的服役观念，而且恰恰因为他亲身经历过，所以才更加不妥协。

他们回营后叛乱再起，士兵们四处游荡，蹂躏了周边地区。布莱苏斯杀鸡儆猴，杖责并关押了几名抢劫财物最多的人，因为当时百夫长和忠诚的士兵们还是服从司令的。乱兵被抓时做出了反抗，抱住围观者的膝盖，一会儿叫某个人的名字，一会儿呼呼他们所属的百人队、大队和军团，还大喊道，等着吧，其他人都有这一天。同时，他们大肆辱骂司令，骂老天，骂神灵，尽可能地挑动难过、同情、恐惧和仇恨的情绪。于是，大家冲上去，闯入监牢，去掉囚犯身上的枷锁，将逃兵和罪犯都吸纳了进来。

如今的暴力程度比之前还要极端，兵变也有了新的领袖。在布莱苏斯的法庭前，普通士兵维布列努斯（Vibulenus）被战友们举到肩膀上，他对激昂的人群发表了这样一番话，大家都在认真听：

没错，你们将光明和新鲜空气还给了这些无辜的可怜人，但谁能把命还给我的兄弟，谁能把我的兄弟还给我？他是为了公众的利益，从日耳曼军团调到你们这里的。昨天晚上，就是这个人，他让自己为了对付士兵而豢养和武装的角斗士勒死了我的兄弟。回答我，布莱苏斯，你把他的尸体扔在什么地方？就算是敌人，杀了人也要立个坟吧。只要我能抱着他痛哭一场，让我的哀痛平息，然后你就把我也杀了吧。但只有一条，让这里的这些人埋葬我们，因为我们不是犯法就刑，而是为了军团的利益被害！

为了强调自己说的话，他一边哭，一边捶打胸膛和面颊。接着，他将肩扛着他的两人推开，一跃而下，扑倒在众人身前，引动惊愕与愤恨之情，以至于有些士兵将布莱苏斯手下的角斗士绑了起来，有人把他的其他仆从绑了起来，还有人跑去寻找尸体。要不是大家很快就知道根本没有尸体可找，刑架上的奴隶否认有杀人之事，而且维布列努斯从来就没有兄弟，这名暴徒险些就要把司令害死了。不过，乱兵还是把保民官和掌营官赶了出去，洗劫了他们的财物。他们杀死了百夫长卢基里乌斯（Lucillius），此人诨名"再来一根"，因为他每次打士兵脊背把藤条打断时，都会大声叫别人再给他一根。其他百夫长躲了起来，只有克莱蒙斯·尤里乌斯（Clemens Julius）除外，他脑子灵活，大家觉得他有用处，就被押着去申诉士兵们的要求。事实上，第8军团和第15军团为了一位名叫希皮库斯（Sirpicus）的百夫长甚至刀剑相向，因为第8军团想要他的命，而第15军团想保他的命。第9军团则居中调停，呼吁双方克制，并对比较顽固的士兵发出了威胁。

提比略一向镇定，通常会尽可能掩饰悲哀的事件，可听到兵变的消息后，他还是派儿子德鲁苏斯、多名大员和两个禁卫军大队前去，但没有给任何具体的指示。德鲁苏斯要见机行事。两个大队被加强到了不同寻常的地步，配属了包括大批禁卫军骑兵和日耳曼御前侍卫骨干在内的精英战士。深受提比略器重的禁卫军长官埃利乌

第一篇 古罗马人与日耳曼人的冲突

斯·塞扬努斯（Aelius Sejanus）和父亲斯特拉波（Strabo）被正式任命为年轻的德鲁苏斯的副手，除建议咨询，也是为了让其他人晓得利害。德鲁苏斯快到的时候，兵变军团出营相迎，表面上是为了表示尊敬。但他们没有像通常那样甲兵鲜明、精神干练，而是满身尘土，摆出一副看似凄惨，实则桀骜不驯的态度。

德鲁苏斯刚进营墙，他们就在大门处布置了哨兵，还在营中若干地点布置了武装巡哨，其他人则聚在法庭周围。德鲁苏斯站在那里，抬起手请大家安静。士兵互相看的时候，总会发出一声粗野的、威胁似的叫喊。他们看德鲁苏斯时则会战栗不安。一会麻木地嘟囔，一会尖声嚎叫，一会又突然安静——气氛也随之轮转，一会害怕，一会让人害怕。等骚动终于平息后，德鲁苏斯大声念出了父皇的口谕，内容如下：

  勇猛的军团追随他征战多年，他心中甚是挂念。等他从眼下的哀痛中走出来，他会立即将军团的要求交给城父①。同时，他先派遣自己的儿子过去，凡是可以立即同意的事项，儿子都会马上满足。其余事项则要交到元老院，赏罚之事都必须得到元老院的认可。

众人答道，百夫长克莱蒙斯会提出他们的要求。首先是服役满16年者准许退伍，然后是退伍津贴要如数发放。他们要求拿到每天1个第纳里的军饷，还要求准许老兵退伍。当德鲁苏斯指出，按

---

① 原文为"Fathers of the City"，字面意义为"（罗马）城之父"，即元老院。

照法律要求，只有元老院和他的父亲才能做出决定时，喊叫声打断了他的话。

如果他无权提高军饷，无权减轻士兵的负担，无权给予任何好处，那他来干吗？反过来看，按照众神旨意，每个人都有权战斗和杀人。提比略以前打着奥古斯都的旗号不满足军团的要求，现在德鲁苏斯又搬出同样的借口。归根到底，被派来的难道不是从来只有皇子吗？只有士兵要好处的时候，皇帝才推给元老院，这倒是新鲜事。要处决犯人或者要打仗的时候，元老院也要开会才对啊。换句话说，赏就要上级同意，罚就是自行处理，是这样吗？

最后，他们离开了法庭。碰见一名禁卫军士兵或德鲁苏斯的朋友时，他们就会挥拳威胁，挑起争吵和斗殴。他们最恨年高且战功卓著的克纽斯·兰图卢斯（Cneus Lentulus），因为他们以为他支持德鲁苏斯，厌恶士兵们的亵渎举动。不久，他有一次陪德鲁苏斯外出散步，在正要回营避险的时候，士兵们将他围住，问他要去哪里，是去找皇帝还是找岳父？他会不会损害军团的利益？他们同时对他发起了攻击，朝他扔石头。就在他被打出了血，似要命丧于此的时候，一队德鲁苏斯的手下匆忙赶来，救下了他。

一个偶然事件让黑夜少了几分凶险：朗朗夜空中的月亮突然间变暗了。士兵们不明缘由，以为是天人感应，月色暗淡对应老人的哀叹。只要月亮女神再现光华，他们必会事事顺遂。于是，他们又是敲击金属，又是吹号角和铜号，闹出很大的动静。月亮变暗了，一阵叹息;变亮了,一阵兴奋。当云团遮住月亮时,他们以为是它被埋在了黑暗中,于是哀号说(内心惊恐的人容易迷信)他们要受永罚了,因为众神厌弃他们的亵渎之举。德鲁苏斯意识到他必须抓住这个偶然的机遇,利用这种情绪,便遣人到营区各处,还动员了百夫长克莱蒙斯和其他一些尚且受众人爱戴的明事理之人,让他们混到守夜人、营地里的哨兵和门卫中间,利用恐惧心理的同时维持些许希望。

我们还要围攻皇子殿下多久?这场扰乱何时才能结束?我们要庇护佩尔肯尼乌斯和维布列努斯吗?佩尔肯尼乌斯和维布列努斯会将赏赐分配给战士吗?他们会把土地分给退伍军人吗?他们的最终目标是篡夺提比略和德鲁苏斯对罗马人民的领导权吗?来吧,让我们这些毫无过错的人首先来忏悔吧!宏愿要很久才会引起关注,特赦却是可以迅速降临的。

当这些话动摇了士兵们的意志,让他们彼此不再信任时,年轻的士兵一个军团接一个军团地脱离了老兵。接着,服从精神逐渐回归了。他们从营门口走开,拿回兵变之初被置于一处的军旗,回到了各自的岗位。

破晓时分,德鲁苏斯召开了一场大会。尽管他缺少演讲的经验,却表现出了内在的威严,痛斥士兵们先前的态度,褒扬现在的态度;当他看到他们回复平和,他不会让自己被恐惧和威胁所影响;当他听到他们的哀求,他会写信给他的父亲,提议慷慨地满足他们的要求。在他们的要求下，前面提到的那个布莱苏斯与德鲁苏斯随行大队中的一名骑士，路西乌斯·阿普洛尼乌斯（Lucius Apronius）以及资深百夫长尤斯图斯·卡托尼乌斯（Justus Catonius）一同被派去找提比略。军团统帅们意见不一，有的建议等三人特派团回来，同时安抚兵士，其他人则认为应该用猛药：对付群众不能心慈手软。若非战栗不已，他们就会去恐吓别人；若是常存畏惧，用不着惩罚就能让他们老实。趁着他们还因为迷信而恐惧，统帅必须除掉兵变头目，让他们更加恐惧。德鲁苏斯倾向强硬手段，他让人将佩尔肯尼乌斯和维布列努斯叫来，当场处决。不少人说他们被埋在大帐里，也有人说他们的尸体被扔到了营墙外，以儆效尤。

之后，煽动兵变最起劲的人都被抓捕。有一些人在营外游荡的时候被百夫长或禁卫军士兵杀掉，也有几个被自己的支队交了出去表忠心。时至初冬，士兵们困苦日剧。由于连日暴雨，他们不能出帐篷，不能集合，连被风雨冲刷的军旗都保护不了。他们对神怒的恐惧也加重："繁星从兵变者视线中隐没，风雷大作，这不是无缘由的。消除灾祸的办法只有一条，那就是离开这座被玷污的不洁军营，每名受苦赎罪的士兵都应该回到冬季大营中。"第 8 军团首先开拔，接着是第 15 军团。第 9 军团本来嚷嚷着要等提比略的答复，但被其他军团抛下之后，现在也不得已主动屈服。不等特派团归来，德鲁苏斯便动身返回罗马，因为营地再次回到了相对的平静。

几乎就在同时，出于同样的理由，日耳曼军团也反了。日耳曼军团人数更多，因此气势也更凶猛。他们还希望，不愿意被领导的日尔曼尼库斯会以军团为后盾起事。莱茵河一线有两支部队，一支叫上莱茵集团军，由盖乌斯·希利乌斯（Caius Silius）司令统率；另一支叫下莱茵集团军，由奥鲁斯·凯基纳（Aulus Caecina）统率。两支部队由日尔曼尼库斯总领，他当时正在高卢征收贡品。希利乌斯手下的士兵们犹豫不决地关注着另一桩兵变的进展，下莱茵集团军则早已群情激昂。最先起事的是第21军团和第5军团。第1军团和第20军团被裹挟了进去，因为他们正驻扎在乌毕（Ubii）部落边境上的夏营中，无力自保。得知奥古斯都驾崩的消息，那些刚刚从罗马征来，因此尚且不习惯军纪、不乐意做工的普通士兵就开始煽动本就不安分的其他人。他们说："时机已经来了，老兵可以要求立即退伍，新兵可以要求提高军饷，老兵和新兵都可以要求从苦难中解脱，还可以向严酷的百夫长复仇。"与佩尔肯尼乌斯和潘诺尼亚军团的情况不同，这样说的人不止一个，而且听的人也不是畏惧更强大的军团因而犹豫不决的清醒之人。相反，哗变的高呼来自许多个声音："罗马的力量掌握在他们手中，帝国开疆拓土要靠他们的胜利，皇帝的尊号也来源于他们。"

　　司令完全没有去阻止兵变的发展，声势浩大的哗变已经把他吓破了胆。突然间，愤怒的士兵们拔出剑冲到百夫长面前，这些惯常被士兵痛恨的人成了士兵怒火的第一批牺牲品。他们猛烈攻击着人数处于绝对劣势——60比1——的百夫长。惨遭拳打脚踢、刀劈剑砍的百夫长被扔出军营或扔进莱茵河，有的被扔出去时已经死了。逃入法庭（tribunal）、跪在凯基纳脚下的塞提米乌斯被催讨甚久，最终被交给乱兵杀害。当时血气方刚，后来以杀死卡里古拉皇帝扬名的卡西乌斯·查艾瑞亚（Cassius Chaerea）从武装的乱兵中杀出了一条血路。从那以后，保民官和掌营官再也下不了命令了。守夜人、哨兵和其他日常营务皆由士兵自决。凡是对士兵心理有深入了解的人都会发现一种强烈的、深层次的、无法平息的不安分，因为他们集体发起兵变不是偶尔的事，也不是因为少数人的煽动。与此同时，他们也一直表现出安静的样子。一切发生得都是那样整齐划一，就好像是有一名领袖引导似的。

如前所述，正在高卢征收税赋的日尔曼尼库斯收到了奥古斯都的死讯。他娶了奥古斯都的外孙女阿格里皮娜，阿格里皮娜生了好几个孩子。他本人是提比略之弟德鲁苏斯的儿子，奥古斯都的外孙。尽管如此，对舅舅和外祖母隐秘的嫉恨依然折磨着他，而且正由于这种嫉恨是不正当的，所以它才更加苦涩。德鲁苏斯深受罗马人民爱戴。人们相信，假如是他登上了皇位，他必定会施政以自由。因此，日尔曼尼库斯承受了同样的青睐和期待。这位年轻人具有公民意识和不同寻常的真诚，言行举止全然不同于高傲而内敛的提比略。利薇娅（Livia）① 对待阿格里皮娜如同继母般的刻毒更是火上浇油。阿格里皮娜也是个暴脾气，但正直的品性和对丈夫的爱让她没有走上邪路。

至于日尔曼尼库斯本人，他与皇位越近，便越是热切地支持提比略。他要求附近塞夸尼人（Sequani）和比利其人的城镇向提比略效忠。之后，他刚听到军团出事，便快马加鞭赶了回去。在大营外，他看见士兵们都低头看地，似有悔意。等他走入营墙，士兵们乱糟糟地高声抱怨起来。有几个人抓住他的手，做出亲吻的样子，又用嘴含住他的手指，好让他知道自己的牙已经掉光了；还有老兵

---

① 利薇娅是奥古斯都的遗孀，阿格里皮娜的婆婆。

给他看站都站不直的腿。日尔曼尼库斯命令站在他身边、乱作一团的士兵们列队。他们答道,站在他身边听得比较清楚。他又说,他们应该穿上制服,这样最起码能分清是哪个大队的。他们带着犹豫答应了。他首先对奥古斯都致敬,接着历数提比略取得的胜利与凯旋,尤其颂扬了提比略当年和这些军团一同在日耳曼地区的军功。他又指出意大利平静,高卢忠顺,说别处都没有扰乱与不和。

听他讲话时,他们或者不作声,或者小声嘟囔。但是,当他讲到兵变一事,质问他们"军中规矩哪里去了?当年闻名天下的军纪哪里去了?保民官和百夫长被赶到哪里去了?"时,他们全都露出上身,给他看自己的伤疤和鞭痕。接着,他们乱糟糟地喊叫起来,抱怨假期的稀少、微薄的收入和艰苦的劳作,尤其是或出于必要,或为避免士兵闲下来而派给他们的挖沟挖壕,搬运草料、建材、木材等物的任务。从军达30年的老兵们呼声最高,他们恳求日尔曼尼库斯帮帮这些苦命人,不要让他们在困苦中死去,为艰苦的服役生涯画上句点,让他们安度晚年而不至于赤贫。其他人要求拿到奥古斯都留下的金钱,还挑唆日尔曼尼库斯说,如果他想要戴上皇冠,他们会支持他的。一听到这话,他马上从讲台上跳了下来,仿佛他们大逆不道,冒犯了他。他正要快步走开,士兵们便拿起武器拦住他,威胁他,要他转身回来。"宁死不失忠心。"他大声喊道。他拔出剑要刺入自己的胸膛,但身边的人抓住他的手,把他押了回来。接着,令人难以置信的事情发生了。最外围的人本来挤作一团,这时,有几个靠内的人大喊道:"刺呀,你刺呀!"一位名叫卡路西狄乌斯(Calusidius)的士兵拔剑出鞘,递给日尔曼尼库斯,说这把剑锋利一些。就连哗变的士兵都认为这是奸邪之举,一时间众人不知所措。趁此机会，日尔曼尼库斯的朋友们将他带回了他的军帐。

他们在帐中商量起了对策，因为据报兵变者准备派人去上日耳曼集团军，争取对方的支持。乌毕城（今科隆）据传会被毁掉，乱兵劫掠一番后再带着抢来的物资扑向高卢。一想到敌人的反应，他们就愈发恐惧，因为敌人已经意识到罗马发生兵变，只等罗马人弃守莱茵河便要长驱直入。如果他们曾计划将辅助部队和盟军武装起来，对抗反叛的军团的话，那恐怕就要发生内战。摆出强硬态度是危险的，而软弱顺从又是可耻的。不管他们对乱兵是一毛不拔还是予取予求，帝国依然会处于危险中。权衡利弊之后，他们决定以统帅名义起草文告："士兵服役20年后准其退伍；16年后出军营生活，但仍属军籍，且免除对敌作战以外的全部劳役；士兵索要的欠饷将加倍发放。"

士兵们知道上述措施目前还只是计划，于是施压要求落实。在保民官的催促下，退伍一项做到了；集体分发军饷一事则要等到去了冬季大营再说。第5军团和第21军团直到拿到钱才开拨，那时还在夏季大营。款项来自日尔曼尼库斯及其一党的外出经费。凯基纳司令率领第1军团和第20军团回到了乌毕城。这是一次可耻的行军，因为除了军旗和鹰徽，他们还带着向统帅要来的钱。日尔曼尼库斯则去找上日耳曼集团军，那里的第2军团、第13军团、第16军团毫不犹豫地宣誓效忠。第14军团有所迟疑，于是日尔曼尼库斯在他们没有主动要求的情况下赐予了退伍待遇和津贴。

驻扎在考契人中间的哗变军团的别部也开始闹事，但两名士兵迅速被处死后就安分了一些。掌营官梅尼乌斯（Menius）下达处决令主要是杀鸡儆猴,而非赏罚得宜。后来事情闹得越来越大,他就逃了,然后又被发现了。既然躲藏不能带来安全,他就壮起胆子说道:"你们现在侮辱的不是掌营官,而是日尔曼尼库斯大帅和提比略陛下。"他同时吓退了反对他的人,紧握军旗,面朝河水喊道:"出列者均以逃亡论处。"于是,他领着依然躁动却不愿再冒风险闹事的士兵回到了冬季大营。

同时,元老院派出的使节在乌毕城神坛会见了归来的日尔曼尼库斯。第1军团和第20军团当时正在城中越冬,还有刚刚退伍但尚未离军的老兵。在负罪感的作用下,他们的内心既怕且乱,害怕使节是城父派来剥夺他们通过兵变赢得的待遇的。按通常做法,小角色会被当成替罪羊乃至于无过而罪之,于是,代表团长、前执政官穆那提乌斯·普兰库斯(Munatius Plancus)被指责为元老院决策的始作俑者。临近午夜,士兵们开始讨要扣押在日尔曼尼库斯住处内的军人,撞开大门,强入屋内,将日尔曼尼库斯从卧室中拖了出来,逼他交出被扣押的人,不然就要杀死他。之后,他们奔走于街道时碰上了听到动静、正赶往日尔曼尼库斯处的元老院使节,于是冲上去往死里打他们,特别是守节不逃的普兰库斯。在这样的威胁下,普兰库斯只得前往第1军团的营地寻求庇护,紧紧抱住军旗和鹰徽,试图利用宗教的力量自保。要不是执掌鹰徽的卡尔普尼乌斯(Calpurnius)将凶暴的追兵赶走,罗马人民的使节就要在罗马的军营里血溅祭坛了。哪怕是在敌人手里,如此暴行也是极少发生的。直到天蒙蒙亮,分得清楚统帅和士兵,所有人也了解情况之后,日尔曼尼库斯才走进军营,命人将普兰库斯请来,又将他带到了高台上。他没有将暴行斥为士兵愤怒的结果,而是推到神灵的头上,说是神灵又发火了，并解释了使团的来意。他雄辩地谴责，说使节是有权利的，说普兰库斯受到了不应有的虐待，还说军团做出了令自己蒙羞的行径。士兵们没有平静下来，而是一头雾水，趁这机会，他派辅助骑兵护送使团离开了。

关于这次可怕的事件，人人都谴责日尔曼尼库斯"没有去找上日耳曼集团军，该部会服从并支持他对抗兵变者。由于准许退伍、发放赏赐与平和的处置措施，那边的局势已经足够缓和了。如果他真的那么不在乎自己的性命，他为什么要把年幼的孩子和怀孕的妻子留在乱兵——那群违反了一切人群的野蛮人中间？他最起码可以将妻子和儿子送回外祖父和罗马人民手中"。耽搁了一段时间后，尽管他的妻子依然拒绝离开，证明"身为奥古斯都血脉，她对险境并不陌生"并非虚言，但他最后还是抱着她和自己的儿子，痛哭一场后成功劝说她离开。女眷满心悲戚地走了，先行离开的统帅夫人怀抱着婴孩，身边同行的是不得不同时离开的友人妻室，而留下的人同样哀伤不已。

统帅的样子引起了士兵们的关注和议论。他不像往常那般自信了，又是叹息，又是感到绝望，似乎身处一座被攻破的城市，而不是他自己的大营。士兵们从军帐中走出来，说道："为何语气如此悲伤？发生了什么悲伤的事情？贵妇们身边没有一名百夫长或士兵保护，丝毫没有统帅夫人应有的待遇，完全没有通常的护送！她们正在无人保护的情况下进入特雷维里人（Treveri）的地盘。"士兵们纷纷感到愧疚，他们又想起她的父亲阿格里帕（Agrippa），她的外祖父奥古斯都，还有她的公公德鲁苏斯。他们说，她本人是一位多子的母亲，一位称职的妻子。他们还想起了军营里出生在军团士

第一篇　古罗马人与日耳曼人的冲突

兵眼皮子底下长大的小男孩。他们用军中的语言叫他"小靴子"（即卡利古拉），因为他为了赢得大家的认可，平常都是穿靴子。不过，影响最强烈的还是他们对特雷维里人的嫉妒心。他们反对她去那里，想请她回来。有人跑到了阿格里皮娜面前，但大多数士兵还是回头找日尔曼尼库斯。悲愤至极的他对涌来的人群发表了这样一番话：

> 我的妻子和儿子并不比我的父亲和祖国更贵重。只不过皇帝有尊贵的地位，而罗马帝国有其他的部队保护。至于我的妻子和儿子，若是有利于你们的名誉，我愿意将他们的性命奉上，而我现在之所以要送走他们，远离盛怒之下的你们，是为了只用我一人的血来赎你们的渎神之罪，免得你们因为杀害奥古斯都的曾外孙和提比略的儿媳而再添罪孽。前些天里，有什么莽撞可耻之事你们没有做？我要怎么称呼这群暴徒？我该叫你们军人吗？叫你们手持兵刃将皇子堵在围墙内的家伙、公民，还是不承认元老院威严的家伙？就连敌人都尊重的规矩——不得侵犯使者，这是常理吧——可你们也违背了。被奉为圣人的尤里乌斯面对不肯宣誓效忠他的哗变军人，只说了一个词，公民们（quirites），就让他们平静了下来。被奉为神灵的奥古斯都在亚克兴（Actium）海战中，只凭借仪态和眼神便将恐惧注入了军团士兵的心灵。我当然比不上他们，但我是他们的后代。哪怕是西班牙或叙利亚的军人，他们对我不敬也是不寻常、不妥当的事情。现在，你们第1军团和第20军团！第1军团荣获过提比略颁发的军旗。第20军团，

你们这些老兵跟随我打过多少仗，获得过多少表彰，这就是你们对统帅的好态度！我要把此事报告父亲吗？别的省份传给他的可都是好消息。我要不要告诉他，他的新兵和老兵们对退役或军饷感到不满，这里有百夫长被杀害，有保民官被驱逐，有使者被关押？军营与河流中满是鲜血，而我在暴徒中间过着朝不保夕的日子？

第一天集合的时候，你们为什么要夺下我准备插进胸膛的剑？啊，我头脑简单的朋友们啊！把剑递给我的那人做得倒好，是个心善的人。那样的话，我至少死的时候不用知道手下部队的可鄙行径。你们会选出一位领袖，他肯定不会为了我的死而惩罚任何人，反倒会为瓦卢斯和他的3个军团的死而复仇。归根结底，愿众神不要让自告奋勇的比利其人赢得击败日耳曼部族、帮助罗马人恢复罗马威名的荣耀和奖赏！愿升入天堂、位同诸神的奥古斯都的灵魂，愿我的父亲德鲁苏斯的形象与记忆保佑他们，帮一帮这些满怀愧疚与求取功名之心的战士，洗清这片土地的罪孽，将他们的公愤变成敌人的毁灭。而你们，我已经看到你们的面容和心灵有变化了，如果你们愿意放使团回元老院，愿意重新服从帅令，愿意让我的妻儿回到我的身边，那就不要再闹了，将闹事的人孤立起来；这样一来，你们的罪就会被赎，你们也会重新成为忠心的战士。

士兵们低调地承认了他的谴责是正当的，于是恳求他处罚有罪的人,宽恕被引入歧途的人,并率领他们攻打敌人。他应该将妻子和儿子叫回来,让他们回到军团中,而不是去高卢当人质。他拒绝召回阿格里皮娜,原因是她临盆在即,再加上冬日将至。他的儿子会回来,其余人听其自便。态度大转弯的士兵们四处搜捕最恶劣的哗变分子,把他们绑起来送到了第1军团司令盖乌斯·彼特罗尼乌斯(Caius Petronius)面前。他是按照这样的方式给每个人宣判定罪的:各军团手持刀剑,集合在一起,罪犯被保民官押到台上。如果众人高呼有罪,犯人就被扔到台下处死。士兵们会高兴地用鞭子抽他,好像这样就能为自己免罪似的。统帅没有表示反对,尤其重要的一个理由是:他没有下令,这件事中邪恶可恨的一面都由士兵们承担。对待老兵也是如此。没过多久,他们就被派去雷蒂亚,表面上是要他们去保卫这个省份,抵御苏维汇人的威胁。事实上,这是为了让他们摆脱一座令他们感到痛苦的军营,痛苦不只是因为赎罪方法的严厉,也是因为他们对自己罪行的记忆。然后,他将一批百夫长叫了过来,让他们依次报上姓名、位阶、籍贯、服役年限、战斗中的杰出表现、获得的军功奖励。如果保民官和军团士兵认可其能力与操守,则恢复职位;如果被一致谴责其贪婪和残忍,则开除军职。

此处的兵变平息时,因为第5军团和第29军团仍然抗命,所以要做的事情还有很多。这两个军团正在280英里(约451千米)外的维特拉过冬,当初正是他们最先挑起哗变,也是他们犯下了最卑劣的暴力行径。他们不惧怕其他部队的惩罚,亦无意求和,反心愈发坚定。因此,日尔曼尼库斯准备派遣一支船队,装载兵器与盟军,顺莱茵河而下。如果对方拒不从命,他就决心一战。

尽管日尔曼尼库斯已经集结大军，做好了向哗变军团复仇的准备，但他觉得自己还要等一等，看他们在最近的事件发生后会不会回心转意。他差人去给凯基纳送信说："他正率领一支强大的军队前来，如果罪人在他抵达前未受惩处，他就要大开杀戒了。"凯基纳私下向掌管鹰徽和军旗的人，以及营中其他的忠顺之人朗读了这封信。他警告说，他们应该让哗变士兵自己去承担罪责，挽救自己的性命，因为平时尚会考核功罪，可一旦打起仗来，那便是玉石俱焚。于是，他们就去找被认为可靠的人。当他们发现忠心是军团主流的时候，便与司令定下一个时间，要发起突然袭击，将乱党和煽动者尽数诛杀。只听号令发出，他们就冲进营帐，杀死了毫无戒备的哗变军士。除了参与计划的人，没有人知道杀戮要在哪里开始，又在何处结束。

在所有历史上发生过的内战中，没有哪一场表现出如此的戏剧性：没有堂堂之阵，也没有对立的阵营，昨天还是当年白天一起吃饭、夜里一同睡觉、同袍无分彼此的军帐，如今却分成对立的派系，彼此争斗。呐喊、伤痕、鲜血是表面看得见的，但原因却是看不见的。至于其他的一切则全是偶然。也有几名忠诚的士兵被杀，因为兵变者明白了他们要杀谁，就夺下了他们的兵器。报复行动没有司令或保民官掌控，完全放手，直到群众自己满意为止。不久，日尔曼尼库斯入营，哭号道，此事唯有血流成河方可平息，然后命令将尸体下葬。精神还在亢奋中的士兵们一心想着杀向敌人，为自己的叛逆之举赎罪。除了让自己罪恶的胸膛迎来荣耀的伤口，他们没有别的办法慰籍同袍的灵魂。日尔曼尼库斯赞许士兵们的豪情，于是命人修好一座桥，派遣1.2万名军团战士、26个盟军大队和8

个兵变期间不曾亏节的骑兵中队渡过了莱茵河。

　　以上就是塔西佗的记载。他将最后一段话与大日耳曼战争建立了联系,这就是那场我们在前几章中详细研究和阐发的战争的直接起因。

9　军事理论[1]

　　与其他所有地域和研究领域一样,古希腊哲学在战争方面的思考也是有思想传承的。第 1 卷中只讨论了这些军事理论家中的第一位——色诺芬,他奠定了该领域的基础。考虑到现存文献资料都出自罗马帝制时期,我们直到现在才来谈色诺芬之后的发展。

　　哲学家并没有小看自己提出的理论的价值。在篇章开头哲学家用一小段话斩钉截铁地说,多亏了亚里士多德的教导亚历山大才能征服世界。[2] 文中列出了这位国王从老师那里习得并以之取胜的每一种阵法。据说,当汉尼拔离开迦太基,到安提柯国王的宫廷中避难时,云游四方的哲学家福尔弥昂(Phormio)曾试图教他打败罗马人的方法。

　　我们实际看到的希腊战术学著作实在配不上这样的主张——或者反过来说,这就是它们的实际思想层次。这些文献的低劣令人吃惊,尤其是考虑到两位第一流的人物,波利比乌斯和波塞多尼乌斯

（Posidonius）①对战术的论述。尽管两人的著作没有流传下来，但阿斯克列庇欧多图斯、奥诺桑德（Onosander）②、埃里安、阿里安等今天能看到的后人著作都可以追溯到这两人。但是，这些著作中没有一点头脑清明的迹象。最令人吃惊的一点是，尽管波利比乌斯经历并描绘过罗马梯队战术对希腊方阵战术取得的胜利，波塞多尼乌斯生活在恺撒的年代，其他几位著名作者更是生活在帝制时期，但他们的战术学著作中没有一个字讲罗马军团及其特殊阵形，只有被传抄了几个世纪的灰色理论，还在讲着萨里沙长枪方阵——一种建立在16 384人的规整编制基础上的空洞图示。之所以用这个数字，是因为它可以等分很多次，于是可以反复拆成人数相等的两部分，变成两个小阵。此事不必深究，甚至不必指出其中明显的错误和人们对其细节的误读。³

对于罗马人的情况，有 M. 波西乌斯·加图（M. Porcius Cato the Elder，老加图）这样的人杰写下了《论军事》(*de re militari*)一书。如果说第一流的拉丁语散文作家用散文体论述战争是自然而然的话，那么这一事实只会更令人惊讶：在这个领域他几乎后继无人，而占据帝制时期的军事学领域，将自己的著作献给皇帝的人是希腊的理论家们。当时唯一值得注意的罗马军事文献，一是凯尔苏斯（Celsus）的一份散佚手稿，二是弗龙蒂努（Frontinus）的一篇文章，他是公元1世纪后期的著名将军，文中记载了一系列战例。

---

① 波塞多尼乌斯（前135—前51），斯多葛派哲学家，时有通才之名。如今只有残篇存世。
② 奥诺桑德，公元1世纪希腊哲学家，著有《战略》一书。

当然，最优秀的作品很可能已经遗失了，也就是奥古斯都首创、图拉真与哈德良增订的军队典范。用我们的话说，这些典范首先是最广义上的条令，包括征兵和募兵的规则、组织编制、日常勤务、操练形式、军需给养、行政管理。但是，现实层面的指令规则或许也会附上理论阐发与总体原则，这样一来，条令同时就成了军事学汇编。事实上，这些条令可能极其深入全面，因为战争艺术之后再没有取得重大进步，没有新的素材可供书写，于是军事学著作就此停滞。

最多不过是在技术性阐述和研发方面还有一些空间，比如器械师维特鲁弗斯（Vitruvus）的投射武器制造指南。最后，我们或许也可以提一提托名叙吉努斯（Hyginus）的《罗马军营建造指南》，这本书流传到了今天。

加图著作与御制典范已经散失，但其中的不少材料却通过弗拉维乌斯·韦格蒂乌斯·雷纳图斯的著作间接流传了下来。韦格蒂乌斯的著作创作于民族大迁徙的混乱时代，大概是狄奥多西大帝（Theodosius the Great）年间，也有可能直到5世纪时，大帝之孙瓦伦提尼安三世（Valentinian III）年间才写成。韦格蒂乌斯没有实际的军旅经历，对所写题材亦无洞见。事实上，他根本不可能掌握这些知识，因为我们前面了解到的那种形式的罗马军队早已不复存在。韦格蒂乌斯在缅怀已日暮西山的罗马帝国与罗马军威。他之所以要写这本摘录前文著作的书，既是为了表现先辈时代的状况，也是为了向同时代的人展示如何恢复过去的荣光。他不知道过去是分成彼此差异巨大的各个时期的，摘抄时不顾时间顺序，尽力保持同一套确定的视角。[4] 这个缺点大大损害了其著作的历史价值，却不妨碍其对后世的影响和后人的使用，因为我们直到当代才真正认识书中的谬误。整个中世纪这本书都有读者。查理曼时期对该书做了编订，以适应法兰克军队的需要。虔诚者路易（Louis the Pious）年间（837年），埃弗拉多·德·弗雷瑞斯伯爵（Count Everard de Fréjus）在一份证词中提到了韦格蒂乌斯的名字。加亚尔堡（Château Gaillard）围城战期间，金雀花家族的格特弗里德（Gottfried Plantagenet）为了找到最好的攻城办法，透彻地研究了韦格蒂乌斯的著作。留存至今的10世纪至15世纪手抄本不少于150册。文艺复兴期间，该书被多次重印。奥地利元帅利日亲王（Prince von Ligne）将其誉为金宝书。他写道："韦格蒂乌斯说，军团是神启；而对我来说，韦格蒂乌斯就是神启。"

这本书中有价值的部分大概主要源自引用的加图著作，以及奥古斯都和哈德良的典范。它并没有更高的哲学性价值，对战争艺术及其发展也没有实际影响。因此，这本书现在纯粹是从古代史的角度来阅读的。但是，它曾长期受到推崇和持续研究的原因也是可以理解的。实战军人很需要对自己的职业形成某种基本的认知，而即便韦格蒂乌斯的著述并不深入，书中还是能找到一系列表达清晰的基本信条，对于反思或探讨军事很有益处。至于为敌人修金桥的做法妥不妥当，或者与其承担会战的种种风险，运用计谋小动作来伤害敌人会不会更好，这些可能都是值得怀疑的。无论如何，许多军人都施用过这些信条。有些真理是用不着经典权威就能明白的：士兵上阵前应该接受适当的训练；知己知彼，百战不殆；攻其不备能让敌人心生恐惧；不注重后勤补给者必会不攻自破。但是，俗套话也要有人在某个时间写出来，而且将俗套话用宏大理论精心包裹起来,再卖弄一点学问,这样做很适合让一本书走红。

韦格蒂乌斯有时会陷入刻板而又不切实际的细枝末节中,例如他列出了 7 种阵形,其中之一是叉形阵,就连这些内容也不曾招来反驳。他的理论听起来就有点学究气,甚至还有一些学究兴致勃勃地钻研这不可思议的 7 种阵法,并从理论上加以阐发。至于真正打仗的军人,他们对叉形阵的关注当然与"空心楔形阵"或"钳形阵"同样少。

关于最优质的兵员来自哪些地域和民族,韦格蒂乌斯认为当属温带地区的居民,还给出了理由(1.2)。据他所述,他得到了最博学的权威学者支持。他相信,与太阳离得太近的人会被酷热晒干,尽管他们更聪明,但血量不足,所以害怕受伤,于是在肉搏战中不够坚定可靠;而北方民族尽管头脑不发达,但血量更充裕,因而更好战。因此,新兵应该从气候最温和的地方招募,那里的人血量充足,不会畏惧受伤和死亡,同时又有足够的头脑,不管在营地中还是战场上,头脑对保证士兵水准都是很有用的。

尽管有这些荒诞之语,但罗马军事著作还是表现出了罗马民族心理中的实用和清醒。不论是色诺芬在《居鲁士的教育》中富有诗歌色彩的教诲,还是后世作家笔下的种种体系,希腊人的著作都表现出了希腊民族心理中的思辨性。我们不能过誉希腊哲学为军事带来的成果,也不愿忽视古希腊人将技术学问与宏大观念联系起来的能力。托勒密王朝时期,亚历山大城人希罗(Hero)写了一本关于制造投射武器的书,开篇这样写道:

> 哲学学问中最重要也最必要的一部分就是研究灵魂的

第一篇　古罗马人与日耳曼人的冲突

平和。大多数研究现实事物的哲学家从过去到现在都关心这个主题，而且我相信对它的研究永远不会结束。但是，研究机械要比玄谈灵魂平和价值更高，因为它教授所有人如何运用它的一个有限的部分，从而达到平和的生活。我指的是研究投射武器制造的那一部分。通过这门学问，我们不必在和平时期还担心自己会在敌人和对手的进攻面前颤抖，甚至不必为战争爆发而战栗，因为这些武器中蕴含着宇宙的智慧。因此，我们必须时时刻刻确保这一部分（机械）是有序的，并给予它最密切的关注。因为正是在静谧无事之际，我们才能有这样的指望：只要我们恰当地关注武器制造，和平就会维持下去，我们的灵魂也会因为这种知识而平和下去。那些想做坏事的人若是知道我们用心于兵器，便不会冒险攻打我们。但如果我们松懈了，城中没有前面说的这些兵器，那么任何对我们的攻击都会取胜，哪怕是微不足道的攻击。[5]

现代炮兵，以及战争部长和每一个支持备战的人，都应该好好衡量一下古人的智慧。

10　古罗马军事体系的衰落与解体

通常认为，马可·奥勒留（Marcus Aurelius）在位期间发生的马克曼尼战争是日耳曼人推翻罗马的前兆。马克曼尼人生活在波希米亚，得到其他日耳曼乃至非日耳曼部族的支援后横渡莱茵河，突破罗马边防，攻城略地，最远打到阿奎利亚（Aquileia）①，而且威胁到了意大利。为了筹款，马可·奥勒留皇帝将皇冠上的珠宝都卖掉了。有一次，他本人和军队落入险境，多亏了一场在传说中大书特书的雷雨才得救。罗马人总共用了16年时间才最终打败入侵者。

不管这场战争如何搅乱了罗马世界，它并非未来之事的先兆，而是可以直接放到边境战争的序列中，这种战争在奥古斯都时代就有了。日耳曼人之所以在初期取胜，是因为罗马把全部兵力都集中到了东部的帕提亚战事中。即使我们不能说这场战争直接导致多瑙河部队被调走，但它依然是罗马不能立即派出充足援军的原因。

一场肆虐多年的瘟疫加剧了形势的严峻程度，也让罗马人更加

---

① 意大利东北角的一座滨海城市，与威尼斯离得不远。

不好过。得知这一有利时机后,日耳曼各部于多处同时越过边境。在罗马人看来,这次行动似乎是蛮族大规模结盟的结果,而在后代史家看来,它就成了民族大迁徙的前奏。[1]但事实上,这场战争属于前一个时代,而非下一个时代。如果说日耳曼人一度让罗马军队落入险境的话,同样的事情在德鲁苏斯和日尔曼尼库斯那里就发生过。马克曼尼战争之所以旷日持久,并非因为罗马人难以将入侵者赶回多瑙河以外,而是因为日耳曼人抢走了大量战利品,特别是俘虏,罗马人则想要把人口和财物夺回来。这场战争只在一点预示了未来,那就是东方同时出现了一位并立的皇帝,让马克·奥勒留的多瑙河沿线部队不知所措。尽管如此,马克·奥勒留最后还是打败了胆敢入侵的敌人,而且如果我们相信史料记载的话,他几乎将罗马帝国的边界扩展到了波希米亚。但马克·奥勒留随后就去世了(公元180年),而他的幼子兼继承人康茂德不是一个能将他的事业贯彻到底的人。于是,边界线依然是多瑙河。

即便是康茂德死后震动整个罗马帝国的混乱内战时期也没有打破罗马的军国传统。塞维鲁王朝诸帝——塞提米乌斯、卡拉卡拉(Caracalla)、亚历山大——仍然能够制定宏大的战争方案,甚至有意在东方打胜仗。美索不达米亚再次落入了他们手中。但是,235年塞维鲁王朝的灭亡引发了危机。

直到此时为止,哪怕是在形势扑朔迷离的情况下,最终建立稳定政权的可能性总是存在的,而且政权往往能够延续很长一段时间。从此不再是这样了。塞维鲁家族无疑重新建立了一个富有凝聚力的王朝,但他们被强力推翻了。我们进入了一个帝位和平交接不再可能的时代。在这个时代,皇帝往往刚刚登基就被杀害,然后一个接一个省份有人称帝，自相攻伐。大片帝国疆土自立君主，常年保持独立。

这里不适合详细阐明罗马帝国衰弱的根本原因。简单来说，这绝不是一个逐渐腐朽的过程。恰恰相反，一个重要因素无疑是随着民族一体化程度的提高，罗马城过去享有的优越地位渐渐消失，而当年将罗马帝国维系在一起的正是罗马的主导地位。只要各个行省仍然属于蛮族，它们就不可能取得独立的形态：脱离了帝国，它们又是什么呢？尼禄死后，高卢就发生过这种变乱，最后因为缺乏目标而再次被平息。因此，罗马城为世界帝国打上了自己的印记，世世代代掌握权柄。如今，不仅是意大利，阿非利加、西班牙、高卢和不列颠都拉丁化了，充斥着罗马文化；同理，帝国东部浸润着希腊文化。越来越多的拉丁化行省人士进入了军官队伍、文官行列、骑士阶层以至于元老院。[2] 但恰恰是由于这一发展，才让从喀里多尼亚山脉到底格里斯河，从喀尔巴阡山到阿特拉斯山①的众多地区更难通过武力结合在一起。现在，从属罗马的城乡都觉得自己与罗马、与意大利是相似且平等的。通过将罗马公民权同等地赋予所有属民，卡拉卡拉从法律上承认了上述状况。

直到此时，罗马帝国并没有像有些人仍然相信的那样处于经济衰退之中。地中海周边各地构成了一个统一的经济区，人民勤劳有干劲。在两百年里，内部的和平状态只有很少的时候被打破。船只不仅畅行于整个地中海，甚至可远达黑海与大洋，没有贸易的邪恶

---

① 喀里多尼亚山脉位于不列颠岛中北部，底格里斯河主要流经今伊拉克，喀尔巴阡山位于中东欧，阿特拉斯山位于非洲西北角。

敌人海盗的侵扰。

奴隶制度衰退了,因为对外战争很少能带来新的战俘。大地主们不得不将庞大的地产分成小块租给佃户,或者开辟殖民地。与没有家人的大批奴隶不同,越来越多家庭在乡间定居,抚养子女,从而增加了人口。贵族也开始从城市迁往乡间,并在那里建立了新的小型经济文化中心。过去,地位重要的城市几乎都是海运城市,而现在有许多地区出现了沿河的内陆城市。一代代添砖加瓦的公路网络越来越稠密。统合全国的庞大行政系统有序运转。军事负担不仅不重,反而是很轻的,这一点前面已经讲过。

若要问罗马人民的精神与道德的状况,当然称不上堕落。在最后一批狭义的古典时代杰出代表——塞涅卡(Seneca)、普林尼(Pliny)、塔西佗和诸位法学大家——之后,马上就有基督教教父[①]继之而起。现在,我们来到了基督教会蓬勃发展的时代。单单是"基督教会"这个词就能在我们面前展现出多么丰满的精神和道德力量!

就连内战也丝毫没有表现出罗马国家有衰老的迹象。一批能力卓绝、意义重大的人物先后登上皇位,如德西乌斯(Decius)、克劳狄乌斯(Claudius)、奥勒良(Aurelian)、普罗布斯(Probus)、戴克里先(Diocletian)。罗马仍然不缺少伟大的人物、伟大的政治家和伟大的将军。上述几位皇帝毫不逊色于先前诸君。

---

① 塞涅卡(约前4—65),古罗马哲学家、政治家、文学家,著作颇丰,多有中文译介。基督教教父是1世纪末期至8世纪的一批早期基督教作家和宣教士的统称,代表人物有奥古斯丁、特土良、俄利根等人。

帝国灭亡的原因不能从上面的几个方面去找。按照其本质，一个繁荣进步的经济体系不会突然间、决定性地转向相反的境地。罗马人的品性也不会大变到国破家亡的地步。帝国的灭亡是一场巨大的政治变动，而这一变动表现得最强烈的地方正在于政治最强力的工具——军队。

罗马人的世界帝国固然荣耀，却从来不能缔造稳固的、自立的上层权威。罗马帝国不具有现代世袭王朝的性质，从一开始，它就包含着继承制与自立制的内在矛盾，后者指的是军队统帅对皇位的主张，也是当年恺撒权威的基础。事实上，恺撒的继承人到底应该是他手下的将军安东尼，还是他的亲属屋大维？这个问题曾长期悬而未决，这条内在的裂隙也从未得到解决，也不可能解决。继承权会让权杖被交到无能之辈和不堪忍受之人的手中，而推举君主——或由于首都民众暴动，或由元老院、禁卫军、军团拥戴上位——总有跋扈篡位的性质。两种德不配位之间存在着冲突。足以令人惊讶的是，在尤里乌斯王朝绝嗣之后，罗马依然能在一个半世纪多的时间里通过（主要是军队和元老院之间的）谅解与妥协而确立公认的皇帝，建立稳固的秩序，这一点强有力地证明了罗马人民的政治智慧。随着上述情形不再延续，产生的危机终于导致了帝国的陨落。

突出表现就是军队的变化。

前面讲过，罗马军队的统一性最初是由这样一个事实保证的：军队的核心即军团由罗马公民组成，而各行省的部队单位被配属给军团。后来，军团的兵源逐渐转向各行省，意大利人则只在禁卫军服役。但是，当他们在禁卫军的实习时期结束后，他们会成为军团百夫长的最主要来源。军团接受了这一点，正如行省整体上接受了

第一篇 古罗马人与日耳曼人的冲突

罗马的统治，因为帝国的根基就是罗马的权威。早在提比略时期的一次高卢起义中就有人指出，罗马平民基本上缺少尚武精神，罗马军队的力量在于非公民。³ 起初，帝国的概念仍然以罗马为基础，政治观念也强于纯粹的军事观念。可到了现在，连续几代人的统治已经让行省自身变得罗马化了；罗马霸权的内在根基已经不复存在，自行消失了。塞提米乌斯·塞维鲁登上帝位标志着行省起来反对意大利人的统治了。这位皇帝处死了意大利人百夫长，消灭了意大利人组成的禁卫军，然后换上他从军团中挑选出来的人。

假如行省的罗马化能贯彻到底，这一转变就不会意味着军队的弱化，反而会让军队更强大。但在行省罗马化这一主体要素的边边角角依然活跃着蛮族气质和部落个体性的要素，从而损害了军队的统一性。随着时局的变动，伊利里亚人也好，阿非利加人也好，东方人也好，西方人也好①，在民族自豪感的感召下，他们个个都想执牛耳，长期稳定的条件就此不复存在。

对军队来说，皇位频繁迅速更迭总是意味着一种类似人体发烧生病的状态，即便整体还是健康的，却会在短时间内造成力量的丧失。军团意识到自己有选择皇帝的权力，而且选择皇帝能够奠定自身的地位。尽管有扰乱发生，但每次扰乱结束后，罗马国家元首的头等大事就是维持和恢复军纪。做到这一点有一个起码的条件：哗变事件之间有相当长的间隔期，以便权位坚固的铁腕皇帝能够让臣

---

① 伊利里亚人生活在希腊北部至奥地利东部一带。阿非利加相当于今天除埃及以外的北非。西方相当于除德国、意大利以外的西欧。东方指的是东地中海沿岸地区。

民感受到自己的权威。在帝国的前两个世纪，皇帝们都做到了。然而到了现在，打击接踵而至，士兵们不再感觉自己依赖皇帝，反而是皇帝感到自己要倚仗士兵。不断有人称帝，也不断有皇帝被杀，内战成了常态，君主更替频繁，这些情况摧毁了之前一直维系着罗马军队这道坚固长城的水泥，也就是罗马军队实力的根基——纪律。试图维持和恢复军纪的皇帝——佩蒂纳克斯（Pertinax）、波斯托慕斯（Posthumus）、奥勒良、普罗布斯——都因此被害。

同期偶然发生的自然过程和内战同又引发了一场经济灾难，让罗马军事体系卷入旋涡并最终被其吞噬。所有高级文明共有的一个要素是：铸成货币的贵金属会为社会机体注入经济动能。如果没有大量金银储备，古代文明和罗马国家都是不可想象的，正如缺少铁一样。尤其是，一支大规模的常备军只有在货币经济的基础上才能维持。抵御帝国周边蛮族的边防军团是靠内地行省缴纳的税金维持的。而到了3世纪，贵金属变得匮乏起来。我们从文献中不能直接获知其何以发生。贵金属因长期手持、抛光、遗失、隐匿、火灾、海难导致的自然磨损数量一向不在少数。不过，据普林尼记载，极大量的金银流入印度和中国，罗马与两地之间存在着规模虽大但几乎是一边倒的贸易，这一观点得到了流传至今的古硬币的验证。我们发现提比略曾抱怨当时的罗马人用货币来换取异族人的珠宝，而到了韦斯巴芗年间，每年来自东方的商品金额不少于1亿塞斯特斯①（合2200万马克）。⁴ 因此，从奥古斯都到塞提米乌斯·塞维鲁的两个世纪中，从罗马帝国流入印度和东亚的贵金属价值约为40亿

---

① 塞斯特斯是一种古罗马硬币，共和国时期为小银币，帝国时期为大铜币。

马克。⁵ 据中国史书记载，一名大秦王安敦的使者曾来到天朝，或为安东尼·比乌斯年间的一名罗马商人。

大量贵金属也流入了蛮族地区，特别是日耳曼人地区，贵金属起初是作为军饷，后来则是贡金，这些贵金属是回不来的。无数迹象表明，上述损失都没有得到补充，因为从当时的技术水平来看，地中海沿岸已知且已开采的矿藏都已经枯竭。当然，即便在当代，我们也不能完全依靠可用的贵金属供给来进行贸易。我们已经懂得了如何通过各种形式的信贷、纸币、银行券、外汇和支票来补充贵金属供给。尽管如此，要不是南非意外发现了新的大型金矿，现在的贵金属供给（我指的是1914年之前）可能还是会有困难。

从纯技术角度看，罗马人有没有能力发现替代货币的现代交换手段，对于这个问题我们就不深入探讨了。迦太基人据说一度使用过皮革制成的货币。哈德良时期，出现了银行体系的雏形，即公办汇兑所。⁶ 但是，大规模运用这些手段和组织形式，确保信用纸币的兑换能力和防止假币所要求的技术前提都是古人没有的，就连我们也是用了几个世纪的时间才实现的。无论如何，完全不考虑技术前提条件的话，当时还有一个重要得多的、事实上是不可或缺的发行、堪用信用货币的条件，那就是有利于信心形成的稳定政治局势。恰恰在罗马人最需要稳定政局的时候，他们失去了它。争取主导地位——同时也是生或死的问题——消耗了皇帝的全部实力，也占据了他们的全部注意力。除了不断贬值货币，他们找不到解决之道。奥古斯都时期的第纳里是纯银币，尼禄掺入了5%至10%的合金，图拉真15%，马可·奥勒留25%，到了公元200年前后的塞维鲁时期更是到了50%。60年后的加里恩努斯（Gallienus）统治时期，取代第纳里币的安东尼安努斯（antonianus）币通常只有5%的含银量。[7]奥古斯都时期的1个第纳里合德国的87芬尼，戴克里先时期就只值0.8芬尼到1芬尼了。①金币铸造早在马可·奥勒留时期就大大放缓了；卡拉卡拉时期改铸小币，而且产量很不规律，以至于黄金完全失去了通货的性质，只能称重计值。[8]以货币为基础的财产和法律关系受到冲击并解体。随着衰退卷土重来，货币短缺的问题对更迭频繁的皇帝们来说愈发紧迫。[9]基于传统关系和制度的税金再也收不上来了。埃拉伽巴路斯（Heliogabalus）一度要求用黄金纳税，但可用的黄金同样不足。[10]他的继承人亚历山大·塞维鲁为了能征到税，将税额降低到了过去的三分之一。[11]马克西米努斯·特拉克斯（Maximinus Thrax）对一切收入和公共娱乐活动的献礼征税，没收广场装饰和神庙供品——不仅是金银，连铜也不放过——用于铸币。[12]奥勒良曾试图强力整顿财政体系，结果在罗马引发了大暴乱，无论是他还是他的继任者们都没有能力解决财政问题。

甚至在今天，每当偶然有当时埋藏起来的财宝出土时，我们都能对3世纪的罗马财政状况有所认识。这些"财宝"常常是成千上万枚几乎毫无价值的小合金币。被藏起来的金银有可能已经不在罗马公民的钱箱里了。但在日耳曼地区，我们发现了全是优质旧币的财宝。蛮族懂得区分真钱和假币，军饷或贡品必须给真货。

财政危机令罗马世界帝国欣欣向荣的经济活动放缓乃至停滞；这条庞大机体的动脉失去了血液，干涸了。在3世纪，货币经济几乎灭绝，文明世界又退回了以物易物。如果我们将货币经济和以物

---

① 芬尼是一种德国历史上使用过的辅币。

第一篇 古罗马人与日耳曼人的冲突

易物视为绝对的对立面，那就会得出错误的认识。两者并非截然对立，即便在最发达的货币经济中，以物易物的某些残余和元素依然存在。文明世界的经济生活于3世纪后退到以物易物，按照通行说法，这种状态持续了11个或12个世纪。但是，以物易物时人们从来不曾完全放弃使用货币，而只是一方大兴，另一方后退而已，使用"货币经济"和"以物易物"的字眼是为了简便。

如果我们认识到罗马帝国的经济要素需要巨量贵金属才能正常运行的话，那么文明世界在3世纪从货币经济退回以物易物就更容易理解了。几乎全部的军队都驻扎在边界上。行省缴纳的税金只有很小一部分用于本地；一部分会运到罗马，通常会常年存于国库；税金的大头会送去军营支付军饷。这些货币通过购买商品和服务回流到行省的过程很缓慢，而贸易是通过金币和银币进行的。士兵要求金银作为军饷。身居罗马城的皇帝或者将钱币存入国库，或者为了安抚平民而散发出去。奥古斯都年间，一年的军饷可能会高达5 000万第纳里，军粮等补给品另算。他在安齐拉铭文（Monumentum Ancyranum）中自诩共将9.198亿枚塞斯特斯币（合2.5495亿第纳里或2 500万马克）发给了公民。钱币必然会持续从阿奎塔尼亚、西西里、希腊等无驻军行省运往莱茵河、多瑙河和罗马，再由为士兵、宫廷、罗马公民供给所需的商人带回来。在运过去慢、卖出去也慢的条件下，需要连（有纳税义务的）最小的镇子和最偏远的村子都必须持有可观的钱币，如此整个体系才不会崩溃。

3世纪的货币供给过少，以至于这套体系崩塌了。正是降低成色，表面上增加钱币数量的权宜之计最终导致了必然降临的危机，因为币值的不确定性既摧毁了行政法度，也让贸易陷入瘫痪。甚至早在蛮族入侵真正发生前的 2 世纪下半叶，罗马人就开始将钱币埋在地下，以免被税吏发现，近几个世纪以来出土的财宝就是证明。

戴克里先（284—305 年在位）凭借卓越政治才能重建稳定政权之后，也一度试图用强力手段恢复经济和财政秩序。他实施了全面的价格管制措施，通过帝国境内的每一座城市刻石公告——因此大部分公告以众多铭文的形式流传了下来——试图立法重新建立早已完全丧失的货币与货物之间的平衡。有人因此被判处死刑，但仍然拗不过自然经济规律的力量。尽管此事还有许多方面有待学者澄清，却足以表现出逐渐向以物易物演变的过程。

国家征收不到货币税，便愈发增加一直在一定程度上存在的劳役和实物税的比重。行会被合并为泾渭分明的世袭团体，以利公务。面包师烤面包，海员运谷物，矿工开矿，渔民捕鱼，乡民提供补给和操纵车辆，市议员安排公共娱乐活动和热水浴池。官员从公库中支取规定的实物报酬，包括谷物、牲畜、盐、油、衣物，只有少量津贴是货币形式。

这种经济变动对军队有何影响？

我发现，下滑趋势的最早迹象发生在塞提米乌斯·塞维鲁（193—211 年在位）时期，他是作为反对意大利人统治的行省领袖上台的。据说他增加了士兵的口粮份额，还允许士兵与妻子同住。诚然，他的举动一贯被简单地视为尝试争取士兵青睐以及纪律松懈的例证，但这位皇帝是一位经验丰富、精明强干的军人和政治家，若非有强大以至于迫切的理由，他不会做出这样贻害后世的让步。如果我们不是孤立地看待两条让步，而是考察其内在联系的话，理由就很明白了。塞维鲁登基时确实提高了军饷——在他的治下，第纳里的合金比例达到了 50%——但他很难按期向士兵发放货币军饷。因此，他提高了实物军饷，并允许他们通过与家人分享的方式利用分给他们的更多补给品。

这与新近发现的一份他统治时期的铭文相符：一名士兵在文中自称为军团的佃户。[13] 我们知道亚历山大·塞维鲁曾下令，边防军人将份地传给继承人的条件是后者同样从军。[14] 于是，[15] 原先集体驻扎于军营堡寨之中、常年受军纪约束甚至被法律禁止娶妻的士兵们现在散居驻地之外，与妻子儿女生活在小屋中，以耕种为业，只是偶尔有事才集合起来（埃及军团早就是这样了）。不论这一情形在塞维鲁王朝时期的发展何其有限，它之后确实成了普遍状况。

随之而来的变化是罗马军团不复本色。

在 3 世纪末的铭文中，曾被我们视为罗马军人典范的百夫长不见了；在后世的法典中，百夫长成了文官。与此同时，税吏也消失了。如前所述，两种变化之间有着至为紧密的联系。[16]

"军团"的名号延续了很久。塞提米乌斯·塞维鲁有 33 个军团，5 世纪初的官阶表《百官志》(*Notitia dignitatum*) 则列出了大约 175 个军团，但从数目就能看出来，这些军团是一类完全不同的小型单位。早期诸帝统治期间，征兵尚有一个形式，但其实已经是募兵了，另外也有抓丁从军的情况。帝国幅员辽阔，不缺身体强健的青壮年。帝国可用的人口数比奥古斯都时期多得多了，但将新兵锻炼成军人，保证旧军团素质的军事组织却已经消失了。

古罗马军队曾由两个大相径庭的部分组成：一是或多或少罗马化的军团和同样逐渐罗马化的行省辅助部队[17]，其素质的基础是军纪；二是纯粹的蛮族，其军事价值在于未驯的野性。后者既不受最高统帅权威影响，也不受新经济条件的影响。

本书在第1卷提出过一个问题：一个罗马军团的军事素质与数量相等的勇猛蛮族战士的军事素质相比如何？我们的结论是，罗马一方不会因为军纪而大大超过对方。罗马军队的优越性更多在于战略层面，而非战术层面，因为罗马统帅能够在决战地点造成数量优势。如果最优秀的纪律严明的罗马军团是这样的话，那么军纪不严的军团显然比不上蛮族战士。我们从恺撒战记——他本人多次提到这一点——就能知道新部队和老部队的区别有多大。自塞维鲁以降，靠种地生活、有事才集合的罗马军团士兵肯定还是会打仗，但已经不再是日尔曼尼库斯和图拉真的军团了。恺撒之前的罗马军团同样是打仗时才集合，但他们经常完不成任务，而且要在战争本身中才能坚强起来。他们与辛布里人和条顿人初遇时的情况就够糟糕了，我们也知道他们是怀着怎样的恐惧去征讨阿里奥维斯塔的。直到他们成长为羽翼丰满的职业军人时，他们才发挥出自己的全力。现在，他们抛弃了职业军人的身份，又捡起民兵的那一套，于是实力对比不仅朝着有利于敌人的一方转化，在帝国军队内部也朝着蛮族辅助部队转化，后者天然就是当兵的材料，罗马军队服役的经历和罗马人的防具刀剑更使其如虎添翼。如今，罗马军队中最优秀的部分不再是军团，而是蛮族，于是日耳曼人成了中流砥柱。这个潮流迅速席卷了整个罗马军事体系。在称帝者彼此攻伐的内战中，谁能将最多蛮族士兵带上战场，谁就最有希望打胜仗、取得皇位、挽救自己的性命。称帝者们争相招揽蛮族，不光是个体的雇佣兵，更有整个的部落。他们为其提供装备，率领他们杀入罗马帝国的心脏，想要靠蛮族的帮助夺取或夺回皇位。

在4世纪，罗马军队呈现出了完全不同于我们先前描述的面貌。戴克里先似乎建立了一套顺应形势变化的体系，后来君士坦丁完善了新秩序。此时，军队由4个特殊的部分组成：宫禁军（palatini）、随扈军（comitatenses）、假扈军（pseudocomitatenses）、边防军（limitanei）。从意大利人中间招募的旧禁卫军早已被塞提米乌斯·塞维鲁废除，代之以一支成员来自各军团的新卫队，于是调入卫队就成了对外省军团有功战士的奖赏。这项改革没有真正的军事意义，而只有政治意义，它代表着过去罗马和意大利对行省的主导地位消失了。[18] 如果我们看到名为"宫禁军"的部队，他们其实和以前的禁卫军相差不大。但现在除卫队以外，又新设了"随扈军"，因为这支部队的职责是护卫皇帝。这是一项新举措，因为我们知道罗马军队之前几乎全部驻扎在边境。即便这样做削弱了边防，让蛮族有机可乘，正如有人批评的那样，但如今的皇帝不能没有一支庞大的直辖部队。

当然，边境依然有军队驻守，号为"边防军"，拉丁文是"limitanei"或"riparienses"。但是，他们能提供的保护作用很小，因为他们不是纪律严明的部队单位，在今天应该叫"边境民团"，也就是通过保卫边境的方式服兵役的农民。前面已经讲到，基本指望不上民兵与日耳曼战士交手——事实上，对设置第三类部队"假扈军"的解释正在于此。由于边防军本身大概只能对付土匪，所以边境上也驻扎了少量正规军部队。他们当然不负责护卫皇帝，但组织形式又类似于随扈军，于是有了这个令人印象深刻的名字。

将军队分成不同类别解释了军团数目的巨幅增加。旧军团被解散，一部分原地定居，成为边防军，一部分仍然集中驻扎，成为假扈军，其余部分调入随扈军或宫禁军。这些分出来的新单位沿用"军团"旧名；不过，现在对一支部队有了一个更常见的简单称呼，numerus，意思是"数目"。

如果我们能够设想过去的罗马军纪在宫禁军、随扈军和假扈军，或者甚至只有前两类的各单位中得以维持，如果罗马军队的总数也有大的提升，那么我们所了解的这种新形态就绝不会表现出恶化的样子。我们就可以说：以前的禁卫军在宫禁军中，以前的军团在随扈军中延续了下来，这些职业野战军又得到了边境民团，即边防军的补充和加强。

但事实不是这样。罗马军队各单位的总兵力是减少而非增多了，尤其是考虑到边防军平庸的战斗力。我们不能再将这些顶着"军团"名号的单位与古典时代训练有素、纪律严明的军团战士等量齐观，而应该将其视为训练水平和堪用程度不一的雇佣兵。蛮族成分越多，状况就越好。据说普罗布斯皇帝将 1.6 万名日耳曼新兵分配到了各个军团中，这样既能利用蛮族的战斗力，又不至于让打胜仗人的身份太过明显。蛮族品格中固有的勇悍被用来完成不再能凭借纪律做到的事情。

随着罗马军纪一同消散的是罗马人特殊的战法，即标枪和剑的娴熟结合运用。只有训练有素的单位才可能掌握这种战法。[19]

罗马人现在也使用了日耳曼人的战阵，即野猪头阵。

蛮族辅助部队当年是罗马军队建制中的支援力量，现在却成了骨干与肌肉。

上述基本情况从部队等级中也能看出来：蛮族人越多，战斗力越强；罗马人越多，战斗力越弱。祭祀铭文表明，从 3 世纪中期开始，马尔斯（Mars）与赫拉克勒斯 (Hercules) 在祭典中的地位变得突出，卡皮托利欧山 (Capitoline) 诸神则退居幕后。赫拉克勒斯相当于日耳曼人信仰的多纳尔神（Donar，即雷神索尔，Thor）。[20]

罗马军主帅过去由元老担任，甚至于我们在整个帝国初期都能看到一个奇特的现象：尽管军队是由最严格意义上的职业军人组成的，但主帅本人却保持着政府文官的身份。贵为元老的司令不见了，军团长由一名全职军人担任，而且有时不是罗马人，是日耳曼人。现在，文官和军官必然要做一个明确的、一直通到顶层的划分，这是之前没有的。直到今天，人们通常认为这一变化是加里恩努斯针对元老院有意下的一步棋，但我们必须扭转这种看法。文武分途主要不是为了削夺元老职权，而是为了将文官政府攥在罗马人手里，因为军队的领导权已经开始落入蛮族手中了。

罗马民族的军队正在日耳曼化。罗马军团最后没有被蛮族击败和推翻，而是被北方人的子孙取而代之。承认这一事实就是打开了一扇通往世界史中被称作"民族大迁徙"时期的大门。

BOOK II
第二篇

The Völkerwanderung
民族大迁徙

1 日耳曼人为主体的古罗马军队

第一篇的题目是"古罗马人与日耳曼人的冲突",现在到了第二篇,题目是"民族大迁徙"。按照直到目前依然得到公认的传统观点,两者并置是不正确的,将后者放到前者的底下似乎更为妥当:民族大迁徙不正是"古罗马人与日耳曼人的冲突"的关键点和决定性因素吗?

不,事实不是如此。实际交战和军事史意义上的古罗马-日耳曼冲突在 3 世纪就结束了。随着 3 世纪的结束,有能力与日耳曼人作战的罗马军事体系、罗马军队不复存在。罗马国家、罗马世界帝国无疑延续了下来,在接下来的一个世纪里几乎保住了全部疆域,而且在失去西部省份后又在东半部分存在了整整一千年。但是,令这一体系得以持存的军事力量不再属于罗马人了。早在 4 世纪,保卫罗马国家的就不是军团了。罗马续命的方式是招揽一些蛮族为自己效力,利用他们击退另一些威胁和压迫罗马的蛮族。冲突的双方无疑仍然是罗马人和日耳曼人,但交战的双方不再是罗马人和日耳曼人;真正在打仗的是日耳曼人和其他蛮族(匈人和斯拉夫人),

敌人同样也是蛮族。

前一篇中讲述的罗马人自己过去的军事体系崩溃后，罗马帝国的蛮族雇佣兵体制引发了"民族大迁徙"。

"民族大迁徙"这个名称近年来多有争议，尤其是有人提出，这种迁徙绝不是五六世纪独有的，而是在整个世界史中都有的。与古典时代向中世纪转折期的人群移动相比，十字军东征和欧洲人殖民美洲同样有资格被称作"民族大迁徙"。这是完全正确的，尽管如此，保留这个曾经被普遍认可名称的特指含义似乎仍然是有好处的。即便恒常的、永远不会彻底结束的人群迁徙确实存在，每个时代都有其特殊的现象与形态，尽可能为每一次迁徙起上专有名词总是好的。除了匈人来袭和之后的斯拉夫人迁徙，"民族大迁徙"主要指日耳曼部落迁居到罗马帝国的土地上。

过去有一种观点认为，日耳曼人迁居应该被视为持续的大规模征服和威压行动：朝气蓬勃的日耳曼人终于涌入了老态龙钟的罗马帝国。前一篇中的讨论已经表明，事实并非如此：与其说罗马军团被日耳曼人打败了，不如说被后者取代了。我们要描绘的场景不是罗马人与日耳曼人接连不断的斗争，而是转型期的形势，这种形势导致罗马世界帝国变成了罗马土地上的一大群日耳曼王国，它展现了士兵不再是罗马人而是日耳曼人的罗马帝国。[1]

从恺撒的时候起，事实上是从第二次布匿战争起，异族雇佣兵——最早是投射手和骑兵——就构成了罗马军队的一部分。蛮族成分甚至强有力地渗透到了军团中。即便蛮族辅助部队的比例时有增加，甚至可能持续增加，但奥古斯都凭借他的政治智慧找到了恢复和保存军团罗马本色的路径与手段，之后一直这样到3世纪为止。据记载，马可·奥勒留曾收买日耳曼人对付日耳曼人（"emit et Germanorum auxilia contra Germanos"）。卡拉卡拉的后继者谴责他说，他赠予蛮族的赏赐与发给全军的军饷一样多。[2]

但在3世纪的内战中，蛮族成分愈发占据上风。加里恩努斯在赫鲁利人瑙罗巴图斯（Herulian Naulobatus）的帮助下击败了哥特人，于是将执政官徽记赐给了瑙罗巴图斯。

罗马军团名义上还存在，但性质已经改变，堕落成了衰弱的民兵。除了这些退化的军团，还有少数军团采用了蛮族雇佣兵部队的体系，从而保持了战斗力。戴克里先麾下的约维安（Joviani）军团和赫拉克勒斯军团就是例子。当年真正的罗马军团兵制以纪律为基础。军团行列中不光有受战士天然本能的感召、主动为马尔斯献身的志愿兵，也有征召来的新兵，他们起初只是体质达标，是军事训练和百夫长的严厉管教让他们变成了合用的士兵。这一强项现在没有了，只剩下前面一个要素，也就是天然的好战本能。哪怕是文明民族也总有这样一些人，用塔西佗描述日耳曼人的话说，他们宁愿靠鲜血而非劳作为生，他们有强烈的军事荣誉感，或者只是有一股血勇之气。但是，这种人的数目总是很少的，不足以建成奥古斯都或塞维鲁那般规模的军队。他们足以让罗马人的特色在少数单位中始终占据主导地位，但训练有素的军团本色已经失去了。他们的外貌和战法都类似于蛮族，而蛮族的战斗力自然也是来自天生的个人胆色与团队精神。

古罗马军制是逐步转向新形态的，但最终完成时非常迅速。完成阶段开始于3世纪前中期，到了3世纪末期的戴克里先时期就已经完成。依然存在的罗马成分不再是传统意义上的罗马人。由君士坦丁统领出征意大利，在米尔维安大桥（Milvian Bridge）一战击败马克森提乌斯（Maxentius）皇帝，然后攻占罗马城的军队已经是蛮族为主了。佐西姆斯（Zosimus）① 告诉我们，君士坦丁的部队召集自从属的蛮族——日耳曼人、凯尔特人和布立吞人。³ 如果这些部队将十字架奉为自身标志，那主要不是因为君士坦丁想拥有不惧怕卡皮托利欧山诸神的部队——因为日耳曼人和凯尔特人不可能害怕这些神灵——而主要是因为罗马市民中有一个遭到马克森提乌斯镇压的强大基督教派系，君士坦丁则希望将这伙人争取过来。与日耳曼战士国王一样，君士坦丁身边有一群"扈从"，这批新贵取代了旧的元老和骑士阶层。

在整个 4 世纪，我们经常能发现罗马元素与日耳曼元素并立。斯特拉斯堡会战前，军队统帅尤利安（Julian）做了一番激励士气的演讲，其中勉励将士"恢复罗马旧日的荣光"（"Romanae majestati reddere proprium decus"），还把敌方打成蛮族（阿米阿努斯，16.12.31）。但是，听讲的这支军队不单单如战记所说是包含一部分日耳曼人，而是显然以日耳曼人为真正的主力：克努提人（Cornuti）、布拉奇亚提人（Bracciati）和巴达维亚人也均有提及。他们在进攻时高唱"战歌"，并在不久之后用日耳曼人的方式将尤利安举到盾牌上，将他选为皇帝。⁴ 当西哥特人渡过多瑙河，真正的"民族大迁徙"如洪水般卷来时，罗马史家为我们描述了第一场大战的情景："蛮族"唱起纪念祖先的英雄赞歌，"罗马人"

---

① 佐西姆斯，活跃于公元 6 世纪前后的拜占庭史学家，代表作为《新史》（*Historia Nova*）。

则高呼"战歌"。⁵

不久前,考古发掘活动发现了一条不寻常的证据,展现了公元4世纪时罗马军队的日耳曼化程度。多瑙河与多布罗加①(Dobrudscha)的夹角地带有三道不同时期建立的防线。现在已经证明,最古老的一道防线是面朝南方的低矮土墙,大概是由蛮族建造,用来抵御罗马人的。第二道防线是比第一道高的土墙,完全符合日耳曼长城的特征,大概也是在同一时期由罗马人修建的。第三道防线是石墙,修建年代可以肯定是4世纪。但是,它本身及附属的工事完全是中世纪早期日耳曼地区的风貌。它们不可能是日耳曼人自己修建的,当时的日耳曼人依然很不愿意做苦工。然而,下令修建并具体规划的长官已经是日耳曼人了。他们不再生活在罗马的军事传统下,但与军事体系的方方面面一样——因而工事也不例外——他们转向从故乡带过来的理念,然后运用充足的资源,按照他们在罗马境内看到的例子加以发扬。⁶

在这一时期,"barbarus"(字面意思是"蛮族")是指称士兵的术语;军费被叫作"fiscus barbaricus"("蛮族费用")。⁷

我们不应该被这样一个事实误导:当时的文献仍然在谈论罗马的制度、罗马的名誉、罗马人的勇气。就连普罗柯比(Procopius)②——尽管他本人到处说罗马打胜仗主要是蛮族的功劳——到了6世纪还在谈"罗马人的勇气"战胜了蛮族,因为胜利

---

① 多布罗加位于黑海西岸,今罗马尼亚与保加利亚交界处。
② 普罗柯比(500—565),东罗马帝国史学家,代表作为《秘史》(有中文版)。

是在皇帝的旗帜下取得的。[8]

于是，从3世纪末开始，罗马军队就是由形形色色的雇佣兵单位组成的。这些部队有大量——有可能已经占大部分了——纯蛮族，也就是日耳曼人，他们作战勇敢，但作战以外极难控御，尤其是在和平时期。如果有纪律的军团的哗变已经够频繁了，那么时至今日，皇帝和帝国都要完全仰仗这些蛮族群体的善意了。在帝国的前两个世纪，效力于皇帝的日耳曼人总感觉自己只是辅助部队。由于有过必罚、有仇必报的军团就站在身边，所以日耳曼人从没想过造反。如今，民族意义上的罗马人单位——它们仍然叫作军团——数量稀少，而且本身就包含蛮族，他们与异族雇佣兵的心态非常类似。如果日耳曼战士发现契约中的某一处细节没有被履行，或者他们的要求没有被满足，那么就没有什么能阻止今天还在领皇粮的日耳曼战士明天就对之前的统帅刀兵相向。

显然，这种性质的军队在实力、效率和作战意愿方面远远不及过去的军团。即便有君士坦丁这样的皇帝表面上完全恢复了皇权的统一与威势，但这依然只是表象，因为少了当年军团的牢固根基——军队纪律。

现在，我们对罗马帝国的衰弱对精神生活产生的长久影响做一个简短观察。为了替代缺失的军事力量，君士坦丁与规模庞大的主教联合体基督教会结盟。如果他的军团还能像古代的军团那样支持他的话，罗马皇帝大概不会——说得明白点，绝对不会——容忍这支君王般的势力存在于身旁，而且军团还能给他一支镇压如此自信、独立的新兴教会势力的力量。教会能从德西乌斯到戴克里先的历次迫害中成功生存下来固然有殉教烈士的原因，但一个同样重要的原因就是，衰弱的罗马国家不复拥有当年的军威。

随着古典文明的沦落，教会的生存空间打开了。守护长城多年的高效边防体系不复存在。日耳曼人强渡莱茵河和多瑙河，从黑海扬帆起航，横跨地中海，驶入大洋，没有任何地方能抵挡他们的劫掠。除了掳走为奴者，其余居民都被他们无情杀害。甚至今天还有60多座法国城市保留着当时被焚毁——在嘲讽的大笑中，就像罗马人笔下的阿勒曼尼（Alamanni）王切诺多玛（Chnodomar）那样[9]——和毁后重建的痕迹，新城内的建筑紧紧贴在一起，还有围墙保护。在过去几个世纪的和平时代，城市是开放的，而且往往得以广泛地延展，此时却换上了狭窄的街道，周长也尽可能小，以利自卫。在当时建造、屹立千年，直到被现代修路工或考古队员用鹤嘴锄再次拆掉为止的厚重城墙和塔楼中，我们发现了石柱、雕像、雕带、梁柱的遗迹，上面常常有标明建造年代的铭文，而且蛮族放火的痕迹尚存。但是，我们在远离这些要塞城市大门外的地方找到了神庙和圆形剧院被毁的遗址，这让我们可以猜想当年开阔城市的规模。[10]那时的罗马帝国比奥古斯都时期的人口更多，文明生活的各种资源更丰富，同时它也变得过于软弱，不能保卫自己的文明，因为它失去了常备军，也就是训练有素的军团。富有爱国心的修辞学家辛奈西乌斯（Synesius）在阿卡狄奥斯（Arcadius）①在位期间徒劳地控诉：

在我们容忍武装的西徐亚人（即哥特人）四处游荡之

---

① 东罗马帝国皇帝，395—408年在位。

前,我们应该号召全民拿起刀剑矛枪,这些武装分子毫无疑问想要统治我们,于是我们这些没受过军事训练的人就不得不与老练的战士交手。我们这个人口众多的民族将战争的荣耀交给异族人,这是可耻的,哪怕是他们对我们有用处的时候,也是可耻的。我们必须再次唤醒古代罗马的精神,亲自上阵作战,革除一切与蛮族相通之物,将他们从一切官职和元老院里赶出去;因为在内心里,他们终究只对那些我们罗马人一贯推崇备至的尊位抱有愧意。要是忒弥斯和阿瑞斯看到身披兽皮的野蛮人在指挥罗马军旗下的士兵,或者将羊皮放在一边,迅速换上托加长袍,与罗马官员共同商议和决定罗马帝国的事务,两位神灵定会掩面!当他们坐在执政官旁的尊位上,位列高贵的罗马人之前,当他们一离开元老院议事厅,便换回自己的兽皮,与本族人取笑托加长袍时,他们会打趣说,穿托加长袍的人拔不出剑来。这些野蛮人,曾经是我们的好家仆,现在却想统治我们的国家!如果他们的军队和领袖决定起事,再与他们遍布帝国、充当奴隶的无数同胞会合起来,那我们就大祸临头了。[11]

天真的作家兼古物研究者弗拉维乌斯·韦格蒂乌斯·雷纳图斯(Flavius Vegetius Renatus)在同样的情怀下着手研究古代作者,描述了罗马人当年凭借罗马伟大的基石——罗马军制——取得了什么成就,古人遵循什么样的军事规范,还说这套规范必须重新建立并被奉为典例,以此挽救帝国,恢复旧日的威力。于是,他创作出了

第二篇　民族大迁徙

一本沿用千百年的军人手册,但崩溃中的帝国是不能用演说或书本救回来的。

　　罗马军中的日耳曼雇佣兵与灭亡西罗马帝国的那支军队还是不同的。雇佣兵远离家乡,适应了他们效劳的国家的政治传统与社会习俗;或者,如果他们保留了异族性质,但由于时日尚短,根基太浅,那么他们还不能自行建立长久的统治。尽管他们在第一次布匿战争后背叛迦太基,威胁过这座他们曾经效劳的城邦,但他们最终还是被打败了,而且汉尼拔发动第二次布匿战争凭借的也是同样的部队。我们所说的"民族大迁徙"及其所有不可计量的后果都源于一个事实:进入罗马军队服役的终于不再仅仅是单个战士组成的大型部队,而是带着妻子、儿女和全部家产迁到罗马境内的整个部族,以日耳曼民族的身份构成了罗马军队。

　　不管数目有多么大,个人身份参军与保留自身社会结构、政治组织的全族集体参军是大不一样的。尽管如此,从一种情况转变为另一种情况的可能性是日耳曼人的特点导致的。这是一个彻底的好战民族,完全由好战的本能、冲动和激情控制,由此提供了一个永不枯竭的募兵来源;不光是这样,整个日耳曼民族都做好了出于任何目的、按照任何他们不熟悉的形式打仗的准备,就像他们以前去攻打相邻部族那样。有人可能会认为,日耳曼人开始民族大迁徙是因为人口日益增长,而原来的地域过于狭小。事实并非如此,他们是作为军事组织出征的,他们渴求的是军饷、战利品、冒险和荣耀。在少数个例中,土地稀缺无疑会迫使某些人迁居;在另一些情况下,动机是来自其他敌人的压力。即便如此,这两个原因只能解释个别迁徙行动或边境冲突。对世界史来说,决定性的因素是:日耳曼部落是庞大的战士团体,他们迁徙是为了战争、军饷、战利品和统治。他们进入罗马帝国不是为了寻找土地,成为农民,靠耕作生活——他们通常是把老家抛荒的——而是为了想要参与其中的军事活动。

在3、4、5世纪,罗马人与日耳曼人关系的特点就是日耳曼人给罗马人当兵和日耳曼人与罗马人为敌的来回转换。在这个过程中,日耳曼人实实在在地征服了莱茵河、多瑙河、不列颠岛的一些边境地带。当地人口尽管没有被完全驱逐,但也大大减少并遭到强力镇压,于是新主人们能够逐渐消化剩下的人。在意大利、高卢大部、西班牙和阿非利加,手握实权的日耳曼国王和统帅们为自己的地位找到了法理依据,但没有立即彻底将这些行省从帝国中分离出去。即便是奥多亚塞(Odoacer),他在废黜罗马城的西罗马皇帝之后也不是以主权国家的国王身份统治意大利,而是一名被东罗马皇帝册封为帝国西部总管的日耳曼酋长。西哥特国王狄奥多里克大王(Theodoric the Great)尽管大权在握,但对尊位别无希求。[12]

这种形式、这种假象渐渐地消散了。于是,一批独立的日耳曼王国在高卢、西班牙、阿非利加和意大利的罗马土地上兴起了:东哥特王国、西哥特王国、勃艮第王国、法兰克王国和汪达尔王国。

在这一时期的大小战斗中,只有4世纪的两场会战——斯特拉斯堡会战和阿德里安堡会战(Adrianople)——留下了从军事史角度来看有一定可靠性的记载。

由于缺少文献,我对君士坦丁大帝的征战史、米尔维安大桥会战[13]和5世纪的卡塔隆平原会战(Catalaunian Fields)没有什么好讲的。直到6世纪,我们才再次对贝利撒留(Belisarius)与纳尔西斯有了比较详尽可靠的信息。

2 斯特拉斯堡会战

阿勒曼尼人于3世纪下半叶突破日耳曼长城，并于350年利用君士坦提乌斯（Constantius）与玛格嫩提乌斯（Magnentius）两位罗马皇帝内战的时机，占据莱茵河右岸的土地之后，又占据了莱茵河与孚日山脉之间的阿尔萨斯地区。尤利安是君士坦提乌斯任命的恺撒[1]，负责治理高卢。他决定将阿勒曼尼人赶回莱茵河对岸。不仅如此，他还要在战场上重挫敌军，以防其日后重返。他没有用袭击的手段将莱茵河近处的阿勒曼尼人全部逐出，而仅仅进行了几次骚扰，同时率领主力严守边境，于孚日山径的出口察伯恩（Zabern）附近建立了坚固的军营。莱茵河远处的阿勒曼尼人迅速赶来支援阿尔萨斯的同胞，这正中尤利安的下怀。得知大批阿勒曼尼人越过莱茵河，集结于斯特拉斯堡附近后，他便立即率军出击。

---

[1] 罗马四帝共治制度下的头衔。该制度由戴克里先首先提出，将帝国分为东西两部分，各由一名"奥古斯都"统治；每名"奥古斯都"再指定一名继承人，兼领一部分国土的军政事务，称为"恺撒"。

有两个来源详细记载了这场战斗：一位是阿米阿努斯，他当时是尤利安手下的一名军官；一位是修辞学家利巴尼乌斯（Libanius），他是尤利安统帅的密友，还为其写了一篇流传至今的悼词。阿米阿努斯和利巴尼乌斯的原始材料很可能是同一份，那就是尤利安本人的回忆录。

利巴尼乌斯极其强调统帅精妙的作战方案。他指出，尤利安本来可以阻止蛮族渡河，但他不想这样做，因为他不愿意只打一支小规模的先遣队。但是，利巴尼乌斯接下来说，尤利安也在注意不要让敌人全部渡过莱茵河，因为他之后了解到，阿勒曼尼人已经集结了全部适合上阵的男丁。只打一小撮敌人，他觉得不够；与敌人的全部军力大战似乎又太过危险和不理智。

从这条颇有启发性的原则出发，我们可以得出双方兵力对比的结论。阿米阿努斯告诉我们，尤利安的军队有1.3万人。我们在另一处相关段落有过解释，这个数字或许有些小，但与真实数字相差不会太大。把人数估算为1.3万至1.5万人是一个比较稳妥的说法。

至于阿勒曼尼人的兵力，罗马人给出的数字一贯是夸大的，此处不值得再重复一遍。根据尤利安的战略方案，我们可以得出一个有把握的结论：尤利安认为在敌军兵力稍弱于己方，又不是远远弱于己方时发起进攻是重要的。战斗结果表明他的估计是正确的，因此我们不妨假定阿勒曼尼人的兵力在0.6万到1万人之间。

阿米阿努斯的记述与利巴尼乌斯笔下尤利安的战略思维存在一定分歧。他写道，罗马统帅从察伯恩出发，走到中午时分停了下来，准备等到次日再开战。第二天，看到将士们跃跃欲试，他这才即刻进军。哪怕只是停歇半日，他也会让敌军兵力大大增加。察伯恩到斯特拉斯堡的距离至少有 18 英里（约 9 千米）。因此，实际情况可能是统帅愿意并且意图立即交战，但为了激励顶着 8 月的骄阳艰苦行军的部队士气，他做出一番好像这个决定是将士们自行做出的样子，因为他给人留下的印象是他想要就地扎营。

会战地点无法确定。只有以下内容是清楚的：罗马人不仅有数量优势，更有战略优势，因为一旦形势危急，他们身后是察伯恩的坚固大营，而阿勒曼尼人身后是莱茵河水。顽强好战的日耳曼人对形势的估计可能恰恰相反，认为无路可退才能将自身实力发挥到最强。

日耳曼人由 7 位国王（也就是酋长：古老意义上的 principes）统领，为首者是指挥左翼骑兵的切诺多玛。之前数年，切诺多玛横扫高卢，势不可挡，还在劫掠焚毁罗马人的城市之后讥笑他们。罗马人为我们描绘的切诺多玛形象是：胯下一匹口吐白沫的骏马，身披一领鲜亮的铠甲，自诩膂力强悍，手持一柄特别长的矛，头发缠着一条红带，一马当先，率领麾下骑兵四处冲杀，他一贯是勇猛的战士，如今更成为优秀的统帅。

阿勒曼尼人右翼由步兵组成，守于几处天然屏障，阿米阿努斯在一个地方将这些屏障称作"隐秘的陷阱"（"insidiae clandestinae et obscurae"），在另一个地方称作内有战士的"壕沟"。利巴尼乌斯提到一条引水渠、一片芦苇丛和一处沼泽，日耳曼人在这些地方设下了埋伏。罗马军左翼注意到这些困难时心生犹豫。让左翼向前推进的人大概是尤利安本人，或者只是大声喊出命令，或者是率领一支 200 名骑兵的小分队支援左翼。从地形角度看，左翼在一开始似乎根本没有配属骑兵，但在左翼真正到了敌军阵前时，侧翼保护就成了必不可少的事。但是，敌军随后马上被击退和受到追击。

双方的大队骑兵都布置在地势开阔的另一侧。切诺多玛统率的日耳曼骑兵发起正面冲锋，右手挥舞兵器，口中狂呼，长发飞扬，眼中闪着暴烈的光芒："右手兵器长伸，咬牙切齿，样子可怕，要包抄我方的骑兵队。这些不同寻常的狂野战士头发飘在身后，双眼放射出狂热。"（"tela dextris explicantes involavere nostrorum equitum turmas, frendentes immania, eorumque ultra solitum saevientium comae fluentes horrebant et elucebat quidam ex oculis furor."）骑兵中混有轻步兵，罗马骑兵抵挡不住敌军冲锋的气势，转身后退。

据文献记载，统帅此时亲自冲到溃兵面前，说服他们返回去执行任务。两位作者都记下了演说内容——当然，两者不尽相同——利巴尼乌斯将他比作忒拉蒙之子埃阿斯①，阿米尼乌斯将他比作苏拉，苏拉据说在一场与米特拉达梯的战斗中曾用类似的方法让麾下将士返身再战。军事史中经常能发现统帅做出如此举动，但涉及的军队规模越大，这种记载就越可以确切断定是假的，最多只有在规模极小的分队情况下可能是真的。已经在逃跑中、受到敌军重压的部队是不可能单凭语言就挡住的，尤其是骑兵。一旦大批骑兵在恐惧中开始逃窜，除非遇到实体障碍物或筋疲力尽才会不得不停下，否则是拦不住的。霍恩洛尔主君克拉夫特（Prince Kraft Hohenlohe）②的《军事通信》（1∶78）有一处重要段落，讲述了指挥官

---

① 埃阿斯是《伊利亚特》中的一名希腊猛士，曾与特洛伊王子赫克托耳决斗。
② 霍恩洛尔主君克拉夫特（1827—1892），德意志帝国时期的普鲁士将军和军事作家。另外，在德意志语境下，prince 指的是统领一块小领地的君主，与国王或皇帝没有血缘关系，因此译为"主君"，与通常的"王子"（接下页）

在阻挡被恐惧压倒的骑兵单位时是何其无力,哪怕其实并没有敌人在追赶。士兵们听不到他说话,人群向后方狂奔好几里,根本挡不住。凡是溃兵止住退势、重新发起进攻的情况都只有在新部署的生力军的帮助下才能做到。凭借更详尽的现代军事史资料,我们能够肯定地辨别这种记载的真伪。将这种比对应用于此处是有益的。哈布斯堡王朝的作者们告诉我们,卡尔大公在阿斯佩恩会战中将一面营旗抢到手中,便稳固了动摇的阵线;他用闪电般的目光盯了某人一眼,用电射般的眼神看了看另一个人,又用魔法似的目光凝视第三个人,就这样扭转了整个战局。通过细致比对同时期的多方记载,我们发现当时有整整17个掷弹兵营的奥地利预备队投入了战线。那些偏爱壮举的作者们觉得,与声名显赫的统帅的英勇事迹相比,这一点实在不值一提。

如果更细致地考察罗马文献的话,我们就会发现,这场与阿勒曼尼人的交战中也发生了非常类似的事。阿米阿努斯对骑兵回身再战的记载相当笼统。在后世佐西姆斯的报告中(3.4),我们甚至发现了溃逃骑兵不听劝告,不肯再战的明确记载。这才是实情,阿米阿努斯接下来的叙述也能看出这一点。他写道,阿勒曼尼骑兵战胜罗马骑兵后扑向了罗马的步兵。假如他们还要与罗马骑兵打的话,他们是做不到这件事的。

我们从无数古代战例中了解到,步兵侧翼受到骑兵攻击是何其凶险的事。由此可见,切诺多玛不仅能掌控手下将士,也懂得如何统领他们。但我们也认识到,古罗马战术在当时遗风尚存,而尤

(接上页)或"亲王"作区分。

利安是一名有能力应对危局的称职将军。阿米阿努斯在前面告诉我们，尤利安令一多半部队组成了与蛮族对立的正面；而他现在又说，当阿勒曼尼骑兵转向罗马步兵时，克努提人和布拉奇亚提人高呼"战歌"。这无疑意味着，这两个单位此时才进入战场，因此之前是布置在第二、第三梯队或预备队中，现在上前迎战敌军的侧翼进攻。法萨卢斯会战中恺撒的右翼也是如此：提前预备好一支步兵，以应对敌军骑兵的侧翼攻击。这种战法肯定沉淀在了罗马人的传统中。即便不是这样，尤利安也是一名熟知《恺撒战记》的文化人。

在恺撒那里，这一翼的反击决定了胜负。斯特拉斯堡会战则有所不同，此处的援军只是将战斗拖入了僵局。但与此同时，罗马军已经在另一侧打胜了。尽管骑兵遁走，但罗马军右翼无疑还是具有相当大的数量优势，再加上得胜来援的左翼，其最终击败了阿勒曼尼人。

按照阿米阿努斯的说法，罗马军有243人阵亡，包括4名高级军官。这一数目似乎与极其残酷血腥的战斗描写存在矛盾，但未必是不准确的（通常估计是死伤1 500人）。罗马骑兵根本没有受到敌军冲击，逃跑时有可能几乎毫发无损。之后步兵又顶住了侧翼攻击，这时阿勒曼尼人已经落败，战斗有可能很快就结束了。

切诺多玛王及其全部扈从都被罗马人俘虏。大批日耳曼军队在逃跑途中死在了莱茵河水里。

3 阿德里安堡会战

在被从亚洲腹地迁来匈人的压迫下,西哥特人出现在了莱茵河下游,并要求与罗马帝国结盟。罗马人欣然允诺,允许这批蛮族渡河,指望着凭借这支强兵改善帝国边防。但只过了一小段时间,罗马人与新盟友就围绕理应送达的补给品发生了纠纷。"如野兽般"杀人劫掠的哥特人冲进了巴尔干半岛一带的罗马行省。此外,其他一些人也加入了他们:东哥特人的大部——他们来自多瑙河上游——在罗马军中服役已经有相当长的时间了;再就是逃跑的奴隶,尤其是色雷斯①(Thrace)矿工。

东罗马皇帝瓦伦斯(Valens)正与波斯人交战。他派出的第一支部队得到西罗马皇帝格拉蒂安(Gratian)派遣的援军支持,成功将哥特人赶回了多布罗加地区,但没能将其彻底击败。由于哥特人现在得到了阿兰人乃至多瑙河上游的匈人支援,因此罗马诸将不敢贸然发动会战。于是,东罗马军撤回君士坦丁堡,西罗马军则前往

---

① 色雷斯位于今土耳其、保加利亚、希腊的交界处,古时出产金银。

伊利亚库姆①(Illyricum)。¹ 色雷斯只留下了由干将塞巴斯蒂阿努斯(Sebastianus)指挥的2 000名精锐部队，以300人为一队，负责抓捕在当地劫掠的哥特股匪。²

得知消息后，瓦伦斯立即与波斯议和，率领现在空出来的部队转进。西罗马皇帝、瓦伦斯之侄格拉蒂安则从高卢率军前往会合。

哥特人集结于巴尔干南部的贝里亚(Beroea，今旧扎戈拉，Stara Zagora)附近。贝里亚是起自希普卡山口(Schipka Pass)公路的终点。两位罗马皇帝的任务是首先合兵一处，然后一起对哥特人发动会战。哥特人的任务则是阻止罗马两军会合，然后各个击破。

格拉蒂安先走沿多瑙河修建的大路，然后经菲利普波利斯(Philippopolis)，沿马里查河(Moritza)穿过今塞尔维亚，朝阿德里安堡和更远处的君士坦丁堡方向前进。因此，哥特人可以轻易占据这条路线中部的某处，也就是菲利普波利斯一带，从而将对方两军隔开。但是，这一行动很难成功，因为那个时候的罗马人还没把修建坚固军营的本领忘掉。此外，两路罗马军有精心布置的掩护，又有当地的多座坚城为根基，无疑有能力绕过哥特军实现会合，不会给敌军进攻的机会。假如哥特人将阵地设在紧贴山口的地方，将山口堵死的话，罗马军仍然可以走别的路绕过哥特人，而且有可能两面夹击哥特人。因此，哥特人若是试图用这样的方式将两路罗马人隔开，那只会正中罗马人下怀；另外，哥特人在这段时间里还不能分散到乡间，不得不停止对当地的劫掠活动，罗马人对此就更欢迎了。

---

① 伊利亚库姆是古罗马的一个省份，位于色雷斯西北部；君士坦丁堡位于色雷斯东部边缘。

第二篇　民族大迁徙

　　哥特人由菲列迪根公爵（Duke Fridigern）率领。从他在上述条件下是如何履行职责，带领族人走向胜利的情形来看，他是一位明于战略的智者。

　　他没有将阵地设在两路罗马军之间，完全放开了沿马里查河延伸的大路，甚至从贝里亚转移到了更东边的卡比尔（Cabyle，今扬博尔，Jamboli）。[3] 但是，当瓦伦斯从阿德里安堡出发，穿过马里查

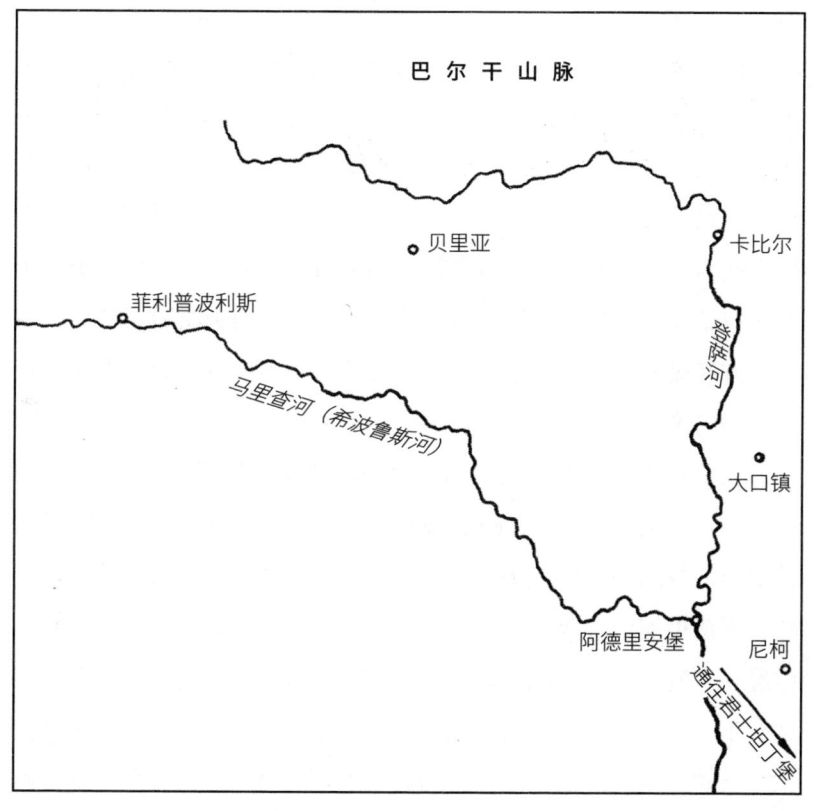

图4　阿德里安堡会战周边形势图

河谷朝菲利普波利斯进军时,他接到了一个令他惊愕的报告:哥特人出现在他身后的阿德里安堡附近,威胁到了通往君士坦丁堡的道路。甚至有人在马里查公路,罗马军后方发现了哥特骑兵,这很容易让人相信哥特人的意图是切断皇帝与阿德里安堡的联系。

接报后,瓦伦斯立即掉头撤退。但是,马里查公路上的哥特人可能只是侦察巡逻队而已。瓦伦斯不经一战就回了阿德里安堡。

现在,瓦伦斯可以静守城中,等待另一路罗马军到来。在这种情况下,哥特人的前出行动肯定是没有好处,但也没有损失。他们绝不能直接阻止罗马两军会师,但如果他们不想冒险同时与两位皇帝会战的话,那么从色雷斯平原或贝里亚附近的阵地撤回多瑙河下游都是同样容易的。不过,插入敌军身后还给了哥特人一些其他机会。他们现在切断了敌方运送补给的线路,而且可以劫掠直到君士坦丁堡为止、之前受战火荼毒较少的色雷斯农业区。要想引诱皇帝在格拉蒂安还没到的时候就提前开战,最有利的刺激因素莫过于皇帝后方有哥特人活动。事实上,会战甚至是不可避免的,因为哥特人占据的位置让罗马军队的补给运不上来。

我们的文献声称,瓦伦斯是因为嫉妒刚刚战胜阿勒曼尼人的一支——兰提恩斯部(Lentienses)——的侄子格拉蒂安,所以才被引诱开战的。大概是佞臣们将皇帝推入了这次鲁莽的行动中。当然,阿德里安堡战败后,失望而愤怒的人们自然会问:另一路军队已经在上默西亚(Upper Moesia,今属塞尔维亚)境内了,皇帝怎么会不等他们到来就发动会战呢?谁能知道这个决定是不是果真受到了嫉妒冲动的影响?即使我们假定阿米阿努斯的记载来自皇帝侧近,谁又能说自己能认清最隐秘的动机呢?不过,如今格拉蒂安已经到了附近，之前向侄子求援的瓦伦斯毕竟没有不等援军抵达就发动决战，除非他相信自己不得不开战，或者确信自己有必胜的把握，这是很明白的。我认为嫉妒动因说纯属营中谣传。

据记载，皇帝得到的报告是哥特兵力不超过 1 万人。与嫉妒另一位皇帝和近臣谄媚相比，这个做出决策的动机无疑更合逻辑。手握优势兵力的皇帝坐视蛮族蹂躏都城门前的繁荣省份，这样看起来岂不是有些消极？

不过，菲列迪根引诱皇帝出战还有另一个手段。他派一名基督教牧师（有人曾怀疑此人是不是乌尔菲拉本人）去罗马军营，向皇帝提议休战，条件是将色雷斯省连同粮食牲畜一并交给哥特人。除了公开传讯以外，牧师还带来一封公爵的密信，请皇帝率军出城，威慑哥特人，使其更愿意求和。

瓦伦斯若非确信自己占据上风，那么哥特人的这条计策就太过粗陋，不足以引诱皇帝在格拉蒂安尚未抵达、战机不成熟的状况下开战。但从罗马大营对形势的判断而言，菲列迪根的信息似乎并不是那么不自然；事实上，我们甚至可以怀疑它是不是至少包含了部分真实意图。毕竟，哥特人的野心仅限于给罗马人当雇佣兵，吃得饱、拿高薪，而且哥特酋长们后来同意的条件确实很接近菲列迪根此处提出的条款。但文献中没有写到的是，皇帝怎么竟然会希望缔结这样的和约。如果罗马军不仅没有惩罚野蛮人，报复他们对国土造成的破坏，反而将一个省份拱手让给他们，那么罗马的威势和皇帝个人的声望都会受到不可挽回的损害。如果瓦伦斯感觉实力不足以动手，他可以等待格拉蒂安的援军，这是当然之理。

事实上，我们还知道瓦伦斯拒绝了求和提议，出城攻打哥特人。一切都指向一个事实：瓦伦斯始终感到胜券在握，不管他是要打一场大战，还是想凭借占优势的大军迫使哥特人签订条约。

第二天早晨，瓦伦斯出城向哥特人进军，行军途中又来了两次菲列迪根的使节。当然，这两人只是无名小卒，而非哥特显贵，罗马人虽然对其并无真正的信任，但还是同意了菲列迪根交换人质的提议。据记载，两军对面列阵完毕之时，利齐美尔（Richomer）将军在另一人拒绝后说愿意承担这个危险的任务。据说，当罗马战线上的一处擅自开战，大战随后展开时，利齐美尔已经踏上了前往哥特军的道路。

这段记载不太可能发生。菲列迪根派出了另一位使节，这是可以理解的，不管他的意图是佯装恐惧，进一步引诱罗马人进攻，还是用谈判拖延时间，因为阿拉底亚斯（Alatheus）和萨夫拉克斯（Safrax）统领的骑兵队之前大概是被派出去劫掠了，当时不在阵中，然后恰好赶在战斗开始时归队。但我们必须问：瓦伦斯为什么会同意交换人质？

尽管瓦伦斯不想割地求和，但为了吸引哥特人的注意力，将其拖住直到格拉蒂安抵达，说明他有可能希望展开谈判。不过，在坚固的大营中谈判应该会更安全。皇帝可能是怕哥特人溜走，而现在他们既然逃不了，他也就同意了交换人质，目的不是用色雷斯来奖赏哥特人的暴行，而是让他们安下心来，保持集结状态，同时等待格拉蒂安的到来。不过，他为什么不早一些止步仍然是一个问题。

有人或许会得出一个结论：瓦伦斯虽然之前感觉胜券在握，可到了最后一刻，他意识到自己低估了哥特人，对方兵力远远比他过去认为的多。但这样的态度转变不可能在文献中被如此彻底地忽略,而且肯定会让皇帝立即停止前进。考虑到武器的攻击范围较短,两军距离必须近至几百步以内才能自行开战。但在那时,罗马大本营了解敌方兵力肯定已经有一段时间了。军队部署完成后的行动速度很慢,统帅如果在部署过程中不能亲自看到敌军兵力,就会派军官到前线去观察。临开战只有几个小时了,瓦伦斯对敌军兵力的掌握的确切程度不可能低于训练有素的军官给出的估计。此时,唯一有可能让罗马人意外的因素是阿拉底亚斯和萨夫拉克斯的骑兵,但文献中完全看不出这支骑兵的抵达与谈判的决定有任何关联。因此,罗马大本营直到最后一刻仍然自信有必胜的把握,这是无可置疑的。否则,他们肯定会提前停止进军,利用谈判之机将部队撤回营地,等待西罗马军的到来。如果说瓦伦斯在最后一刻还是同意了敌方提出的人质交换,或者说那时退军已经来不及了,那我们只能有一个解释:瓦伦斯大概从一开始就在纠结要不要等待格拉蒂安,如今看到摆好阵势的哥特军,他就神经崩溃了。

文献中完全没有记述这场会战的战术层面。我们只知道哥特骑兵首次突击就撕开了罗马骑兵的阵形(一部分罗马骑兵是瓦伦斯从叙利亚带回来的阿拉伯人),之后罗马军队几乎被屠戮殆尽。皇帝本人不知所踪,没有人知道他是怎么死的。

我们不能从罗马的惨败推出哥特人占有很大兵力优势的结论。我们不仅应该想起坎尼会战,也应该牢记一点:在古代,战败的一方通常会损失惨重,很容易被全歼。

即使我们不能指望从战斗记载中了解任何战术方面的内容,而且会战的政治-军事关系仍然不清不楚,但从军事史角度来看,这场会战依然很有意义,主要是因为它再次向我们展现了一名作为原生战略家的日耳曼酋长，另一个原因是兵力估计——哥特人只有 1 万人的报告，正是它引诱罗马皇帝发起了会战。

阿米尼乌斯将这个报告保留了下来，并补充说它是错误的，但他并没有告诉我们哥特军的实际兵力。由于他只在开头讲了之前有大批蛮族渡过多瑙河，而另一位同时期的作者，欧纳庇乌斯（Eunapius，第 6 章）①估计哥特人的适役人数近 20 万，于是现代学者们就认为这 1 万人只是先遣队，但阿米阿努斯从未提及这一点；事实上，从上下文就能完全排除这种解读。阿米阿努斯说罗马巡逻队确定自己看到的兵力不超过 1 万人，原文是"斥候称，据自己所见，他们总共有 1 万人（不确定斥候怎么会犯这样的错误）"。（"incertum, quo errore procursatoribus omnem illam multitudinis partem, quam viderant, in numero decem milum esse firmantibus."）这一报告说服了皇帝出兵进攻。如果我们将报告的意思理解为，巡逻队只是亲眼看到了一支数目不明的大军中的 1 万人，那么"不确定斥候怎么会犯这样的错误"和皇帝突然决定进攻就讲不通了。报告只是说，阿德里安堡一带驻扎了不过万人的大队蛮族。

但阿米阿努斯说报告是错误的。如果它还有些许可信度的话，那么错误肯定是有限度的。瓦伦斯攻击的军队——他以为自己对面只有 1 万人——不可能事实上有 20 万人，甚至 10 万人都不可能。

下述观点是站不住脚的：瓦伦斯以为自己在截击一支哥特人的劫掠队，却意外撞上了驻扎在别处的哥特兵主力。菲列迪根的遣使

---

① 欧纳庇乌斯，4 世纪希腊智术师与历史学家，代表作为《哲学家与智术师生平》（*Lives of Philosophers and Sophists*）。

行为证明他们要对付的不是劫掠队,否则阿米阿努斯的全部记载都要重新理解,而且瓦伦斯肯定在行军途中就会意识到错误。毕竟,哥特人发起的谈判为罗马人提供了两倍的时间和退走的机会。在战斗实际打响之前,罗马皇帝肯定都没有意识到自己的错误。

因此,瓦伦斯开战时显然认为敌军——菲列迪根公爵亲自统领,还派出使节的哥特主力——约有1万人。阿米阿努斯肯定地说哥特兵力要超过此数,但差别不可能达到3倍那么多,甚至两倍都不可能,因为哪怕是2万人和1万人的区别,罗马将领在进军途中肯定也会注意到。如果罗马人观察到了差别,却没有人建议先等格拉蒂安到了再说,此事殊无可能。如果有人提出了这样的建议,那么史料中肯定会有提及,并通过阿米阿努斯详尽的记述传下来。而在灾祸发生后,人们最起劲地宣扬的内容却无过于当初意见正确者的大声警告,而我们完全找不见这种内容,甚至没有正面记载说哥特兵力远远超过1万人,而只有"报告有误"这个极其笼统的表述。因此,报告的错误不可能很严重,大概主要与开战时才到来的那一部分骑兵有关。据此,我们可以说哥特兵力或有1.2万人,最多1.5万人。

上述结论得到了阿米阿努斯一处表述的确认。他写道,罗马进军途中曾发现敌军围起了圆形车阵:"发现敌军用车围成了圆圈,确认了斥候报告的信息。"("hostium carpenta cernuntur, quae ad speciem rotunditatis detornata digestaque exploratorum relatione adfirmabantur.")在前一年的战役中,阿米阿努斯用同样的方式描述了哥特人围成的圆形车阵:"许多车被摆成了一个圆圈。"("ad orbis rotundi figuram multitudine digesta plaustrorum.")(31.7.5)。在不能精确划定范围的情况下，我们还是可以说，这样的车阵只能围住一支规模相当有限的军队。将上万辆车围成一个圆圈要耗费许多天的时间，再加上地形限制，那根本是不可能的。从阵中走出也是同理，那只会让军队完全丧失行动自由。考虑到圆圈的大小，在车阵设立期间，每个人与他的车、车上的财物、他的牲畜都会离得很远，不仅场面会乱成一团，工事也根本无法使用。若要车阵保数万大军周全，肯定得分成几个阵，但阿米阿努斯在每一处都说只有一个阵。

哥特人的进军路线进一步确证了我们的结论。他们从卡比尔出发，向阿德里安堡的方向行军。今天有两条路穿过两城之间的山，分别在登萨河的左岸与右岸，都不在河谷内，反而有许多处远离河谷。⁴ 1829 年，迪比奇将军（General Diebitsch）曾在东路行军，当时也是 8 月份，与西哥特人一样。毛奇在记述这场战争的史书中（第 359 页）写道：

> 在帕帕斯科伊（Papaskjoi，今波波沃，Popowo）的远端，地形变得崎岖，有比较深的沟谷。当地大部分岩石都是裸露的，没有土壤覆盖，将热量都反射了出去，行军极其艰苦。土耳其人事先将当地服务旅人的水井尽数捣毁，部队缺水严重。最终，他们在走了 18 英里（约 29 千米）之后在小镇大山口镇（Bujuk Derbent）过夜，次日又休整了一天。第 7 军之前在库丘克山口（Kutschuk Derbent）就停过一次。俄军在这片石头荒原受的苦比翻越巴尔干山脉时还要多。天气热得受不了，发烧的人越来越多。大山口是一道极难穿越的狭径。

第二篇　民族大迁徙

毛奇写道（第 358 页），西边的另一条路要好走得多，但它在登萨河的右岸，而登萨河与马里查河在阿德里安堡附近交汇，只能从桥上通过（第 361 页）。

当时的基本路况必然也是类似的，当时所遇到的情形必然也是类似的，由此可得，哥特人只有一条可用的行动路线，那就是登萨河左岸经大山口镇的东路。他们既不能分兵两路，东西并进，也不能全军走西路。山路起于阿德里安堡以北 14 英里至 18 英里（约 22.5 千米至 29 千米）处的崇山峻岭，接着是丘陵地带，然后逐渐进入地势小有起伏的原野，阿德里安堡就在那里。两条路出山的位置相距约 9 英里（约 14.5 千米），之间是登萨河。如果罗马人偶然提前得知哥特人进军的消息，走西路的部队就会暴露于侧翼攻击之下，或者刚出山就撞上敌军主力。这时，另一路军会被深河登萨河隔开。即使眼前没有罗马军，这样的障碍也是很不方便的。据阿米阿努斯记载，哥特人走的是阿德里安堡和君士坦丁堡之间的道路，也就是西路，因此必须先渡过登萨河。

于是，假如菲列迪根是两路并进，他不知道自己会不会走出山路就撞上罗马军，那样一来，还没等左军赶来支援，右军就已经被打败了。但是，如果他们单走一路，而瓦伦斯已经守在那里，那么前军就只得先行开战，后军还要一两日才能赶上来，无力支援。只有当部队规模小到足够走一条路，整个行军纵队的长度不超过一日路程时，哥特人才会冒险进军。只有在这种情况下，一旦罗马人打上来，哥特人才能迅速部署迎战。

小部队做不成大军能做成的事，但大军也并非做得成小部队能做成的所有事。

根据毛奇的记载（第359页），迪比奇之所以在1829年进军阿德里安堡时取道东路，是因为这样不必渡过城市附近的河流，而且河水能保护右翼，抵挡任何来自菲利普波利斯可能的行动。378年，哥特人的情况如出一辙。他们想要绕过阿德里安堡，走上通往君士坦丁堡的道路。当他们从卡比尔开拔时，瓦伦斯要么还在阿德里安堡，要么刚刚踏上通往菲利普波利斯方向的马里查河谷道路。如果他偶然提早得知哥特人进军，他就可以在登萨河西侧的山路出口等着哥特人，这样一来，哥特人在出山和渡河时都会凶险万分。而走东路的话，罗马人肯定不会在哥特人进军途中找麻烦。

我们可以假定，哥特人进军时没有把全部辎重都带上。因为抢来的财宝、牲畜和奴隶，所以辎重规模肯定相当庞大，大概与护送队一起留在远离当前战场的东北边后方。独立部队有可能也不随主力行动，一批阿兰人发现了格拉蒂安部并发生遭遇战。但无论如何，肯定有一定数目的仆役随同哥特军主力，特别是存在大量妇女，很可能也有一些儿童。因此，即便战士不超过1.5万人，行军纵队肯定得有3万人，只走一条路，再加上大车的话，长度也会有整整一天的路程了。

现在回来看战斗结果。文献中没有讲哥特人的优势是什么，他们的骑兵为什么无可置疑地优越于罗马军，为什么罗马步兵没有像斯特拉斯堡会战那样坚持战斗。在斯特拉斯堡，罗马一方肯定具有相当的数量优势；而在阿德里安堡，我们可以假定双方的差别不会很大。接到敌军兵力只有1万人的消息时，瓦伦斯便自信胜券在握。因此，他的部队大概要比1万多上几千，阿米阿努斯也明确写道，罗马一方兵多且精。

第二篇　民族大迁徙

既然找不到一方完全战败的直接军事原因，我们就倾向于认为罗马帝国的内在政治弱点，也就是叛国，发挥了作用，或者至少是诚心不足。

当尤利安皇帝暴死于美索不达米亚时，军队先后拥立约维安和瓦伦提尼安，可瓦伦提尼安忽略了一点：尽管尤利安没有儿女，但其离世时却并非没有继承人。君士坦丁的后代里还有尤利安的表兄普罗柯比一支。普罗柯比起而捍卫自己的权利，最终虽然被击败了，但新都君士坦丁堡内有许多人表现出对他的同情，于是新兴帝室内部长期存在紧张关系。[5]此外，瓦伦斯是一名坚定的阿里乌斯派教徒（Arian）。当他第一批派出去反击哥特人的将军战败归来时，他们当着他的面说，战败的原因是皇帝不接受真正的信仰。[6]他率军离开君士坦丁堡时，有一名牧师来找他，要求将没收的教堂还给真正的信徒。牧师说，皇帝若是不归还教堂，就从战场上回不来。[7]不过，君士坦丁堡有传言称，由于皇帝在圆形剧场遭到斥责，所以他已经发誓班师时要将都城夷为平地。[8]这些故事是教会作家传下来的，细节上不完全可信。其中有一位教会作家名叫苏格拉底，他说骑兵背叛了皇帝，没有加入战斗。这一情节不能视为来自可靠史料的真凭实据，因为阿米阿努斯完全没写有背叛行为。尽管如此，执政的瓦伦斯皇帝肯定面临着来自两方面的挑战，感到自己的权势地位不确定。因此，如果我们认为阿德里安堡会战的结果——它有着无远弗届的意义——不是由纯军事因素决定的，而是受到了政治动因，也就是罗马内部政局的影响，那也算不得离谱。

4　军队兵力

正确估算大军兵力是很难的，对统帅来说，哪怕是点兵也并不像想象中那么简单。如果统帅只是把手下诸将报上来的数字加起来，那当然很容易，但问题是不知道这些数字是否可靠。一个对伤病人员、请假人员、退伍人员、非战斗人员有掌握和登记的组织不可能被凭空创造出来，就算被创造出来，维护起来也不容易。凯撒利亚的普罗柯比（Procopius of Caesarea）为我们留下了关于贝利撒留战绩的记录，他写道（《波斯战记》*De Bello Persico* 1.18），波斯国王有一种特殊的清点战士数目的方法。出征时，战士们一个挨一个从宝座上的国王面前走过，每人扔一支箭在国王身前的筐里，然后将筐封存。回朝时，战士们还是从国王面前走过，每人取出一支箭，这样就知道损失了多少战士。薛西斯将上百万将士赶到一个围场中的小故事比希腊人的传说少了些传奇成分，充分表明了获得可靠兵力报告之难。因此，根据文献来估算"民族大迁徙"过程中日耳曼各部的兵力规模是有益的，相关记载有不少。

特雷贝里乌斯·波利欧（Trebellius Pollio）①写道，公元267年有32万名哥特战士侵入罗马帝国。他还写道，朱通人（Iuthungi，晚期阿勒曼尼人的一支）进入意大利时对奥勒良皇帝声称有4万骑兵和8万步兵。奥勒良之后的普罗布斯皇帝亲笔致书元老院，说他在277年的战役中杀死了40万日耳曼人。

据希罗尼穆斯（Hieronymus）②记载，370年左右兵临莱茵河的勃艮第人有8万之众。

如前所述，欧纳庇乌斯称376年渡过多瑙河的西哥特战士有20万人。

普罗柯比（3.4）告诉我们，东哥特人进入意大利时同样有20万人，维蒂吉斯（Vitiges）率领15万人围攻贝利撒留防守的罗马城。

佐西姆斯说，公元404年，拉达盖苏斯（Radagaisus）率领40万人进入意大利；马尔切利努斯（Marcellinus）③说是20万；奥罗修斯（Orosius）④则说这支军队由多个民族构成，其中仅哥特人就有20万。

据约达尼斯（Jordanes）记载，公元539年，希尔德伯特国王（King Theudibert）率领20万法兰克人现身于意大利，但与贝利撒留照面后不战而退。普罗柯比说（《哥特战记》2.28），法兰克使节

---

① 特雷贝里乌斯·波利欧，《罗马帝王纪》（Augustan History）的署名作者之一，真实身份不详。
② 希罗尼穆斯（1516—1580），德国历史学家兼人文学者，以引介古罗马编史法著名。
③ 即阿米阿努斯。
④ 奥罗修斯（375—418），神学家兼历史学家。

甚至自称有50万战士。

约达尼斯说，451年时的阿提拉大军有50万人，《杂史》(*Historia Miscella*)① 给出的数字是70万。

文献中还有各种更夸张的关于日耳曼人的军队规模的数字，佐西姆斯（2.15）的记载也是如出一辙，他说君士坦丁皇帝率领不少于9万步兵和8 000骑兵进军意大利，并在米尔维安大桥打败了马克森提乌斯皇帝，尽管后者至少有17万步兵和1.8万骑兵。

文献中的记述符合给出的数字。阿米阿努斯是这样写阿勒曼尼人的（28.59）："他们是一个庞大的民族。自从初次现身，他们经受过每一种可能的失败打击，但新一代的年轻人总会迅速成长起来，让人以为他们好像几百年来不曾有任何损失。"紧接着，阿米阿努斯对勃艮第人做了类似的描述，之后对西哥特人也是如此（31.4），他说西哥特人像海滩上的沙子一样多。公元320年前后，纳扎利乌斯（Nazarius）② 对法兰克人也是同样的提法。[1]

另一组数字给了我们一幅截然不同的图景，我们必须将其与前面给出的数字做一比较。

我们已经发现，斯特拉斯堡会战中的阿勒曼尼人兵力约为6 000至1万，最多是1万；阿德里安堡会战中的西哥特人兵力可能在1.2万到1.5万之间，绝对不超过1.5万。

据同时代的马尔科斯（Malchus）记载，芝诺皇帝③（zeno）曾

---

① 《杂史》是10世纪末11世纪初的一名伦巴第历史学家的罗马史著作，最早由16世纪法国学者皮埃尔·皮图以"杂史"的题目结集出版。
② 纳扎利乌斯，公元4世纪的拉丁修辞学家。
③ 芝诺，474—475年及476—491年两度出任东罗马帝国皇帝。

与狄奥多里克大王（Theodoric the Great）的对手，东哥特首领狄奥多里克·斯特拉波（Theodoric Strabo）立约，规定后者为皇帝提供 1.3 万名战士，由皇帝供应粮饷。整体语境表明，这 1.3 万人就是东哥特主力。

教父神学家苏格拉底·斯科拉斯蒂库斯（Socrates Scholasticus）告诉我们，勃艮第人在匈人的压迫下皈依基督教，并借助新神的力量用 3 000 人打败了 1 万名匈人。

根据维克多·维滕西斯（Victor Vitensis）（1.1）的记载，盖塞里克（Gaiseric）率领汪达尔人渡海去阿非利加时做过一次人口普查，结果是 8 万人。但作者又说，只有无知之人才会相信这 8 万人都是持刃披甲的战士。事实上，维滕西斯说的这个数字里包含了老人、儿童和奴隶。过了不到一百年，查士丁尼皇帝派贝利撒留从汪达尔人手中收复阿非利加时给了他 1.5 万名士兵，而且连这些都没有全部用上。5 000 名骑兵足以重创汪达尔人，使其再也不能恢复元气。[2]

我们还可以为这组再加上一个数字。与前面讲过的君士坦丁率领 9.8 万人参加米尔维安大桥会战的说法不同，另一位同时代的人给出的数字是最多 2.5 万人。[3]

显然，我们列出的这两组数字是互斥的。如果四五世纪时真的有几十万人的大军，那么区区 1 万到 2.5 万人就不可能取得米尔维安大桥或阿德里安堡这样决定性的胜利。历史学家早就意识到了这是不可能的，但终究要做出一个选择，于是他们没有认可第二组数字，而是接受了第一组。[4] 他们相信，第二组数字很容易解释。说君士坦丁兵员不满 2.5 万人的那位颂词作者是货真价实的吹捧者。

说勃艮第人只有3 000名战士的教父想要证明基督教的上帝在弱者当中依然有力。说盖塞里克自号8万人是诈称的主教对汪达尔人充满敌意。狄奥多里克·斯特拉波提供的1.3万名东哥特人只是全族的一小部分。最后，报告给瓦伦斯皇帝的1万名哥特人也不是主力，而是一支分队。再说了，阿米阿努斯明白地补充说报告有误。

就我们而言，我们已经决定相信相反的解读。

更确切的文献批判考察已经表明，说阿德里安堡有1万名哥特人的报告指的不是一支分队，而是罗马人进入战场时相信对面的敌方全军就是1万人。从之后的经过来看，即便这一信念有误，偏差的程度也不会很大。

这场战役的战略局势进一步确证了上述结论。我们能够确定哥特人的行军路线，而且知道这条路线的条件绝不可能支持几十万大军的行动。事实上，只要一支部队的规模大大超过1万至1.5万人，行军就是不可能的。将部队围在当中的车阵的说法同理。[5]

阿德里安堡会战最重要的资料来源是阿米阿努斯·马尔切利努斯，就算有点错谬，他也是一个见多识广、值得信赖的人。

因此，我们发现的兵力规模——它得到了斯特拉斯堡会战的佐证——可以被认为是确切的，毫无疑问在我们设定的限度标准之内。这一点对其他数字同样具有决定性意义。如果说世界史中流传下来的数字往往是不确切的，那么它们总归有可以互相比对的优点。只要我们找到了一个可靠的、可供比较的数字，史册中常有的那些虚妄数字就会马上消散。如果阿德里安堡会战中的哥特军最多只有1.5万人，那么"民族大迁徙"期间数以十万计的兵力记载就可以全部丢掉，因为西哥特人无疑是日耳曼迁徙各部中人数最多、力量最强的部族之一。东哥特人和汪达尔人、勃艮第人和伦巴第人、拉达盖苏斯和奥多亚塞麾下的兵力都不可能大幅度超过西哥特人;事实上,大部分情况下肯定要远远不及西哥特人。

一部分西哥特人可能没有参战,甚至有一批西哥特人还留在多瑙河以北。但是,之前加入亲缘部落的东哥特人替代了这些人。

现在,我们必须更仔细地看一看史学界此前相对忽视的第二组数字。

东哥特首领狄奥多里克送入芝诺皇帝军中的1.3万人不可能只是哥特人中的一小部分。[6] 这种解读不过是日耳曼人数极多的流俗之见的产物。协议是皇帝强力施压的结果,皇帝的目标是挑拨两名对立的哥特人酋长之间的关系。当他与其中一位立约时,那这一位肯定是两人中较强的一位。如果他只提供了哥特人中的一小部分,那么大部分哥特人马上就会与另一位狄奥多里克联手,将战争继续下去,而不是任由自己靠边站。只有安抚占决定性多数的哥特人及其首领,皇帝才有希望把这些正在帝国腹心劫掠肆虐的蛮族征召来,对其发号施令。如果我们再来考察一下文献中1.3万人这个毫无疑问准确的数字,那么我们不仅不能将其视为一支分队的人数,反而不妨做一番猜想,也许这正是一种国土佣仆(Landsknecht)时期司空见惯的现象的早期案例:雇佣兵队长为了把更多的钱揣进自家腰包而虚报兵额。[7] 由于长期以来,并不是所有哥特人都追随这位狄奥多里克,所以他手下其实很可能只有6 000人到8 000人,尽管协议上写的是1.3万人。

如此来看,这个于史有据、重复出现的数字不仅排除了日耳曼大军数以十万计的概念,而且与我们对阿德里安堡西哥特军参战人数的估计,即 1.2 万至 1.5 万人完全相符。

取得东哥特领导权后,阿马里家族的狄奥多里克(Theodoric the Amalian)在意大利与奥多亚塞打了几年仗,军队纵横往来。有一次,东哥特人在帕维亚(Pavia)集结了全族的力量。如果他有 20 万战士,那全族规模就应该在 100 万上下。史家不以为意,用文献并没有说他们全在城内而是在一座城郊要塞的说法来自我安慰。[8] 哪怕在现代运输、公路、铁路、金钱、组织和补给齐备的条件下,若想了解在一地供养 20 万人几周时间意味着什么,那就应该读一读粮秣部部长恩格尔哈德(Engelhard)关于 1870 年梅斯(Metz)战役之前德军补给状况的回忆录。[9]

现在来看勃艮第人。既然可以排除"8 万说"了,我们就必须考察另一个数字是不是正确,也就是他们皈依基督教、击败匈人时只有 3 000 人。

雅恩(Jahn)在《勃艮第史》(*Geschichte der Burgunder*)一书中讨论了前一个数字,并据其得出了若干结论。[10] 更谨慎的宾丁(Binding)只说到这个程度:"明确了解诸罗马-日耳曼王国时期日耳曼各部与罗马兵力的对比是困难的。"但如果对兵力没有一个明确的概念,在 8 万人和 3 000 人之间摇摆不定,那么在事件经过和勃艮第人所处条件方面就仍然会有许多不清楚的地方。后一处记载(3 000 人)的文献价值当然很薄弱。苏格拉底·斯科拉斯蒂库斯教父让勃艮第人显得尽可能弱小的倾向昭然若揭,而且他本人对勃艮第人和事件发生的时代都没有准确的了解。他的叙述是用一句完全脱离历史环境的话结尾的:阿里乌斯派主教巴尔巴斯(Barbas)大约在同时去世,时为狄奥多西皇帝登基后的第十七任执政官,瓦伦提尼安登基后的第三任执政官,即公元 430 年。"大约在同时"这个表述无论如何都是错误的,或许要做极其宽泛的解读,因为勃艮第人早在 413 年就皈依基督教了。[11] 考虑到年代的模糊性,我们至少可以提出这样一个假说,即该事件的发生时间还要再晚几年,具体讲就是 435 年勃艮第人大败于匈人之后。据苏格拉底本人说,勃艮第人之前在匈人手下受了很多苦,被杀者甚多。

如果我们假设苏格拉底听到或读到的这个事件其实发生在 435 年之后,那么 3 000 人的数字就有现实性了。如果我们只是在讨论一个虚构作家编出来的故事,其目的是宣扬基督徒面对异教徒以少胜多的话,那我们就必须问一问,他为什么没有反过来写,将异教徒的人数编得大一些。不管在当时还是其他任何时代,反过来的写法在心怀偏见的作者中间都是普遍的主流,不这样写反而令人好奇。比如,如果勃艮第人实际上有 1 万人,然后苏格拉底写 1 万名勃艮第人打败了 3 万或 4 万名匈人,谁会觉得不寻常呢?但是,他写勃艮第人只有 3 000 名,这就只能解释为他有真凭实据。勃艮第人不是部落联合体,而是单个部落。他们被打败过两次——290 年左右被哥特人打败,435 年左右被匈人打败——文献中都描述为灭族之祸。[12] 他们第二次被打败时的国王是冈特(Gunther),这件事留下的印象延续了几个世纪之久,由此也可见,他们败得有多惨痛。当这个部族定居在那片至今以他们为名的地区时,文献中说,他们是迁入部族的"残部"(reliquiae)。综合上述各点,我们必须说,我们没有正面的理由来质疑 3 000 人这个数字,如果实际比 3 000 人多,差别也不会太大,最多肯定不会超过 5 000 人。

我们的研究与《高卢战记》形成了一个有趣的对照。恺撒给出的高卢和日耳曼军队的兵员数目也有彼此矛盾的情况。当然,一方只包括一个数字,其他数字都属于另一方。学者们认为必须相信在其中占据多数的数字,于是为了将数字调和起来,他们便采取权宜之计,改动了不协调的那一段的文字。对战术和战略情况的客观分析表明,恺撒恰恰是在那一段说漏了嘴,道出了真相(第5卷,第34章),我们必须把握好这个观点,不能将其余的数字都视为有意的夸张。

在他们的兵力概念中,历史上所有时代的人都一样。1829年,迪比奇翻越巴尔干山脉时,一名被派出去侦查的奥斯曼军官对帕夏长官回报道:"数清森林里有多少片叶子都比数清敌军有多少个人容易。"事实上,迪比奇手下有2.5万人。这段记载出自毛奇写的《1828—1829年俄土战争史》第345页及第349页。

当西哥特人渡过多瑙河时,阿米阿努斯用薛西斯进军的情景来描述他们的兵力。他说,古时候波斯王不能一个个地清点军队人数,在德里斯科(Doriscus)只能按单位来计算的日子好像回来了;自那以后从未有如此不可计量的大军绵延多个省份,将平原和大山都遮住了。既然我们已经证明,给阿米阿努斯及其同时代人留下不可计量之印象的哥特大军只有不超过1.5万名战士,算上所有被派出去的部队可能有1.8万人,那么从我们自己的角度出发,作者将其比拟为薛西斯进军或许也就可以接受了。我们或许还可以得出结论,波斯王麾下的战士没有210万人,没有80万人,没有50万人,也没有10万人,可能只有1.5万到2.5万人。文献学家信古不疑,但既然阿米阿努斯已经不算是古典作者了,对他加以批判怀疑就比对希罗多德要更容易。如果我们首先在考察阿米阿努斯时习惯了怀疑，之后再用其他时代的分析和心理标准来评判希罗多德及其同时代人士时，心里就会少几分亵渎先贤的恐惧感。

现在，我们要从现有的结论再推进一步，回溯到我们日耳曼人最早期历史中发现的数字，并在两个时代之间建立关联。人们一贯假设日耳曼人口在 400 年间有了显著增长，而且正是人口增长推动了"民族大迁徙"。我们已经知道，这个假设是完全错误的。就算是在迁徙期间，日耳曼人也不是很多。这是很自然的，因为他们的经济状况还和以前一样。自始至终，日耳曼人的首要营生都是打仗，而不是种地。如果他们在这一时期取得了显著的经济增长，那必然也会建立城市。但他们还是像阿米尼乌斯时代那样没有城市，而且只是很松散地依附于土地，因为他们主要是放牧打猎，农业成分很小。由于食物产量提升得很少，人口也不可能显著增加。全族总人口可以通过将领地扩张到黑海而倍增，但单个部落的人数、人口密度不可能显著提高，不会超过每平方千米 4.6 人这个数字多少。人口的自然增长在蛮族部落中很少——高生育率被同样高的死亡率所抵消——通常不会导致文明水平的提升，而是不断带来对外的压力：与相邻部落开战，与罗马开战，但吸收剩余人口的首要因素还是参加罗马军队。

就单支军队和单个部落的人数估算而言，一个令人烦心的因素是"部落"概念的不确定性。对早期来说，我们能够从莱茵河与易北河之间的部落数量推算出，一个部落的面积平均约为 2 000 平方英里 (约 5 180 平方千米)。在这样大的范围内，一个人能够在一天时间内来到部落大会的会场，而由 6 000 人左右组成的大会仍然能进行统一的讨论与决策。但这并不是说当时就没有土地大得多、人口多得多的个别部落。在那种情况下，部落整体是由酋长和长老会议代表的。不过，这种整体就很松散了。一个或少数几个氏族在长老或者一大批氏族在酋长的带领下都可能分道扬镳；同理，几个小部落或部落分支也可以组合成更大的单元。"民族大迁徙"时期也是如此。韦德米尔酋长（Prince Wedemir）带着一部分东哥特人加入了西哥特人；一部分鲁吉人（Rugii）加入了东哥特人；汪达尔人分成了斯林加部（Silingae）和奥斯丁加部（Asdingae），当他们渡海去阿非利加时还有阿兰人和哥特人相随。

因此，对于我们遇到的林林总总的部落，任何平均数目或通常数目都是得不出来的。我们能确定的只有一点：任何一个大迁徙时代的部落兵力都不会超过 1.5 万。1.5 万名战士加上妇孺，总数至少就有 6 万，再算上奴隶就是 7 万左右。要统一行动，这样一群人的规模就已经太大了，必须分成几批或者几路。由于战士只能短暂地离开家人和大车，所以领导者必须极其用心和谨慎才能将几乎全部战士集合在一起，大多数情况很可能只能集结二分之一或三分之一战士。

我们在前文将 3 世纪前中期的罗马帝国人口估算为 9 000 万。这是最小值，我们大可以假设人口多达 1.5 亿。如此庞大的人口竟然会被一个个男丁数目不超过 0.5 万到 1.5 万的蛮族部落击败，这果真是可以想象的吗？

我相信，世界史上意义最重大的结论莫过于：这就是事实。直到现在，对兵力的极度夸大让我们没有认识到这一点。事实上，模糊感觉到尚存疑点的学者们甚至曾从相反的方向摸索解释，试图通过缩减罗马的人口数来解释罗马人的落败，但那不是事实。当罗马帝国被规模很小的蛮族军队击败时，它依然拥有大量的人口和兵力。这一点对它之前和之后的世界史都有启示作用。

在第 1 卷中，我们确信就连最优秀、严守纪律、战术素养高超的罗马军团老兵也只能与同等数目的日耳曼军队打个平手。马略和恺撒之所以能征服日耳曼人，只是因为巨大的数量优势。但是，单凭数量优势仍然不足以取胜。我们现在要承认这一点。即便在三四世纪，罗马帝国依然能够轻松拿出 10 倍于敌的武装人员来对抗蛮族入侵者。我们或许也应该问一问，当时已经出现的以物易物的经济体系能否为这么多人提供给养，不过现在权且将其放在一边。我们只需要明白一点：一旦常备军，也就是有纪律的军团消失了，匆匆征召聚集起来的市民和农夫就绝对打不过蛮族。我们很难想象凶暴的哥特人、阿勒曼尼人、法兰克人、汪达尔人、阿兰人、苏维汇人和伦巴第人给和平的罗马人留下了何其骇人的印象。古代文明沦为尘埃，人民惨遭屠戮。罗马人告诉我们，哥特人将农夫拉犁的右手砍掉，伦巴第人在祭坛上玷污修女。但男人们、父亲们、兄弟们却无力保护财物、声誉或自己的身体。西哥特人逼近比利牛斯山时，有几位罗马贵族拉着手下的农夫试图挡住山口。[13] 奥弗涅（Auvergne）居民英勇地抵挡了尤里克（Euric）国王一段时间。[14] 当汪达尔人夺取阿非利加，威胁意大利时，瓦伦提尼安皇帝多次颁布敕令号召罗马人民自卫，这些敕令后来收录于法典之中，传承至今。第一份敕令首先承诺不会将罗马公民强征入伍，但公民仍然有协助修建城墙、守卫城墙与城门的义务。第二份敕令接踵而至，将可怕的盖塞里克已经从迦太基扬帆起航的消息公之于众。他们并非孤立无援，因为皇帝已经派遣埃提乌斯（Aetius）和西吉斯乌尔德（Sigiswuld）率军前往，但敌军不知何时就会登陆，鉴于信任公民保卫自身财产的力量和勇气，皇帝特允许公民自行武装，忠诚笃定，同心互助，保卫其土地与财物，此举不违背平时的公民法。[15] 贝利撒留在罗马城被哥特人围困时，市民主动拿起武器支持。贝利撒留悦纳了他们的好意，但没有将其编入战斗部队，因为他担心市民会在战斗过程中被吓倒，影响到全军。于是，他给市民们分配了一个只能看、不能打的位置，摆出一支军队的样子，从而吸引一部分敌军兵力。[16] 据我们所知，罗马人——哪怕只是被抓的壮丁——尚有胆量尝试与日耳曼人交战的例子只有这些了。面对日耳曼楔形阵或大队骑兵的狂暴突击，人数再多的罗马单位也会作鸟兽散，这一点从一开始就是明白的。"越厚的草越好割。"阿拉里克（Alaric）这样回复试图凭借庞大数量吓退自己的罗马人。[17]

可以这样说，当年恺撒的军团不愿出发与阿里奥维斯塔交手，他们感到的恐惧在"民族大迁徙"发生的事情中得到了迟来的合理化。之后几百年的种种事件一再要求我们从"职业军人无比优越于无纪律征召兵"的视角去考察，我们确定的"民族大迁徙"时期蛮族兵员数目再一次让我们懂得了这一点。

5　民族大迁徙时期的日耳曼军队

　　日耳曼部落好战的游牧生活必然会对其社会状况和政治组织产生强大的影响。在他们的老家，由长老领导的氏族各自生活在村庄里，而长老也是共同体内自由人中的一员。一批这样的氏族构成了部落，部落上有一个或几个酋长家族，有战事则从中选择一人为公爵。这种简单的制度安排之前还能行得通，但面对现在的军事远征就不够用了。

　　即便在最古老的时候，从酋长或公爵的领地发展成王国也是常有的事，这种王国要么世袭传代，要么消散无形。如今，长久延续的君主制势在必行。日耳曼部落面临的战略使命总是与政治紧密相关，既有与其他部落的关系，也有与罗马帝国——罗马皇帝，或者争夺宝座的各路皇帝或伪帝——的关系。如果日耳曼人作为一个战斗单元、一支部队进入罗马或拜占庭之主麾下服役，那么该部国王就会以日耳曼酋长的身份被任命为罗马将帅，成为部落与帝国之间的纽带。东哥特国王狄奥多里克大王就是奉芝诺皇帝的命令，以宫禁军总管（Magister militum praesentalis）的身份进军意大利的。[1]

但是，这些新建立的君主国之间有着显著的性质差异。

汪达尔王盖塞里克在位近半个世纪，但他没过几年就丢掉了自己只是皇帝属下阿非利加总督的伪装。建位称号的他有足够强的实力来创立完全独立的自家王朝。他发布的继位令当然不是基于长子继承权，但也明定了尊卑之分，而且确实得到了遵守。最后一位汪达尔王格里马（Gelimer）是他的曾孙。

东哥特王狄奥多里克的实力当然不亚于盖塞里克，但他没留下儿子，连女婿都没有。他将王位传给了外孙，由外孙的母亲摄政。但是，当幼王艾萨拉里克（Athalaric）未及成年就去世时，阿玛拉逊莎（Amalasuntha）保不住自己的太后之位，恰逢与查士丁尼皇帝的战争爆发，于是东哥特人就回归了纯粹的选王制。

西哥特人同样延续了选王制，中间只有几代世袭国王打断选王制。

法兰克人则经历了完全不同的发展过程。汪达尔王国和哥特王国都是由一个征服者部族建立的，法兰克王国则是由一名征服者国王建立的。法兰克王国境内的日耳曼人比其他王国都要多得多，但大部分要么留在原地，要么虽然进入以前的罗马境内，但也只走几天路程的距离。墨洛温王朝的君主（Merovingian monarchy）不是阿拉里克、盖塞里克或狄奥多里克那样的统兵国主，而是源于一个部落的酋长，即萨利安部的克洛维（Clovis the Salian），他的功绩在于被许多其他亲属部落承认为王，而且征服了一大片罗马土地。这就断绝了回到选王制的可能性，因为根本没有军人大会。推举维蒂吉斯、托提拉（Totila）或泰阿斯（Teias）为王的军队包含了大部分哥特人，以至于这样的推举可以被视为人民意愿的表达。而从法兰克王国建立以来，聚集在法兰克国王麾下的军队就只占全体法兰克人的一小部分。墨洛温王室数百年男嗣不绝，一个强大的世袭王朝就这样建立了，即便王国经历多次分裂和内战，王室却延续了下来。

制度变动自上而下地席卷了日耳曼人的整个政治和军事体系。

我们前面估计西哥特人的兵力在1万至1.5万之间。这样一支并非短时出战，而是常年征伐，穿梭敌境的队伍需要比百户更完善的组织形式。国王或公爵不能直接将命令传达给100个长老，必须有非临时的常设机构负责上传下达。同样地，最小的单元也不能是百户。罗马百夫长手下有一整套初级军官、士官和一等兵的班子。即便是只有100人的现代连队也至少需要2名军官和10名至12名士官。但日耳曼的百户当然要比罗马的百人队大得多，而且往往不只是人多的问题，最重要的是百户很可能包括全部的家属。罗马百夫长只需要管好手下兵丁做事。士兵的武器、军饷、给养都由军需官负责，百人队最多负责分配、监管和维护。大多数情况下，日耳曼百户要自筹给养——统帅基本不设也不管军需部门——而且不仅要管战士本人，还要管战士全家。就算劫掠得再狠，如果没有规模庞大的村社经济，那么供养这么多人是完全不可能的。他们在老家生活的农业村社现在不够用了。他们不仅要以集体为单位抢夺然后瓜分战利品，而且要以集体为单位持续供应大量补给。假如要单个家庭自己养活自己，全军马上就会分散开来，成为敌人的囊中之物。抢来的财物必须进行持续的分配，先分给各个百户，再由百户分给个人。派出去的人马不得不是小股，但抢回来的东西则必须视为集体财产并进行相应的分配，这样才能保持主力聚而不散。至于百户对内和对外的各项事务，长老还需要手下的管事去做。

因此，在日耳曼人最初的政治架构中没有百户以外的划分，现在国王会任命高级官员来指挥更大的单位或管辖更广的地域，即"王伴"（comite），也就是"伯爵"（count），王伴之上是"公爵"（duke），但并不是王伴的上级，其地位完全取决于个人位阶和执掌。

不过，我们在更低一级发现了指向真正军阶的迹象，至少有一个民族是这样。在流传至今的很多西哥特法典中，我们都发现了千户（thiuphadi, millenarii）和十户（decani），分别是百户的上级和下级。

我们还发现有"五百户"（quingentenarius），它不应该被视为千户和百户之间的一级长官，而是因为相当一部分千户远小于其他千户，所以才做出这样的区分。

从十户到百户，从百户到千户，千户之上、王伴或公爵之下可能还有一级。我们不能将上述构成理解为班、连、团、军这样整齐划一的编制架构，其中的一级必然具有和保留了完全不同于其他层级的特性。那就是原始的基本组织——百户。

当然，即便在我们这里，连队也具有重要的差别，精神凝聚力要比班或者营高得多。日耳曼的百户更是如此。十户只是百户的下属单位，千户则是为了指挥灵便而集合起来的百户。但是，百户是独立的存在。几个百户可以用这样或那样的方式派属到一个千户下；一个百户也可以用这样或那样的方式划分成几个十户。但是，百户是不能被轻易打散或编成的。编成百户是不可想象的，因为百户同时也是自然而形成的产物，也就是氏族。分割百户要容易一些，但那必然是一件了不得的大事，而不是简简单单的小事，因为百户不仅是自然的军事单位，它还是经济单元。对于军事远征所需的村社经济活动来说，千户太大，十户又太小，只能有一个适中的单元，一个履行该职能的组织。随行的牲畜、大车、给养、武器等共有财产只能属于百户。因此，千户长只在军事和法律方面是百户长的上级，而十户长只是百户长的代官和工具。比如，千户和十户都不能有效地表达公共意志。尽管上面有千户，下面有十户，但百户基本上仍然和以前一样，甚至在"民族大迁徙"期间也是如此。

达恩（Dahn）已经发现，当哥特人在西班牙和意大利定居下来时，家族或氏族明显仍然扮演着重要的角色。[2] 在法律事务以及与外敌修好关系、降服、抵抗外敌——在这些情况下，多个相对独立的团体会自行组成小规模的、极其巩固的有机单元——等情况中，氏族行使着重要的职能。我们从后世的西哥特法律中还能发现百户长在古代的重要性。法律规定弃军逃亡的百户长应判死刑，千户长只字不提，十户长罚金为5个索利达金币（solidi）。

法条还规定，收取的罚金——包括千户长和十户长缴纳的部分——要在百户内部分配。因此，百户是真正的共同体。

我们只在确实远走他乡的民族中发现了千户，也就是哥特人和汪达尔人。同样的词有可能在两个民族中有着不同的含义。[3] 无论如何，最好的解释是迁徙的军事需求。就此而言，我们不必要从种族上区分东日耳曼人和西日耳曼人。不管百户与其上下级单位的区分是多么得明确，我们仍然必须做出这样的假定：从现实角度来看，上述区分和名称很快就自相混淆起来。起初人数相等的单位后来变得很不平均，这是战争的自然结果。经过了1814年的半年战斗，西里西亚集团军的14个民兵营被编为4个营。可见，现代军队的编制不时地要进行这样的平均化整编，日耳曼的军队中或许有时也会发生同样的事。盖塞里克率领部民迁徙阿非利加时的千户就是这样的组织，我们在前文中有过解释。

于是，我们被引向了一个观点：尽管百户在迁徙期间依然重要，但它们的日子已经屈指可数了。赋予百户新生的状况同时也在将百户推向解体。来自上级的组织意志约束着百户。在战争、迁徙以及最重要的一点，在整个百户的首脑，也就是长老的影响下，许多百户都解体了。

除了少数酋长家族，古代日耳曼人没有贵族，长老是自由人中的一员。而到了"民族大迁徙"时代，我们在日耳曼人中间发现贵族势力远胜以往。我们能够设想出这一新兴阶层的两大根源：国王侍臣和长老家族（hunni families）。毫无疑问，一大批贵族源自为新兴君主服务得人：为宫廷、军队将校、行政管理而设立的官职带来了名望财富并演变为世官。后文会详谈这一主题。

但是，"民族大迁徙"时期的君主制本身还很年轻，从中不足以迅速崛起一个全新的阶层，一个以先祖为地位根基的阶层。这种贵族必然要更古老和更独立，只能是过去的族长（heads of clans）。毕竟，即便是在古代，酋长家族（Princely families）与长老家族就有彼此融合的倾向，哪怕两者有着看得见的差别。每当一小批百户在一名酋长家族子弟的带领下脱离原来的部落，或者一个百户规模变得太大而分家的时候，几个新的百户家族就会冒出来。但是，最早成为名门富户的长老家族地位要更高，类似情况在各处都有发生。[4] 民族大迁徙以及民族大迁徙之前，劫掠罗马地盘的成功行动都会抬升长老家族的地位，使其高于大众而近于酋长。于是，从长老中就产生了一个古时候没有的贵族阶层。

氏族村社经济只能完全由族长，也就是长老操持，除此别无他法。古时候，氏族成员出征归来后要瓜分战利品，由长老在当时所有人的嫉妒目光下主持，分完以后，一切如常。现在，大部分战利品根本不会分给大家，而是由族长掌握和管理，按照他的判断和需要再分发。在持续作战的情况下，控制和控诉族长都难以施行，而且每个人都要仰赖长老的独断，因为再也没有人能靠自己生活了。在老家，他们很少种地，主要靠放牧为生。现在，他们经常连续多年根本不种庄稼，而且除了役畜，只有少数牲畜能随同远行。拉采尔（Ratzel）在《政治地理学》（*Politische Geo raphie*）第63页写道："迁徙会带来许多损失，1874年，布尔人（Boers）从德兰士瓦（Transvaal）向西迁徙时带了1万头牛和5 000匹马，1878年到达马拉兰（Damaraland）时只剩下了2 000头牛和30匹到40匹马。"

当东哥特王狄奥多里克将逃避克洛维的阿勒曼尼人残部安置在雷蒂亚时，他命令他们穿过雷蒂亚时用自己的牲畜交换诺里库姆（Noricum）市民的牲畜（"itineris longinquitate defecti…ut illorum provectio adjuvetur"："饱受长途奔波之苦……前行必须有补充"）。[5]

汪达尔人从多瑙河出发，翻越比利牛斯山，最后到阿非利加的过程中绝对不可能一路赶着奶牛和各种小牲口走。同样地，西哥特人从黑海出发，横穿巴尔干半岛和意大利，越过阿尔卑斯山到高卢和西班牙的途中也不可能做到这一点。当然，他们经过的土地相当富庶，足以养活几千户日耳曼人，但这毕竟有一个前提，那就是统帅要把一部分精力投入到维持秩序和分配食物上。统帅必须将配给分发到个人，同时确保接下来的几天、几周补给充足，要预备几个月的分量或许也是常事。除了食品和财宝，日耳曼人从不习兵事的罗马人那里能得到的最重要战利品就是人口本身；罗马人沦为奴隶，被迫随行。在人口稠密、缺乏守备的地区，如果他们养得起的话,他们就能抓到几十万俘虏。不过,一支日耳曼军队,比如,它有1万名成年男子和3万名妇孺,如果再加上3万到4万名奴隶,那么它的机动性和战斗力会变成怎样?[6] 我们可以设想,长老会尽可能多地占有所需的奴隶,以便为社群服务。但自由人个体更希望将自己的战利品换成首饰、宝石、黄金和武器;除此之外,只要他还在迁徙,他就必须继续过着之前的朴素生活。

于是,迁徙过程的状况导致长老的威势、权力和财产大大超过了普通人。根本上说,他的财产无疑是公产,属于整个氏族,但这些财产的处置权由长老独享,这种公产与私户的区分也就逐渐淡化乃至泯灭了。长老是富人,富而愈富,并将财富留给了家人。

古时候,长老无疑是选举产生的,但过不了多久,人民选出来的长老常常就会同出一族。选举制就这样逐渐发展成世袭主张,乃至于世袭权力。既然长老家族已经主宰了全族的经济活动,几乎要供养全族的生活,那么当一位长老去世后,跳过他的家族,从普通人中另选长老的可能性就微乎其微了。长老之位自然会父子相传,在这种情况下,长老家族就不再是自由人平民中的一员,而是有了特殊的地位。那就是贵族的地位。人民过去只有酋长贵族,现在又有了低一等的贵族。

如前所述,由于多少具有偶然性的特殊原因,汪达尔人形成了大迁徙各部中最强大的王权。上层贵族(贵人派,Optimates)两度反抗盖塞里克,但都被击败和被降服(公元442年)。

巴伐利亚人(马克曼尼部)、阿勒曼尼人(施瓦本部,Swabians;赫门杜里部,Hermunduri;求桑吉部,Juthungi)、法兰克人(沙马维部,Chamavi;查图里部,Chattuarii;巴达维亚部;苏加布里部，Sugambri；乌毕部；登科特里部，Tencteri；玛尔西部；布鲁克特里部；卡狄部）只是迁移到了不远处的相邻地界，或者其实并没有迁徙，不过是扩张到了原有地域之外。于是，他们根本没有将罗马化的凯尔特人，甚至还有罗马化的日耳曼人原住民从他们抢占的地盘——起自莱茵河与多瑙河两岸，直到阿尔卑斯山、孚日山脉和英吉利海峡的入口——赶走。很多情况下，原住民与征服者生活在一起，逐渐日耳曼化或者重新日耳曼化。我们后来发现有一些依附于日耳曼贵族的大庄园，它们往往还能看出罗马村庄的样子，最主要是在巴伐利亚，前面提到的其他地区也有。[7] 这一过程必然与征服有关，也就是说，罗马人的村庄请求日耳曼酋长或长老庇护，以臣服和贡品作为回报。从最早开始，这种依附关系和利用非自由人劳动力的形式就普遍存在于日耳曼人中间。我们不需要假定只有少数酋长家族（李提家族，Liti；阿迪奥尼家族，Aldioni；巴查尔基家族，Barschalki）才获得了大庄园佃户上交的贡品；百户长同样可以提供庇护，抓住机会成为奴隶主。由于巴伐利亚人和阿勒曼尼人占据南德意志地区时还不存在以酋长为首的统一组织，所以奴隶主阶层发展得尤为强势。斯特拉斯堡会战时，阿米阿努斯可以说阿勒曼尼人由 7 个王（reges）和 10 个 regales 统领。这些王显然就是塔西佗所说的"principes"，也就是阿米尼乌斯那样的酋长。至于"regales"这个词的意思，我们只能略过了。无论如何，公爵直到后来才成为常设的最高掌权者，高于阿勒曼尼人和巴伐利亚人的其他贵族；阿勒曼尼公爵很快就再次消失了，而巴伐利亚公爵很可能是被法兰克人征服之后才创设的。巴伐利亚和阿勒曼尼法典都承认贵族应得更多贡品。在巴伐利亚人中间，后来除公爵家族之外还有

5 家大贵族。

在不列颠岛上,原住民与日耳曼征服者的关系类似于巴伐利亚人和阿勒曼尼人;一部分原住民作为属民生活在日耳曼人中间,逐渐就被同化了。过去的酋长家族上升到了小王的位置,过去的长老则成了上层贵族,也就是伯爵(earl)[①]。

与占领过程相关联,莱茵河左岸的法兰克人地区也形成了大庄园,[8]但受到崛起的墨洛温王室压制,于是与同时期的其他所有日耳曼部落不同,这里没有发展出贵族阶层。国王只通过手下的伯爵施行统治;长老(hunno 或 tunginus)则沦落到村长的地位。

我们在日耳曼人的初始状况中发现了王权和大贵族发展的机会,两者在"民族大迁徙"过程中都出现了:规律是王权越强,则贵族越弱,法兰克王国是贵族衰弱到完全不存在的极端情况;王权越弱,则贵族越强。巴伐利亚人和阿勒曼尼人根本没有国王,盎格鲁-撒克逊人有多个小王,西哥特人则是选王。

不管是哪一种发展过程,有一样东西是到处都在逐渐消失的:古代日耳曼政治体系的基本单元,氏族-百户。在新兴贵族阶层已经形成或正在形成的时候,它便在脱离自己生发的土壤。自然地,国王设立的高级官职有不小的部分会由这些贵族充任,于是以服务王室为根基的贵族与出自民众的贵族便彼此融合。即便百户现在选出一位新长老,或者继续选即将离任的旧长老,甚至由国王指定一名长老,关系都不会和以前一样了。新长老的祖上没有出过长老,

---

[①] "earl"和"count"在汉语中通常都翻译为"伯爵",前者是英国贵族制度下的名称,后者是欧洲大陆的称呼。

财产也不多，只能从底层重新来过；他又成了单纯的管事之人，而百户本身与长老不再有宗主关系，于是变成了一个更松散的组织。

长老当年与氏族自我疏离，如今留下了一盘散沙。他并非一个人离开，而是会带上一批才能卓越的人作为自己的随从，为自己服务。这种主从关系因战争而成为可能，其动力则是政治抱负。军事架构——例如合百户为千户，分百户为十户——进一步削弱了百户的力量。如果百户长不再有根底，而是来自任命，那百户就更弱了。

最后，在夺取的广大地域上定居和扩张对旧的百户制度造成了毁灭性的影响；它的一切存在条件都改变了。

百户不再聚居于一处。共同体不复存在。在罗马境内，日耳曼人散居于罗马化的人民中间。在日耳曼的地界，他们开始排斥军旅生活，越来越倾向于耕种土地。大的氏族村落分成了几个小村，每个人都住在自家田地附近。新贵再也不能从族长中产生了。如今，百户只是作为宗域下的片区存在，最后也走向了消亡。

在最早的时候，氏族是共同体，土地公有，大家一起生活，一起劳作，一起做生意，一起打仗。氏族成员不可能是真正的亲戚，论血缘可能离得非常远。现在，共同体生活结束了，特别是土地公有制转向土地私有制，于是发挥氏族仅存的功能——福利、监护、偿命金——具体的界限就必须树立起来。各个部落的做法有所不同，有的部落将五服之间的关系定为氏族的边界，有的是六服乃至七服。

后世史料中，我们有时在战斗中看到这种古代的氏族集体。在

《贝奥武夫》[①]中,氏族内有一人怯战,全族都要受罚。[9]但随着"民族大迁徙"的结束,作为军队单位的氏族失去了最后的踪迹,只留下了名字[军队(troop)与村庄(Dorf)是同源词]。

---

① 《贝奥武夫》是一部讲述同名斯堪的纳维亚英雄事迹的史诗,成书于8世纪左右。

6 日耳曼人与古罗马人的混居

如果说部落作为整体进入罗马军队服役是导致古典世界衰落、独特的新政治体系（古罗马-日耳曼体制）最终形成的决定性因素，那我们仍然不可能为该进程定出一个明确的开端。罗马人从最早的时候起就与边境的蛮族结盟，约定共同抵御侵犯当地的外敌，既保卫了蛮族自身，也保卫了罗马帝国。从与留居本土的部落立约开始，下一步就是将这些部落迁到边境，然后进一步内迁，为其划定一片区域，最后与罗马人混居。

通常认为，"民族大迁徙"的开端是西哥特人在匈人的压力下来到多瑙河畔，进入罗马境内成为帝国的盟友，但之后在阿德里安堡会战中击败了罗马军队和罗马皇帝本人。不管是罗马接纳哥特人，双方发生冲突，还是哥特人取胜，这些都完全不是新事物。尽管如此，它仍然是决定性的时点。之前发生的类似事件没有直接的、延续的后续影响；蛮族退了回去，没有留下任何影响，所以只是"民族大迁徙"先声而已。

但是，阿德里安堡战败后，罗马帝国再也没有恢复元气。尽管狄奥多西再次重建了皇帝对外的威势，帝国又延续了几代人的时间，但随着独立日耳曼王国在罗马土地上建立起来，日耳曼人的运动虽然一时得以停止，后来却走上了高潮，而且日耳曼人再也没有被打退回去。

罗马人与西哥特人的冲突因食物供给而起。被谴责供应不足的罗马官员到底有没有过错，这个问题我们放在一边，因为哪怕官员的目光再长远，心思再细密，供应包括妇女、儿童、奴隶在内的全族所需都是一项极难的任务。哥特人提出的要求也绝不客气。

看文献的话，我们不清楚在阿德里安堡遇害的瓦伦斯皇帝的继任者狄奥多西最后是怎样解决哥特人的。据说他打了几场胜仗，但肯定不是大胜。哥特人留在了罗马帝国境内，而且重新为皇帝服役。某些地区被划给了哥特人。原住民或者因为先前的劫掠而被迫离开，或者在官员的命令下撤出。我们必须设想哥特人在这里，在罗马腹地过着和他们的祖先一样的生活：住在简陋分散的村落里（除非他们还住在自己的大车或罗马农舍中），主要靠放牧为生，不事农耕，罗马方面会提供谷物接济。当然，他们的数目不会很大。聚居于一处，长期供应是很难的；但当他们分散开来居住时，为其提供住所和更多食物就变得可能了。

但是，罗马帝国机体内的这个异物不久又闹出了动静，这是自然会发生的事。新的冲突爆发了。这些日耳曼战士向来觉得流血强取比流汗苦干更光荣，如今周围满是触手可及的精美物件，他们怎么可能放着不动呢？

阿拉里克率领西哥特人进军意大利，将罗马城付之一炬；阿陶尔夫（Ataulf）又率领他们从意大利转往高卢。他们到达时，汪达尔人、阿兰人、苏维汇人已穿过无人守卫的高卢,到西班牙定居去了。

关于5世纪期间被日耳曼人占领的前罗马行省的情况,勃艮第人留给我们的信息最多。他们有一部《编年公告》(*Notices of the Choronicles*)和一部法典《贡达巴德法典》(*lex Gundobada*)流传至今。

勃艮第人源于日耳曼东部地区,首先移居沃姆斯(Worms)一带的莱茵河左岸,结果在冈特王的统领下惨败于匈人;几年后(443年),埃提乌斯将其安置于萨泡蒂亚(Sapaudia)的新家,也就是今天的萨伏伊(Savoy)。编年史家普洛斯珀·提洛(Prosper Tiro)告诉我们:"将萨泡蒂亚赐予勃艮第人残部,让他们与萨泡蒂亚的原住民分地而居。"("Sapaudia Burgundionum reliquiis datur cum indigenis dividenda")

14年后(456年或457年),另一名熟悉该地区的编年史家阿旺什的马略(Marius von Avenches)记载道:"今岁,勃艮第人占据高卢一部,与高卢诸元老分其地。"("eo anno Burgundiones partem Galliae occupaverunt, terrasque cum Gallicis senatoribus diviserunt.")后来又有一位编年史家弗莱德加(Fredegar)说,勃艮第人是被想要摆脱沉重税负的罗马人自己请来的。

根据这些记述,勃艮第人两次——第一次是定居萨伏伊,第二次是拓展到里昂和罗讷河以外——都不是作为征服者到来的,而是与罗马人签订了协议。同时期的阿兰人,[1] 以及419年移居加龙(Garonne)河的西哥特人也是如此。

具体的移民协议条款没有流传下来,但它们与文献中提及的罗马军队借宿民宅的规程存在关联,都被称为"hospitalitas"。贡达巴德王(473—516年在位)在法典第54款中规定:"本族分得三分之一的奴隶与三分之二的耕地,凡已经从本族或祖先获得奴隶与耕地者,不许向分得居住地的土民索要三分之一的奴隶或三分之二的耕地。"他还说不少人无视这条命令,因此,他要求族人归还非法强占的土地,以便向来受苛待的罗马人得以安居。

同样地,西哥特法典中也有一条规定,田产在哥特人与罗马人之间的划分落实后便不得改变;罗马人不能索要属于哥特人的三分之二,哥特人也不能索要属于罗马人的三分之一。

最后,我们了解到奥多亚塞之所以废除了末任罗马皇帝,是因为日耳曼人索要三分之一的土地,而罗马人不同意。勃艮第人和西哥特人都拿了三分之二,因此,奥多亚塞的部民只要三分之一好像已经够少的了。

此处正是历史文献的关键内容,我们必须凭借它得出一幅关于日耳曼人是如何散居和定居于罗马人之间的图景,之后的整个历史进程都由此奠定。

关于罗马帝国境内的农业组织形式,有三类田产需要考虑:小农的田产,小农要靠自己和家人耕种土地,可能还有一名男性或女性奴隶帮工;一般地主的田产,一般地主有奴隶为其劳作,自己不用下地,只是进行日常的监督指挥,如果住在城里的话,就委托一名经理督促耕作;最后是大地主的田产,大地主或许也会像一般地主那样亲自经营田产或由经理代管,但大部分情况下还是会将田产分给佃户,佃户是半自由的奴隶,耕作方式和小农一样,部分收成要交给地主,还要按照需要为东家服劳役。在这三类里面,第一类无疑非常罕见;前自耕农大部分都沦为佃户,这样做当然失去了完整的自由,却从富豪地主那里获得了强大的经济支持和法律庇护作

第二篇 民族大迁徙

为回报。第二类是大规模的奴隶劳动,这种劳动形式即使还有零星存在,肯定也不常见,只有自己住在城内、城外有田地的公民才会经常使用。绝大部分土地都属于由佃农耕种的大地主。[2]

显然,能分给勃艮第人的只能是第三类。佃农不能分地,因为分了地他就无地可用了。要是分到的地还及不上一名佃户的全部租地,勃艮第人至少有一条不会满意:那样一来,他就必须自己下田了。毕竟,他不是被叫来种地的,而是专门当战士保护地方的。甚至到了70年后,勃艮第王西吉斯蒙德(Sigismund)在写信给阿纳斯塔修斯皇帝(Emperor Anastasius)时依然将族人称作帝国军人(milites)。日耳曼人之前很少进行耕种,男人更是不干农活。他们主要靠放牧和打猎生活。于是,他们要随时做好集体上阵的准备。要是成了农民,他们就不能这样做了,在许多时节,农民如果想要种好庄稼,就完全不能离开土地,其他的时候也只能短暂离开。但是,如果勃艮第人出征时只带空闲下来的人,那样人数就太少了,做不成事;上阵的时候,他们必须带上尽可能多的兵力。

但是,他们的人数还是太少,不能占满大片土地。勃艮第人当然没有在443年就马上去占地,但在之后一代人的时间里做到了这一点,采用的方法是向每一个先前的农庄里插人,一个勃艮第农夫对应一个罗马农夫,最起码有一大部分农庄是这样做的。雅恩(《勃艮第史》1:389)按照过去被认为可信的最好数目估计,443年迁入该地区的勃艮第男丁计9.39万名(总计28.17万人)。但因为我们估计的男丁数减少到了3 000人至5 000人,所以定居过程的整个前提条件都完全改变了。

最后,我们得出的结论是勃艮第人占领土地是分阶段逐步进行的。西哥特人也是如此，他们最初定居在加龙河畔，之后逐渐占领了直到卢瓦尔（Loire）河和罗讷河的全部土地，向南则越过罗讷河到达阿尔卑斯山，最后拿下了西班牙大部。我们不可能假定一个满足于耕种被分得的农庄，从此安顿下来的部族会在短短几年后就再次全体迁移，到别处去占一片差不多的土地。恰恰相反，东哥特人与查士丁尼皇帝交战时曾说，他们愿意撤出整个意大利，只要波河（Po）以北的土地就心满意足[3]：这足以表明，尽管他们在意大利已经居住了50年时间，但还是没有办法作为农民安居在那里。

那么，在由一定数目的奴隶参与耕种的中等大小的田地上，分地有没有可能发生？这种情况也是很难想象的。中等地主主要住在城里。按照显存的管理条例和税则，这些地主要缴纳田赋，如果地产不再归其所有，则免纳此税。[4] 但是，从罗马人和日耳曼人的角度来看，分割这种中等田产都是不可接受的。

接管这种田产的勃艮第人会陷入尴尬的处境。他完全不懂种地的知识，个性也不适合耕作；安排日常农务、将收成卖个好价钱，尤其是必不可少的记账都不符合他的本性。他只能雇一个经理，但就连监督经理也超出了他的能力和兴趣范围。毫无疑问，新主人肯定不能对分得的三分之二田地进行有效的重组。蛮族人对大农庄只有一种可能的利用方式，那就是分给佃户耕种。据塔西佗记载，他们早在老家就熟悉这种耕作形式了。但是，佃农制不适合中小田产。即便在古代日耳曼地区，手下有一名佃农的普通自由民也很少；那样一来，他当然就要允许佃农建立家庭，收成不好的年份里除了佃农本人还要供养其全家，而歉收的年份可算不得少。大农庄的可支配物资很多，歉收时还有别的指望。另外，三四名佃农是养不起主人全家的，得有多得多的佃农才行。于是，在中等规模的农场里耕作的农夫不是佃农，而是雇工。从任何一个方面看，靠佃农耕种都是大规模的活动。

据此，唯一适合与日耳曼人分成的农场类型就是由佃农耕作的大农庄。

我们在前面引用过勃艮第法典里的一条，要求罗马人交出三分之二农田和三分之一农夫。该条接下来又规定，罗马人与勃艮第人各得农舍、果园（葡萄园）、森林和林间空地的一半。三种不同比例的划分——三分之二、三分之一、二分之一——必然是有特殊原因的，需要加以解释。[5] 具体的解释大致如下所述。

罗马地主交出的三分之二耕地主要是佃户的田地，余下的三分之一里面有部分是佃户的，但主要是自耕地，同时还保留了一半林地、果园和葡萄园。为了继续耕种保留地，他必须留下三分之二的奴隶，因为奴隶不只是下地干活，还要干家务活和手艺活，这部分人数是不能减少的，或者说根本不需要减少，因为大部分耕地都已经交出去了。

那么，勃艮第人要怎么用三分之一的奴隶耕种三分之二的土地？我们或许可以假设，勃艮第人自己带来了大量奴隶，可以填补耕种所需的缺额。但是，他们也可能进行了一种完全不同的安排。

我们已经看到，按照分地的前提条件和目的，只有大田产才符合其目标。

全体勃艮第人都能分到地，一个罗马大地主配一个勃艮第人，这是完全不可能的。尽管他们人数稀少，但做到一比一分配还是嫌人多，尤其是最初移居萨泡蒂亚的时候。

因此，只有日耳曼贵族和首领才能分到罗马人的地。编年史中讲勃艮第人与"元老"（"senators"）——按照当时的口语，元老就是贵族、大地主的意思——分地的那一段应该按照字面理解。

现在，我们掌握的材料能够解决罗马人要交出三分之二的农田，却只交出三分之一奴隶这个表面的矛盾了。一部分佃农的屋子也交了出去，交的时候已经无人居住，普通勃艮第自由民就搬了进去。

文献中记载的移民分地模式完全不适合日耳曼群众：小田满足不了他们，大田他们又管不了。事实上，日耳曼人在农业方面仍然是完全不开化、不发达的。从过去氏族下的准共产主义生活方式转向个体经营模式只能逐步进行，再加上他们起初完全没有这方面的动力，所以推进得就更慢了。他们的主流思想只能是保持传统的战士生活状态，而不是尽快抛弃它。

这是一个让日耳曼人的组织适应罗马文明的问题。让这些粗野的战士在罗马人中间延续旧日生活是不可能的。然而，通过从文献中搜集到的资料，我们得到了一幅生动而又能够理解的新情势的图景。罗马地主先前供养蛮族雇佣兵花了大量的食物和税款，但每次打起仗都要准备遭到这些人最无情的劫掠，如今土地交了出去，负担也少了一些。

日耳曼人分成中等规模的群伙进驻大农庄，首领占有房屋、场院、果园、葡萄园、森林的半数，耕地及其上佃户农舍的三分之二。首领的同宗或属民及其家属则安置到原本就无人居住，或者专门清空的农舍中，想干活的时候就凭借自己的知识种一种地。但是，他们仍然认为自己的本业是打仗，也期望以打仗为主要生计来源。如果某一年不打仗，他们就必须靠收成或积蓄生活。如果有仗

第二篇　民族大迁徙

可打，长官不会给他们发钱，但会提供给养和承诺战利品。

战士地位不仅包括个人的勇气和使用武器的本领，还要有依照命令出征的能力。除非去的地方紧挨着，否则出征都需要不能个人自备的补给装备。战士需要远超出个人携带量的口粮，需要备用武器，生病或受伤时还需要有人照料。个人拿不出这一切所需要的车辆和役畜。就连相当于中等地主的人也办不到。因此就需要一种掌握必要物资的常设组织，就像过去的氏族那样。

如果车茹喜部及其同盟曾围困阿里索堡数周或数月时间，那么每个地区派来的一群人马都要在那里由氏族成员提供食物和补给，因为即便是只有五六次开拔、持续五六个星期的战役所需的补给量都是极大的。这样的组织同样活跃在迁徙途中。

从文献中可以得出结论，日耳曼人在定居后满足了这一的需求。

我们观察到，分给首领的田产不是完全的自由财产。当然，份地会传给后代，但不能任意出售或分割；继承的条件是男嗣不绝，女儿不得继承。勃艮第法典的某些表述似乎暗示了家族共有财产观念的存在。[6] 个人不能任意出售份地，除非他有另外的田产。凡从国王处获赐田产者，都有义务竭诚忠君的义务（第一条第四节）。

由此我相信自己可以得出结论：新生的日耳曼大地主对定居农庄的部落民有一定的扶助义务。当然，勃艮第和别处的法典里都找不到任何这种规定，但这可能一方面用不着专门规定；另一方面也很难写成法条。凡是古代氏族观念尚存的地方，不管它削弱到了什么程度，那里都会有传统的家长制村社精神。每一个定居在罗马庄园中的团体都保留了古代氏族的某些性质。遇有战事，不需要专门规定——按照日耳曼人的标准——分到一大部分田产和奴隶，由其直接支配的首领动用这些物资。没有专门的法律负责这一块。

我们不能说这一因素在多大范围上、多长时间内实际有效。当然，我们不能完全否认它。但除此之外，现在又多了日耳曼人完全从罗马人手中接过来的官员系统。日耳曼国王在每个地区设置一名伯爵和僚属，负责将罗马人上交的物资发放给军队。在东哥特和西哥特王国，罗马税务系统得以保留，但市民完税时可以不纳钱币，改交粮食。在西哥特法律中，我们找到了关于上交谷物及各项物资的条文，还规定了对不实官员的惩处措施。[7] 东哥特人那里也经常提及仓库。[8]

勃艮第人与西哥特人地域的逐步扩张与我们的观念有着很深的关联。他们的平民不认为自己会长久定居在农庄里，只是暂居而已，就像他们以前在莱茵河畔或者东边的日耳曼内陆一样。只要国王和酋长要求迁往别处，他们绝不会反对。在这个过程中，国王是得利的，他的权力和收入都增多了；贵族家的幼子也得利了，他们或者已经有定居的农庄，或者即将从国王处获赐农庄。最终，勃艮第王国的面积大概有4.3万至5.4万平方英里（约11万至14万平方千米），分成30个左右的伯爵领或者说大区。因此，一个伯爵平均不会超过200名战士。[9]

然而，许多战士已经不再是普通氏族成员的身份了，而是为新的领主或国王派来的伯爵服务。日耳曼移民过程中获得了庞大的产业，绝大部分好处都归了一小撮人。我们可能会问：普通自由民为什么要忍受这种状况？是有些不尽合理，但是，那么多战士不可能一下子都变成大领主，他们中的许多人为新领主服务，从而保留了战士地位，进而间接地分享了田产所得。因为领主们正想要战士为自己服务。在这个过程中,古老的氏族观念和凝聚力瓦解了。

按照前人的观点,罗马人交出了全部土地的整整三分之二用来安置日耳曼人,这就是一场历史上绝无仅有的产权革命。现在,我们已经不再秉持这个观点。

既然不存在涉及全部产权关系的大变革,当时实际出现的是一种适应以物易物经济状况的新军制。我们甚至不必假定在那些确实交割土地的地方,财产被任意剥夺的地主们一定就蒙受了损失。"三分之二耕地、一半农舍、三分之一奴隶"这一基本表述未必适用于罗马人的全部产业,毕竟,罗马人的产业有许多种类,分布在许多地区。因而,仅就指定给移民居住的农庄或村庄这种说法才算准确。[10]

在我们描绘的图景中,瓜分土地时可能会考虑具体情况,只分富豪地主的产业,从而保证了一定程度的公平性。因此,损失是容易容忍的。

中等地主若是有三分之二的土地被没收,他承受的不只是巨额经济损失,更是灭顶之灾,他的整个社会地位都会改变;而少了三分之一或三分之二产业的大地主仍然能保住社会地位。

内战结束后,屋大维要把退伍士兵安置在意大利,唯一的办法就是将整片地区的大量平民赶走,再把没收来的土地分给士兵。与此相比,将土地分给蛮族勃艮第人和哥特人的损失大概还算轻得多。

罗马作者曾写道,罗马人在蛮族统治下的日子比以前还要好,因为罗马治下的税收负担已经到了不堪承受的地步。如果此言属实,我们可以这样解释:不仅直接交出去的土地并不是很多,而且几乎所有赋税都是本地就能筹集到的农作物。远距离上贡带来的负担太大，以至于最终变得不可能了。但考虑到贵金属供应不足，改纳钱币也很难。此外，如果和平协议能保障罗马人不受周边蛮族与同胞的劫掠，那么情况确实会有改善。

贡达巴德王时期的一首诗写实地描绘了罗马贵族对日耳曼"客人"（hospites），这些在自家庄园里扎下了根，要与自己长久共同生活的人有怎样的感受。这首诗是主教兼诗人西顿尼乌斯·阿波林阿瑞斯（Sidonius Apollinaris）寄给一位朋友的，以表未能写诗庆贺友人婚礼的歉意。诗的译文如下：

> 当我坐在长毛中间，耳中尽是日耳曼人的语言，还要摆出庄严的仪容，夸奖贪吃不厌、头发上沾着脏兮兮黄油的勃艮第人唱的歌曲时，即便我还可以做别的事，我又怎么能写得出婚礼贺词呢？还能说什么呢？我的诗情已经因此枯竭。塔利雅从蛮人的里尔琴旁逃走，因为她看见身边有一名七尺大汉，于是把六音步都忘到了脑后。你的眼睛，你的耳朵，你的鼻子真是幸福啊，不用大早晨就被散发着大蒜和洋葱味道的十样东西（是饭锅还是咯咯笑）搅扰。你不会有天刚亮就有一群连阿尔喀诺俄斯的厨房都喂不饱的大汉冲过来要吃的，就像上了年纪的叔叔或者保姆的丈夫一样。不过，缪斯女神现在一言不发，插科打诨都没词了，所以这篇东西就不要叫它讽刺诗了。①

---

① 塔利雅是希腊神话中的喜剧女神。六音步诗是古典时期流行的一（接下页）

罗马文人的笑话或许不错,但我们还是更喜欢在宴席上放声高歌的七尺大汉。如果西顿尼乌斯·阿波林阿瑞斯能屈尊记下一首被他嘲笑的日耳曼歌谣,或者哪怕是客人们对冈特王之死的一点追忆,对参加对抗阿提拉的卡塔隆平原大战的一点记述,我们都会欣然丢掉这位诗人的全部诗歌手法。

写到此处,我们主要考查的是勃艮第人与西哥特人的分地定居情况。这并不意味着其他日耳曼部落也经历了类似的发展过程。

迄今为止,人们一直认为汪达尔人与其他人大不相同。他们从一开始就采取了不同于罗马的政治姿态。勃艮第国王愿意接受埃提乌斯分给他们的土地,认为自己归根结底是皇帝手下的军人,而且西罗马帝国覆灭后,他们依然自认是君士坦丁堡皇帝的兵将——至少他们自称如此。西哥特人也认为自己的王国是罗马帝国的一部分。盖塞里克则武力夺取阿非利加,并很快将它完全变成了自己的王国。之后,他没有将部民分散到全境各地,而是集中于都城迦太基近郊的祖基塔纳(Zeugitana)地区;按照普罗柯比和维克多·维滕西斯的记载,他还赶走了所有罗马人。但如果我们想深一层就会发现,有一种情况至少不是不可能发生:汪达尔人的经历与其他日耳曼部落其实是很类似的。他们的地盘甚至比西哥特人还要大得多,但人数却很可能更少,大概不超过0.8万到1.2万名战士。因此,他们自然不会分散到整条北非海岸线上。肥沃的突尼斯地区足以养活他们,维持聚居也有利于备战。国王在偏远地区设置的民政

(接上页)种诗体。阿尔喀诺俄斯是《奥德赛》中贸易都市腓尼基国王的名字,曾设宴招待奥德修斯。

官员只有小队人马作为依仗。问题在于，祖基塔纳到底是确实被征服者清空了，还是说也存在分地的情况，让罗马人得以保留一定的财产。我们手头的资料能提供的信息有限，因为两位作者都强烈敌视汪达尔人，不遗余力地抹黑他们，渲染他们的残忍和冷血。但是，他们的话也未必就不正确。

在意大利，从奥多亚塞开始实施，后来东哥特人参与的分地行动似乎有一点很奇怪：当地的罗马人只需交出三分之一的土地，而西哥特人和勃艮第人都拿走了三分之二。但按照我们对条文的解读，这个差别就失去了意义：归根到底，分地的影响大小不取决于单个农庄被分走的比例，而在于被夺去的土地总面积。如果说在意大利，单个农庄被分走的土地比较少的话，我们依然不知道被分地的农庄数目是不是比较多。

因此，比分地比例不同更重要的一个事实是，文献记载东哥特人要交田赋。勃艮第人和西哥特人不用交，这是当然的，因为分到的地就是给他们的报酬。[11] 但是，狄奥多里克也给兵士发钱——当然不是定期的军饷，而是年赐。他有一次明确表示，自己没有像守财奴那样把收来的税据为己有，而是都散给了同胞。

关于伦巴第人在意大利的经历，我们没有同时代人的可靠记载。根据保罗执事后来的记述，他们似乎只是将罗马贵族赶走并杀死，然后取而代之。

起初，罗马土地上的日耳曼部落只有当兵的。他们最早的定居点被视为兵舍。军队统帅，也就是日耳曼国王后来接管了民政，任命伯爵取代了之前的罗马文官，借此统治疆土。分地并不是这些变革中真正根本性、决定性的方面，就其作用而言，它一部分是减轻税负，一部分是供给食宿。谈及变革，具有决定性的一点是，在日耳曼战法和军制的引发和推动下，整个日耳曼人的政治制度连同其法律、社会观念逐渐取代了罗马人的组织，或者融入其中。

近代历史上的一系列发展过程或许类同于日耳曼-古罗马混合政体的形成：我指的是普鲁士国家的行政机构。勃艮第人和哥特人一开始全民皆兵，为了满足军需才接管了民政和一部分田产；同样地，普鲁士文官体系也是从最初的军需部门演变来的。国王为每一个大区任命了一位伯爵，管辖面积大致相当于古代的一个日耳曼部落，由此取代了罗马的国家和地方当局。三十年战争之间和之后的勃兰登堡军队中负责行军、兵舍、补给的军官后来变成了地方管理委员会（Landrate）、战争委员会（Kriegskammern）和总督府（Generaldirektorium）。整个国家的文官体系都是从征收粮秣税款以供军需的活动中生发出来的——从勃兰登堡-普鲁士军队发展出了普鲁士国家。

BOOK III
第三篇

Emperor Justinian and the Goths
查士丁尼皇帝与哥特人

1 查士丁尼军制

尽管二三世纪的相关史料稀少,但阿米阿努斯·马尔切利努斯让我们能够更全面地了解和考察从斯特拉斯堡会战到阿德里安堡会战的4世纪历史。5世纪的史料再次变少,但6世纪又出了一位文采斐然的史学家,凯撒利亚的普罗柯比,再加上他的追随者阿加西亚斯,我们得以了解贝利撒留和纳尔西斯的征战史,以及汪达尔人与东哥特人的覆灭。

普罗柯比是贝利撒留的秘书,作为幕僚参与了这位统帅的大半征程。他不仅见识广博,更以先贤希罗多德与波利比乌斯为师范。他的分析能力不强,但这对他的史料价值影响不大;当然,这一点不仅适用于希罗多德,就连波利比乌斯也是如此,我们在前面发现波利比乌斯的分析能力远不如过去普遍认为的那么强。如果说除了这个缺点,普罗柯比的著述还多有遗漏,留给我们的史料没有我们希望得多和明确,那么就他这本书目的而言,其根源不在于不诚实(当然,这一点不能完全排除)或心存偏见。[1]然而,即便他不再像塔西佗那样文胜于质,以至于从军事史角度来看他的资料几乎没有史料价值,普罗柯比身上还是遗留着非要描绘生动画面、失掉客观性也在所不惜的倾向,而不是让事实自己说话。读普罗柯比时经常会想起希罗多德;如果他能这样一以贯之,他的史料价值将会远远超过史学之父。毕竟,希罗多德的信息来源只有民间传闻,普罗柯比却能亲身直接观察关键人物,也就是他身边的将军们。但归根结底,希罗多德往往比普罗柯比更接近真实,因为希罗多德只记录实际发生了什么,普罗柯比却觉得有必要凭自己的见识建立关系和呈现图景,我们甚至可以称之为"舞台场景"。我们不妨将两人的文字比作描绘动植物的图画,一种是自然的,一种是风格化的:前者是尽画家所能去重现自然,后者则有具体的形式规范,观者只能间接地感知自然。尽管普罗柯比贴近事件本身,尽管他的作品价值很高,但作为史料运用的时候,我们还必须极其谨慎和小心。[2]

在4世纪,我们能窥见和推测出古罗马帝国军团向雇佣兵单位的转变,但由于文献的状况,还是好像隔了一层帷幕。到了6世纪,多亏了普罗柯比的记述,这一过程在史籍明载之下清楚地展现在我们眼前。[3] 前人的评断颇为恰切,当时的将校们兼具了后世佣兵队长的性质:他们身边的部队是凭借统兵者自身名号的响亮程度招募而来的;兵卒被称作"持盾护卫"(hypaspists)或"家丁"(buccellarii)。他们实在不能称为"保镖",因为常常有数千之众。这种编制的含义也不是"警卫";它取决于一个事实:佣兵制在队长兼管经营、充当军事服务的中间人时更容易管理。指挥官真正的随从是由"亲兵"(doryphori)组成的,也可以叫参谋、副官、僚属和保镖。除了民族构成不明确的卫队,查士丁尼帐下还有花样繁多的部族单位:匈人、亚美尼亚人、伊索里亚人(Isaurians)、波斯人、赫鲁利人、伦巴第人、格皮德人（Gepids）、汪达尔人、安特人（Antes）、斯拉夫人、阿拉伯人、摩尔人、马萨革特人（Massagetae）。

现役军队的规模很小。530年，贝利撒留在达拉斯（Daras）打败波斯人时有2.5万人。他登陆阿非利加时只有不到1.5万人，而且单凭这1.5万人中的5 000名骑兵就足以在开阔战场击破汪达尔人。11年后，贝利撒留趁狄奥多里克去世之际进军意大利，意图消灭东哥特王国时的兵力甚至还要更少：不超过1万到1.1万人。算上5年间的全部补充兵力，他最多只用了2.5万人左右的兵力就在539年颠覆了哥特人在意大利的统治。哥特人再度兴起之后，纳尔西斯渡海远征托提拉时的兵力也不会多于此数。在塔吉纳决战（Taginae）中，他手头可能只有1.5万人左右。

据同时代的阿加西亚斯估计（5.13），罗马总兵力曾经有64.5万之多，但查士丁尼实际可用的兵力只有15万。[4] 前一个数字可能是基于《百官志》一类的古代名册得出的，对我们毫无价值；如果我们还记得奥古斯都时代的兵力是22.5万左右，塞维鲁时期可能是25万左右，而且帝国失去了一半疆土，那么第二个数字看起来似乎并非不合理。但如果我们比较一下实际上战场的兵力——这些数字的记载是可靠的，而且彼此之间对得上——我们就会意识到，就真正意义上的常备军而言，15万还是太多了。如果这是有根据的原始估计值，那我们只能认为不适合上战场的边防军也被算了进去。[5]

当时的军队民族构成复杂，且不采用数字或其他形式的番号，而是以统帅名讳相称，这些特点在普罗柯比（4.26）对纳尔西斯动员大军意图击溃，也确实击溃了托提拉的军队的记载中体现得淋漓尽致。内容如下：

纳尔西斯从塞隆纳（Salona）出发，率领规模宏大的罗马全军征讨托提拉和哥特人，皇帝之前为他配备了相应的大量物资。因此，他现在能够一方面集结大军，满足其他各项军需；另一方面能够还清意大利将士的欠饷，皇帝按规矩应该从国库发放谈好的军饷，之前却常年不发，任由其累积。他甚至有足够的资本让先前投奔托提拉的人回心转意，在叮当响的钱币吸引下，这些人重回帝国帐下。因此，尽管查士丁尼皇帝起初对这场战争并非真心实意，现在终于下了血本。当纳尔西斯发现应当进军意大利时，表现出了与统帅相称的雄心抱负。被皇帝召见时，他解释道，要想让他实现皇帝的愿望，他就必须获得足够多的资源。于是，他从皇帝那里拿到了符合帝国威严的财力、人力和物力，然后不知疲倦地集合一支雄师：他从拜占庭获得了大量兵士，也从色雷斯和伊利亚库姆招募了许多人。类似地，约翰内斯（Johannes）率领本部继承自岳父日耳曼努斯的将士加入了他。此外，伦巴第王奥杜因（Auduin）被查士丁尼皇帝的厚礼和盟约说动，从亲兵中选出2 500名精锐支援纳尔西斯，另有3 000多名随从。纳尔西斯得到的支援还有：赫鲁利部的3 000多人及杂部，由费勒慕斯（Philemuth）指挥；大批匈人；专门从狱中放出的达厄斯特乌什（Dagisthaeus）及其随从；由卡巴德（Kabades）统领的大批波斯流亡者，卡巴德是扎姆斯（Zames）之子，波斯王卡巴德之孙，我们前面讲过，他之前在查纳朗（Chanarang）的帮助下避开了叔叔霍斯劳（Chosroes）的迫害，于是投奔罗马；勇武非凡的格皮德（Gepid）少年阿萨巴德（Asbad）和300名同样勇猛的同族；赫鲁利人阿鲁斯（Aruth）——他从小就接受罗马式教育，还娶了蒙杜斯（Mundus）之子毛里蒂乌斯（Mauritius）的女儿——本人是一名勇敢的战士，手下有众多同样勇敢的赫鲁利人；最后还有约翰内斯，诨号"贪吃者"，前文多有提及，手下有一队精干的罗马战士。纳尔西斯本人性格慷慨，有人来求，必与厚赠。如今皇帝给了大笔资源，他就更能发挥自己大度的倾向了。许多军官和兵士原本就奉他为恩主，于是纳尔西斯受命总管征讨托提拉和哥特人的消息刚刚传开，他们马上就怀着真正的热情争相为他效劳，一部分是为了报答大恩，一部分是希望跟着他得到丰厚的报偿，这是自然的。赫鲁利人和其他蛮族对他尤其忠心，他早已通过特别优厚的待遇而赢得了他们的青睐。[6]

在这段描述中，我们几乎感觉不到有罗马人参与，但只要把名字换一换，我们肯定会以为这是华伦斯坦（Wallenstein）再次被皇帝召见，率领大军去征讨古斯塔夫·阿道夫（Gustavus Adolphus）。

至于指挥的军事水准，这些五花八门部队的战绩，那就没什么好期待的了。除了人数少以外——前面讲过，纳尔西斯的军队被描绘得这样强大，其实加起来不超过2.5万人——他们的根本弱点就是缺乏纪律。

自从古罗马军队开始蛮族化，就有人抱怨士兵索求和祸害乡里的问题。佩森尼尔斯·奈哲尔皇帝（194年去世）曾下过一道命令，意译的话就是要求"士兵满足于发给他们的面包"。（"buccellato jubens milites et omnes contentos esse"：" 命令士兵和其他所有人安于硬面包"）。[7] 奥勒良皇帝（275年去世）也做了类似的事（"Nemo pullum alienum rapiat, ovem nemo contingat. Uvam nullus auferat, segetem nemo deterat, oleum, sal, lignum nemo exigat, annona sua contentus sit."："不能抓走别人的鸡，不能顺走别人的羊，不能偷葡萄、拿麦子、索要油、盐和柴火。应该安于发放的口粮"）。[8] 在6世纪的军队中，再也没有人关心士兵抓鸡顺羊，拿走几串葡萄，或者索要油盐柴火这种小事了。

普罗柯比认为，罗马军队秩序良好地进入迦太基近乎奇迹，是贝利撒留了不起的成就，"而在其他情况下，罗马军队进入本国城市的时候总会带来混乱，哪怕只有500人"。但打下汪达尔人的营寨后，同样的这支军队纪律大坏，完全忘了要服从统帅，以至于普罗柯比觉得有必要表达自己的担忧：一旦敌人来攻，他们谁都跑不掉。后来，日耳曼努斯皇子的军队同样不知约束与服从为何物。贝利撒留麾下军队在那不勒斯的军纪散漫让他不禁战栗；纳尔西斯得胜之后做的第一件事就是遣回伦巴第人的辅助部队。[9]

据普罗柯比记载（3.30），公元548年，贝利撒留留在罗马的守城部队谴责长官克农（Konon）私吞贡品，损害士兵的利益，于是将其杀害，然后派了几名神职人员去觐见皇帝，说除非赦免他们并在指定日期前付清欠饷，否则他们就要投奔托提拉和哥特人。皇帝同意并满足了他们的要求。

事实上，贝利撒留被撤职后，罗马统治再次崩溃，托提拉建立了哥特王国，这时就有很多当年追随贝利撒留征服意大利的士兵投奔哥特人。

当托提拉于549年围攻申图切利（Centumcellae）时，他对罗马守军宣称，皇帝不会提供任何协助和援军，而他允许他们自由返回拜占庭，或者加入哥特军队，与他自己的部队同等地位。这些雇佣兵不肯叛逃，因为他们有妻子儿女在罗马帝国，不愿与其分离。他们也不同意立即投降，因为没有这样做的有力理由，毕竟他们还想继续给皇帝当兵。不过，他们同意会派人去见皇帝，说明他们的处境，如果指定日期前没有支援抵达，他们就开城。

皇帝的雇佣兵大部分是日耳曼人，他们不仅会投奔日耳曼人，甚至还会投奔波斯国王。普罗柯比记下了两次这样的事情（《波斯战记》2.7；2.17）。只要还在罗马帝国境内，日耳曼军人总有希望与同胞乃至老家联系上；叛逃波斯则表明这些雇佣兵切断了与民族或社会背景的一切纽带。

另一方面，维蒂吉斯和托提拉手下的哥特人有时也愿意回归皇帝麾下。毕竟，他们正是以帝国军人的身份征服了意大利。就连狄奥多里克也一直在一定程度上承认是皇帝的臣属。对于汪达尔人和哥特人俘虏，皇帝最好的处置办法就是送他们去美索不达米亚，替他与波斯人打仗；[10] 意大利则有波斯流亡者与哥特人交战。

这些战士是无根之萍，只能靠自己。一个世界史上绝无仅有的事实最有力地表达了这一点：当哥特人意识到再也顶不住贝利撒留时，竟然向敌军统帅献上了王冠。如果有人说献给贝利撒留的不是哥特王冠，而是西罗马帝国皇冠的话，那也没多大区别。他们不仅以为帝国统帅会倒向自己，还以为哥特人也会奉他为主人，接受他的领导，这都表明他们毫无政治思维。当然，忠诚而明智的贝利撒留告诉自己，这样的领袖地位如同空中楼阁，不可能持久，对自己也没有好处。奉献王冠给他的好处是拿下了哥特人的最后一个坚固据点。

古迦太基的军队构成就类似于查士丁尼的军队。汉尼拔的军队由阿非利加人、西班牙人、贝利阿里人（Balearics）和高卢人组成，汉尼拔也经历过一部分努米底亚骑兵倒向罗马一方的事，而且要返回阿非利加时，高卢人不愿意跟随他，他只得将其处死。如果这些只是偶然事件，伟大的迦太基统帅通常能牢固控御手下蛮族，那不只是因为他的个性，也有其他条件的因素。如果将他抛弃，这些蛮族人能指望得到什么？一小部分会成为罗马的辅助部队，但大部分很快就会被罗马遣送回国。因为当时罗马作战靠的还是本族士兵，而且元老院很清楚不用本国的军团，只派蛮族上战场的后果。因此，我们可以说：是罗马本族军团逼得迦太基一方的蛮族士兵坚守职责，一直忠诚于当初慕名投奔的统帅。一支军队的内部状况会对另一支军队，也就是敌军的内部状况作出反应。4世纪之后，军团消亡之后，一切都改变了。蛮族雇佣兵现在觉得自己才是主人。有胆量严肃军纪，引起佣兵不悦的王子或将军要有祸了！

下属酋长不听军令几乎比士兵不可靠、不守纪律还要危险。统帅无力将自己的意志强加于这些酋长，因为部队当然通常不是直属于统帅，而是属于酋长，不管他们是部族酋长还是自筹资金募兵的佣兵队长。普罗柯比一再告诉我们，贝利撒留在美索不达米亚和意大利都曾因为下属不听命令而无法实施作战计划。

在古典时代的军队中，我们发现兵种存在基本和明确的划分：

有构成军队核心的重装步兵,有弓箭手或投石手这些轻步兵。步兵以外有骑兵,以近战骑兵为主,弓骑兵较少。查士丁尼的军队使用同样的武器,也有战斧等各部族自己的武器,但兵种划分已经没有了。与骑兵一样,全体步兵都装备弓箭;投射武器与近战武器,轻步兵与重步兵现在都混了起来。事实上,步兵和骑兵不再完全分离了;步兵会上马,骑兵也会下马作战。但是,主导性和决定性的兵力是骑兵。就连贝利撒留被围罗马、计划出城偷袭时,他也希望只用骑兵。因为据普罗柯比记载(1.28),他手下的大部分步兵都从战利品中分到了马匹,而且更愿意骑马作战。余下的步兵数量太少,组不成一个真正的方阵。只是因为两名酋长专门要求,贝利撒留最后才带上步兵参战。但在塔吉纳,纳尔西斯将下马作战的骑兵布置在战阵中心。

普罗柯比知道,古代人重视近战武器超过弓箭,偏爱近战士兵多于弓箭手。他不愿意接受这种偏好(《波斯战记》1.1),因为他那个时代的弓箭手已经大不相同了:他们骑上了马,穿戴全套护甲,除弓箭以外还会带刀,可能还会带矛,最后按照普罗柯比的说法,箭的威力也比以前大多了,因为弓箭手现在是把弦拉到耳后,而非只到胸前。他在另一段话(1.18)里写道,尽管波斯人的射箭速度远远超过其他民族,但弓弦太松,威力太小,因此与罗马人不同,波斯人射出的箭对甲士造不成任何伤害。上面所写的见闻全是事实错误,不能接受:它与波利比乌斯讲的高卢人剑太软,每砍一下都要掰直的说法(参见本书第1卷)属于同一类。亚洲弓箭手向来闻名于世[11],射箭一直是波斯人和帕提亚人的国术,我们不能假定自冈比西斯时代以来,他们射箭的本领就不如其他民族了。迪奥·卡西乌斯明确记载（40.22），波斯人的箭也能穿透盾牌和护身甲。在一幅霍斯劳二世（Chosroes Ⅱ）的打猎图中，国王是将弓弦拉到耳后的。[12]

普罗柯比的见闻反映了营中士兵的对话，他们吹牛是一把好手，论目光敏锐和历史知识就不行了：这些记载完全没有触及真正的问题。哪怕是最优秀的弓箭手配上最优质的弓，不管是罗马人还是波斯人，将盔甲射穿都是很罕见的事，而且要离得很近才行。当时的《射术入门》（*Introduction to Archery*）一书写道[13]，射箭不应该正对敌军阵线（除非是瞄准马腿），而应该斜射，因为阵中每个人正面都有盾牌保护，所以不容易射穿。因此，真正的问题是：重装武士何以全员装备弓箭？这个被称为"装甲骑兵"（cataphractes）的兵种并非新鲜事物，早在大流士和薛西斯时代，波斯战士就是其同类。自帕提亚王国建立以来，这种早就被打败的战法是怎么愈发占据上风的？我们之后会专辟一章讨论这个话题。

查士丁尼在位时期的卓越统治不仅是对外积极、广泛地重新显示帝国威力，还有大建防御工事。我们已经了解早期帝国的长城了，它们在没有天然屏障的地方形成了边界线。查士丁尼则以完全不同的程度和方式加固了收复的边境线。彼此相连的防线不再发挥主要作用。但是，皇帝修建的大型堡寨和要塞村庄数量之多、规模之大，以至于它们的遗迹都令我们震惊。这些堡寨不只是军队驻地，同时是周边全部人口及其财物的避难所。皇帝手头没有太多常备军占住它们，但亦兵亦农的边境民团"边防军"被认为有能力在坚固高大的城墙后面保卫自身和帝国。这些堡寨起于摩洛哥的休达（Ceuta），横贯整个阿非利加，以抵御蛮族部落；美索不达米亚和小亚细亚的堡寨面朝波斯人；多瑙河以北及黑海沿岸的堡寨则是抵御日耳曼人、斯拉夫人或匈人。工事体系、兵员构成、武器装备、战术之间存在着相互关联，之后会有机会讨论。

2　塔吉纳会战

我们准备全文引用普罗柯比对此战的记载（4.29—4.32），在段落之间插入自己的分析和解读。[1]

哥特军由托提拉统率，从罗马出发；拜占庭军由纳尔西斯统率，自拉文纳启程。两军在亚平宁山脉相遇，在一处四周是丘陵的平原对面安营扎寨，距离不超过两倍弓箭射程。普罗柯比原文的译文如下：

> 这里有一座山丘，周长不大，两军都愿意驻扎于此，因为罗马人很想从上方射击敌军，而在这片我们前面描述过的丘陵地带，哥特军要走山右侧的一条乡间小路才能绕到敌军后方发起进攻。于是，这个点位必然对双方都极其重要：对哥特人来说，是方便在战斗过程中包抄敌军，同时从两侧射击；对罗马人来说，则是阻止对方这样做。纳尔西斯先发制人，从步兵团中选出50人，派他们前去抢占。他们途中没有遇到敌人，抵达后就建立了防御阵地。

前面讲过，山前靠近小路的地方有一道溪流，正对哥特军营寨。50名罗马兵士停在溪前，紧靠在一起，彼此空隙很窄，组成了一个方阵。破晓时分，托提拉刚发现他们就准备将其逐走。他马上派出一队骑兵，命令是尽快赶走他们。骑兵大吼大叫地朝他们冲去，要一举将其冲垮；但那50人阵形严密，盾牌靠在一起，等待着冲锋时互相挡路的哥特人发起的进攻。同时，他们用盾牌发出很大的声响，惊吓对方的马匹，骑手们面对矛头也退缩了。马匹由于挨得太近和盾牌的声响而发狂，既不能前进，也不能后退，而是用后腿站立起来。面对既不动摇，也不退缩的紧密阵形，骑兵无可奈何，用马刺催马也无用。于是，第一次进攻被打退了，第二次也没有成功。又过了几次，他们终于放弃。这时，托提拉又派了一队骑兵去，命令和第一队一样。当第二队也被击退时，第三队又顶替了上去。就这样，托提拉派了好几队骑兵，但都没有任何战果，最后只得放弃。那50人在战斗中赢得了不朽的名誉，但其中有两个人最突出，保卢斯（Paulus）和奥西拉斯（Ausilas），他们从方阵的最前列冲出，彰显了最灿烂的勇气。

我们之后还会讨论这次初步接触。现在，普罗柯比要记述两位统帅对士兵们的讲话了。他接着写道：

但是，两军已经做好了战斗的准备。双方都摆出了尽可能深而长的平直正面。

这里的表述("双方都摆出了尽可能深而长的平直正面"*)似乎很有问题:阵形可以深,但那样就会变短;阵形也可以长,但那样就会变浅。既要长,又要深是不可能的,除非作者想要表达的意思是双方把所有可用兵力都派了上去。即便我们翻译时死抠字眼,认为"尽可能"讲的只是阵形的纵深,意义和逻辑错误还是在那里。

"纳尔西斯和约翰内斯站定于山丘旁的罗马军左翼(原文为"amphi to geōlophon",直译是山丘附近*)。"

按照上面对山丘争夺战的记述,我们会以为山丘大约在两军中间的位置。普罗柯比之后又说,罗马军左翼从这里向前折进。因此,山丘肯定更接近罗马军营。事实上,由于两军的距离只有弓箭射程的两倍,所以罗马军营肯定离山丘非常近。哥特人之所以赶不走50人,原因正在此处。

> 两人身边是罗马军的精锐:除了普通士兵以外,两位将帅还有一批精选出来的扈从,有亲兵,有卫队,也有匈人。右翼是瓦勒良(Valerian)、贪吃者约翰内斯、达厄斯特乌什和其他罗马人。两翼有步兵团的约8 000名弓箭手。纳尔西斯将伦巴第人、赫鲁利人和其他蛮族布置在中间,而且要求他们下马,这样就只能步战,以免他们在战斗中胆寒怯战或不服将令,迅速撤出战场。

我们果真要相信纳尔西斯是因为不信任蛮族,所以才让他们步战?正是这些部队后来击退了哥特人的所有冲击。纳尔西斯果真对部下这么不了解？如果这些日耳曼人真的是骑兵，纳尔西斯果真可以在没有实际根据的情况下命其步行作战？这个故事实在是匪夷所思，以至于我们只能认为他们的本业就是步兵，结果被普罗柯比说成是下马作战的骑兵，要么是出于某种误解，要么摆出这种阵形其实有明确和现实的理由，只是普罗柯比的信源自己也不懂，或者因为营火旁的故事讲得天花乱坠，所以没有提到这些理由。

纳尔西斯只命令罗马军最左侧的部分，1 500 名骑兵略微往前折。其中 500 人接到的命令是只要罗马军有某处失利，就要尽快赶往救援；1 000 人的命令是只等敌方步兵动起来就上去包抄夹击。

接受随处救急任务的预备队不应该布置在最边上，尤其不应该向前折，而只能布置在中军后面。不过，我们可以理解这样做的意图。山丘周围的谷地太高太陡，不可能从这里包抄罗马军。唯一能进行包抄的位置就是这座山和周边山丘之间的乡间小路，从哥特人的角度看就是山丘右侧、通往山顶的上坡路。纳尔西斯将 1 000 名骑兵布置在这条深谷小路的后方，等敌方步兵来攻我军正面时就击其侧面。这 1 000 人后面又有 500 名亲自指挥的预备队。侧翼向前折进的角度很小，因此，500 名这样布置的骑兵也可以在危急时刻援救中军。

托提拉为全军作了相应的部署。他从阵前骑马而过，用言语和手势激励战士。在另一边，纳尔西斯也做了同样的事：他让人将金臂环、金链子、金笼头挂在杆子上，举到他的身前，展示给战士们看，还有其他一些被认为能让他们在战斗和危险中更勇敢的物件。两军面对面呆立了一段时间，都在等待敌方发起进攻。

接着，一位名叫柯卡斯（Kokas）的勇士从哥特阵中跃出，冲向罗马军的战线，口中高呼：有没有人愿意跟我单挑？这位柯卡斯以前是罗马士兵，后来投奔了哥特人。纳尔西斯的亲兵马上出来一人迎战，此人也骑在马上，名叫安札拉斯（Anzalas），出身亚美尼亚。柯卡斯一马当先，矛尖照着对方腹部扎去，但安札拉斯立即把马一偏，躲过这一击，正好闪到对手左侧，一枪刺出，柯卡斯当场坠马身亡，罗马军中大呼喝彩。尽管如此，两军还是不动。不过，托提拉独自打马上前，来到两军之间的空地，他不是为了找人单挑，而是要争取时间。因为他接到报告说，有2 000名没来得及加入他的哥特人已经到了附近，所以他不想在这批人抵达之前开战。他是这样做的：首先，他想向敌军展示自己是什么样的人。他全身的盔甲都有黄金装饰；头盔和长矛上飘扬着美丽的紫羽，一派王者气象。他骑着高头大马，在空地上精熟地演练起兵器来。他先是做出了漂亮到极点的马术转跃，接着将长矛全速抛向空中，长矛旋转着落下时握住中间，先抓在左手，再转到右手，转换娴熟，尽显身手敏捷。他又从马上跃下，后前左右，在马周围绕了一个圈，然后跳回上马，技艺精湛，仿佛从小就在练马术。为了进一步拖延时间，他差人到罗马军中

第三篇 查士丁尼皇帝与哥特人

要求谈判。但纳尔西斯拒绝了，说之前有很长的时间可以谈，而托提拉一直表现得求战心切，如今到了战场中央，他又想起来谈判了，这一切可骗不过纳尔西斯。

既然哥特人只想拖延时间，纳尔西斯又没有被这般伎俩骗到，那他为什么不发起进攻？柯卡斯单挑安札拉斯与哥特王阵前演武都写得很精彩。托提拉想要拖延时间也是完全可信的，因为他在等着2 000名骑兵。但是，一方争取到时间；另一方就是损失了时间。如果不认为整段叙述都是无稽之谈，那我们就只能假设纳尔西斯采取守势，将进攻的主动权留给对手有战术上的理由，只不过普罗柯比没有告诉我们。

同时，2 000名哥特人到了。托提拉得知他们在他的营地中，于是就去了自己的军帐，因为午饭时间到了。哥特人将阵形散开，随之撤回营中。他回帐时发现2 000人已经等在那里，就下令全体士兵吃午饭。

这里还是那个问题：纳尔西斯为什么不利用哥特人撤阵回营的大好机会，率领自己部署好的军队发起进攻？哥特人的行动真的发生在罗马军阵近前？

我们迄今为止提出的所有问题都可以由同一个概念澄清。它们都指向同一个答案，也指向整体经过中漏掉的一环，所有漏洞都能被这一环补上。那就是：我们必须假定纳尔西斯占据了绝佳的防守位置，而且确信托提拉必须从这里攻击他。因此，他把步兵布置在中央,或者由下马作战的骑兵组成,或者得到其加强;因此,他愿意等待敌军进攻;因此,他只是静静地看着哥特王表演马术。不过,哥特王上午不发动突袭或佯攻也是有意为之,以便等待援军到达,同时让主力与敌军保持距离,一旦敌军进攻,亦可有序撤退。这样做是合乎实际的,因为他的骑兵实力更强。

他本人换了一套盔甲,集合全军,准备战斗,紧接着便率军出击,寄希望于攻敌不备,一举击破。但是,罗马军绝非毫无防备,因为纳尔西斯料敌先机,之前就下令不许做饭,不许午休,不许脱下铠甲,也不许放开马的缰绳,以免敌军奇袭。不过,士兵们并不是完全没有喝水、没有吃饭,他们在阵中吃了饭,喝了水,眼睛时时刻刻都盯着敌人的动向。此外,罗马军还变换了阵形:纳尔西斯让左右两翼各4 000名弓骑手展开,摆出了新月阵。

无疑,托提拉有可能希望当哥特军主力没有发起进攻,而是回营时,罗马军也会撤出阵地。但是,他的预期不可能是纳尔西斯会大意到让己方遭到对面的敌军奇袭。尽管这种事情有时确实也会发生,比如1476年的穆尔滕会战,但算计时不能指望意外,这种情况也是特例而已。

罗马弓箭手向前展开新月阵的解释大概是这样的:他们向前移动到了平原周边的山丘上。距离不可能很远,因为这样延伸出去的"角"如果太孤立的话,肯定会成为敌军进攻的牺牲品。

哥特步兵全都部署在骑兵后面，一旦骑兵被打败，溃退的部队后方还有一股力量在支撑着他们，于是能和步兵一起返身再战。

如果哥特的全部步兵真的只是充当预备队，没有其他用处，那么其力量一定非常薄弱，哥特军以骑兵为绝对主力。

所有哥特人都接到严令，此战只许用矛，不许用弓箭和其他一切武器。于是，托提拉被他自己的不理智打败了。他从开战时就让己方在兵器上与敌军不对等——他为什么要这样做，我也不知道。罗马人则是见机行事，一会儿射箭，一会儿掷矛，一会儿劈刀，抓住每一个机会；有的马战，有的步战，一处将敌军包围，另一处则等待敌军进攻，用盾牌抵抗住了第一波冲击。哥特骑兵则将步兵远远甩在后面，盲目信任长矛的威力，发起野蛮的冲锋；由于他们进攻的方向是敌方阵形的中部，于是全都毫无防备地冲到了 8 000 名弓箭手之间——此前面说过，这些弓箭手提前向两侧展开了。被两面夹击的哥特骑兵登时大乱，还没与敌军接触就损失惨重，马匹的伤亡甚至还要更大。迎头痛击之下，他们最后陷入了与敌军的肉搏。

从这一段讲述的罗马基本战术和所用兵器来看，他们与古代罗马军团已经完全不一样了。我们之后会讨论这一点，此处只做一点评论：归根结底，罗马弓箭手对哥特骑兵造成的损失不可能很大。

罗马人是从战场周边的山丘上射击的；弓箭手绝不可能布置在平原上，因为那样马上就会被哥特骑兵的凶猛冲击打垮。尽管居高临下射击有很大的优势，但对于进攻中的哥特骑兵纵队来说，受到严重威胁的主要还是只有侧面而已。平原不会很狭窄，而箭矢远射的威力是比较小的。哥特骑兵人马俱甲（普罗柯比，1.16），而且是全速冲过罗马弓兵阵地的——在重甲允许的范围内，这一句必须补充上。

在另外一段，普罗柯比声称哥特骑兵根本不会射箭，只会使用刀剑和长矛。

> 在这场战斗中，我们更应该敬佩罗马人还是罗马人的蛮族盟友？我说不好，因为他们在击退敌军进攻时表现出了同样的精神和勇气。两军突然开始运动起来——哥特军逃窜，罗马军追击——此时已经是黄昏了。哥特人的进攻完全失败了，他们屈服于罗马军的压力，掉头逃跑，在罗马人的优势兵力和严整纪律面前溃不成军。

哥特骑兵以紧密阵形冲击敌方步兵。从种种表现来看，罗马步兵占据了一定的地利；普罗柯比没有提到地利，但我们可以从前面几点中得出结论：第一，纳尔西斯让骑兵下马作战；第二，他严格保持守势。战斗从中午一直持续到傍晚，这无疑是大大的夸张。哥特人的预备队没有投入战斗。哥特人把胜算全部压在了大队骑兵冲锋的威力会撕开罗马中军，做不到这一点，哥特军败局已定。在没有生力军支援的情况下，骑兵冲击不会重新变强，而只会变弱，因此结果在第一次接触时就决定了。在这种情况下,连续几个小时的战斗是不可想象的。如果骑兵冲击成功打穿敌军步兵,那就占据了优势地位,必定能够将步兵迅速打垮。如果没有成功,那么骑兵靠纯粹的正面进攻讨不到半点好处。由于普罗柯比将战斗描述成连续几个小时的恶战,我们也看不出罗马人为何最后被命运垂青。但是,如果我们不管夸大的描写,将注意力集中在罗马人以"优势兵力和严整纪律"制胜,击退了哥特军进攻这一事实上,那么战况描述便清楚而显然了。("全军都受到敌方的凶猛冲击并将其顽强击退。两军突然开始运动时已经是黄昏了——哥特人撤退,罗马人追击。哥特人的正面冲击没有成功,而是被打退了,进攻变成了溃逃,因敌军的人数和阵线而恐惧不已。"*)

我们不清楚纳尔西斯布置在左侧谷中,计划发起侧翼进攻的1 000名骑兵到底有没有行动。当然,这支骑兵的目标是哥特骑兵,而且他们没有参加战斗。由于他们被置于后方,因此假设纳尔西斯最后派遣骑兵攻击哥特骑兵侧面并非不合逻辑,奠定战斗结果的可能正是这一行动。

　　他们不再想着抵抗,逃窜时好像他们在与鬼神交战。当他们不久后退到步兵那里时,恐慌情绪不减反增,而且传播开来,因为他们不是有序撤退,以便重整旗鼓,返身再战,而是朝着后方狼奔豕突,以至于践踏了己方的步兵。

　　因此,步兵没有打开阵列,将骑兵放过去,也没有严守阵脚,为骑兵提供保障,而是全部作鸟兽散。由于当时是夜战，步兵与骑兵彼此造成了严重的伤亡。罗马士兵趁着敌方恐慌，无情地砍翻了每一个还站着但不敢自卫，也不敢抬头的人。一定程度上，他们甚至将自己的喉咙暴露给了敌人的刀剑。哥特人的恐惧不仅没有平息，反而可能增加了。在这场屠杀中有6 000人死去；许多人投降了，他们起初被安顿下来，但后来被杀了。除了哥特人以外，大多数先前脱离罗马军、投奔托提拉和哥特人——我们之前已经讲过了——的罗马士兵也死掉了。哥特军中没有阵亡，也没有落入敌手的人躲藏了起来，有的骑马，有的走路，视运气、形势和当地情况逃生。

从这段描述中得出的战术行动可以这样表达：当哥特军的攻势陷入僵局时，纳尔西斯下令全线转入进攻，将敌方骑兵赶回了步兵阵地，最终使其全体溃逃。

战斗经过进一步表明，哥特军的步兵必定实力薄弱，完全派不上用场。当哥特骑兵被打败时，步兵既没有顶上去支援，也没有迎战敌军，保护骑兵。此外，根据敌方阵形的结构，哥特步兵本来有可能执行一项特殊任务，那就是爬上周围环绕的山丘，攻击敌方前出的一翼弓箭手，通过侧翼的成功影响整体战果，但他们并没有这样做。哥特步兵很可能根本不是一个有充分战斗素养的单位，而只是由老幼病残组成的乌合之众，那么，此战中的哥特军其实就只有骑兵。有一种并非全无可能的理解方式是：哥特人或许有一支具有相当战斗力的步兵，但骑兵进攻迅速决定了战斗结果，因此步兵来不及进入战斗。步兵还没等真正组成战线，便被身后有罗马军猛追、如潮水般退回来的哥特骑兵裹挟散乱了。

如果真是这样,那么普罗柯比的主要错误就在于战斗持续的时间,当然,战斗时长无论如何是被夸大了。不过,战斗持续了半个小时,而且哥特步兵没有上前参战的说法是难以置信的。那样的话,我们只能得出托提拉统兵极其无能的结论。

普罗柯比本人解释说,他不太了解托提拉的个人命运。他说,一个人讲托提拉在逃窜过程中被杀,但另一个人讲托提拉在战斗中被箭射中,受重伤落马,令本就弱于罗马军的哥特人心惊胆寒,于是开始逃窜。托提拉到底是在战斗中还是逃跑时受到了致命伤,这个问题我们只能放在一边。不管哪一种情况对战斗结果都不会有直接影响,因为一旦肉搏战开始,大部分士兵就不会注意到统帅是否落马了。

对于哥特人有 6 000 名阵亡的说法是否属实,我们也必须将其略过,这种说法确实极尽夸张。

罗马军明显具有极大的总体数量优势,总兵力估计在 1.5 万人左右。

3　维苏威火山会战

尽管在塔吉纳战败，哥特人仍然在新选出的国王领导下继续战斗。双方对峙了两个月的时间，中间只有位于维苏威火山（Mount Vesuvius）附近、河岸陡峭的小河德拉孔河（Dracon，又称萨尔努斯河，Sarnus）。由于纳尔西斯之前集结了全军参战，所以我们可以得出哥特人如今在避敌锋芒，采取拖延战术，寄希望于罗马人手下不可靠的佣兵军队发生某种意外或法兰克人出手干涉。纳尔西斯并未试图直接将哥特人逼出阵地，但为哥特人运送给养的船队叛逃到了他这一边。看一看地图，我们或许会认为罗马统帅还将哥特人包围了起来，并切断了对方的一条可能的退路。普罗柯比没有明说，但他确实表示，哥特人第一次退入乳山（mons Lactarius）时宁愿战死，也不想活活饿死。尽管这段话很有名，常有人拿出来反复说，但我还是倾向于认为从军事史的角度来看，这场战斗的记述意义不大。原文如下（4.35）：

维苏威火山矗立于坎帕尼亚（Campania），山脚下有多条可饮用的溪流,汇成了从诺切拉城(Nuceria)旁流过的德拉孔河。当时,两军各自在两侧河岸扎营。尽管德拉孔河确实是一条小河,但骑兵和步兵都不能渡河,因为河床深且狭窄,河岸又异常陡峭。造成以上情况是土质的原因,还是水力的原因,我说不出来。哥特人占据了河上的桥梁,将营地驻扎在附近。桥有木塔和各种器械把守,包括弩炮,这样一来,哥特人就可以从上方射击骚扰敌军。肉搏战是不可能的,因为前面讲过,河流将两军分隔开来了。双方只是尽可能接近河岸,向对方射击。零星有战斗发生,哥特人会走到桥对面叫阵。就这样,两军对峙了两个月。只要哥特人掌握着制海权,能用船输送补给,他们就能坚守下去,因为哥特军营离海不远。但没过多久,哥特舰队总指挥就叛逃了,让纳尔西斯占有了敌军的船只。此外,从西西里岛和帝国其他地方驶来了无数船只。纳尔西斯还在河岸建起了木塔,此举必然让哥特人灰心丧气。于是,早已受补给不足之苦的哥特人失望透顶,便撤到了附近一座被罗马人称作"乳山"的山上。由于地形不利,罗马人追不上去。但蛮族很快就后悔上山了,因为他们不得不忍受比之前严重得多的短缺问题,而且完全没有办法为人员和马匹获得任何给养。于是,他们宁愿战死,也不想活活饿死。

我们要问的是:哥特人当时就没有撤走的可能性?

他们出乎意料地突袭了敌军。罗马人依据地势展开自卫，也就是说，他们没有排成队列，听从通常的团营指挥，建制都打乱了，战士们甚至听不到发出的命令。尽管如此，他们还是拼尽全力，打了一场漂亮的自卫战。哥特人之前将马匹都赶走了，全部步行作战，摆出大纵深的方阵直面敌军。罗马人看见后也下马，摆出了同样的阵形。

哥特人为什么要赶走马匹？普罗柯比没有给出原因。但是，罗马人为什么也要跟着下马？哥特人步行本来更应该让罗马军至少留一部分人作为骑兵，以便从侧翼攻敌。

如果我们假定哥特人被罗马人用野战工事团团围住，那一切就清楚了。哥特人试图突破工事——所以他们才会步行——罗马人同样也要步行守卫。

现在，我要讲述一场非凡的战斗和一个人的英勇气概，无论是哪一个方面，他都不逊于任何所谓的英雄。我要讲的人是泰阿斯。绝望的境地催发出了哥特人的勇气；哪怕罗马人已经注意到了哥特人的绝望，罗马人还是全力与之抗衡，因为他们耻于在力量弱于自己的对手面前屈服。两边都凶猛地攻击着最近处的敌人，一边是求死，另一边是争夺胜利的桂冠。战斗开始于清晨。泰阿斯和几名侍从站在方阵前列，他手握着矛，以盾牌蔽体，从远处就能认出来。罗马人看见他时以为，只要泰阿斯阵亡，战斗就会马上结束，于是组织起一大群最勇猛的战士，排成紧密阵形迎上前去,个个朝他投矛或刺矛。但是,他用护体的盾牌接住了所有的矛,只见他动如闪电,将许多敌人杀死。每当一面盾牌扎满了矛,他就递给搬运武器的人,再拿一面新盾,就这样持续战斗了白昼的三分之一时间。

普罗柯比说哥特人组成了大纵深的方阵("哥特人下马,第一次全体进行步战,形成了深方阵正面。"*),又说泰阿斯只带着几名侍从在方阵前面单打独斗,还坚持了好几个小时?这是诗歌,但不是战斗。哥特人的整个大纵深方阵干什么去了?他们害怕上前?罗马人竟连几个人都打不过?这在特洛伊城下的那种战斗是有可能发生的,但在人们学会了如何组成方阵以后就不可能了。哪怕是最强壮、最勇敢的哥特王及其侍从也必然会被古代罗马的一个支队打败,即便那个支队全由新兵组成。要么两军并没有排成严格意义上的方阵对战,要么泰阿斯没有单打独斗,两者必居其一。答案可能是,当哥特人试图突破罗马阵线时,勇冠三军的哥特王被杀死了,传奇故事又对他的死作了美化渲染。

后来,他的盾上插了12支矛,他再也无法行动自如,再也不能用盾牌击退敌人了。他大呼搬运武器的战士,没有放弃自己的位置,没有放弃哪怕一寸的阵地,一刻都不曾让敌军近前。他没有转身用盾牌掩护身后或侧面,而是仿佛扎根在地上,立于盾牌之后,右手杀伤敌人,左手将敌人推开——于是,他大声呼喊着搬运武器的人的名字。后者拿着盾牌冲了上来,立即换下了插满矛的盾。这时,他的胸膛在片刻之间暴露了出来,一支矛戳中了他,他倒在地上,死去了。几个罗马人将他的头颅插在一根杆子上,展示给两军看:给罗马人看是为了激励士气,给哥特人看则是希望他们气馁弃阵。即使他们知道国王已经死了,但是哥特人毫不气馁,继续奋战到夜幕降临。天黑之后,双方各自脱离,枕戈待旦。第二天一大早,他们便起身摆出了同样的阵形,再次战斗到入夜。两边都没有放弃哪怕一尺阵地,尽管双方都有很多人死去。他们继续着令人胆寒、如同屠场的恶战;哥特人完全明白这是自己的最后一战,罗马人死战则是因为他们拒绝被这样的对手打败。最终,蛮族派了几名酋长去见纳尔西斯,说他们感觉神对他们不利——他们的印象是,有一股无可匹敌的力量在反对他们——现在他们已经认清了败局已定的真实境况,于是回心转意,不想再打了,但不是为了成为皇帝的臣民,而是为了与其他蛮族自由地生活在一起。他们请求罗马人放他们和平地离开,同时考虑他们的合理诉求,发还他们先前囤积在意大利各堡寨的钱币作为路费。纳尔西斯考虑了此事。但约翰尼斯——维塔利安(Vitalian)的外甥——劝服他同意了哥特人的请求,不要再与这群不惧怕死亡的人交战,不要去考验他们的困兽孤勇,这股气概不仅会带来自己的死亡,也会带来对手的死亡。"节制的智者,"他说,"会满足于取胜,而极端手段很容易引来失败。"纳尔西斯赞同他的看法,于是同意其余的蛮族带着全部财产立即撤出整个意大利,不许对罗马再兴刀兵。同时，我前面讲到过的因道尔夫（Indulf）等人领着 1 000 名哥特人冲出大营，前往波河远侧的提西乌姆城（Ticinum）及周边村落；剩下的哥特人都发誓遵守协议。

罗马人又以同样的方式拿下了库迈（Cumae）和其他所有城镇，从而结束了普罗柯比叙述的 18 年哥特战争。

普罗柯比就到此为止，其文笔斐然，但从史料角度看并不尽如人意。1 000 名哥特人是如何又为何与其他人分开呢？他们是怎么从维苏威去帕维亚的呢？我们不妨假设，有一大股哥特人曾成功突破了罗马人的包围圈，于是最后投降的不是哥特全军，而只是其大部。

阿加西亚斯的史著紧接着普罗柯比往下写，他写道："当泰阿斯——托提拉之后的哥特酋长——再次率领全军与罗马开战，正面攻击纳尔西斯时，他头部受创，死于阵中。其余哥特人被罗马人穷追猛打，既受到不断的打击，又完全被围在没有水源的地方，于是最后与纳尔西斯立约求和，同意只占据本土故地（"他们会居住在自己的土地上而不必恐惧。"*），还说从此愿意臣服于罗马皇帝。"历史学家还没有发现如何调和上述两段记载的方法。

4　卡西林努斯河会战

从军事角度来看,阿加西亚斯(Casilinus)对法兰克人败于卡西林努斯河畔的记载还不如普罗柯比对维苏威火山会战的记载。他甚至从一开始的战略背景就出了错。

法兰克人之前就曾多次干预哥特人与罗马人的战争,暗藏着为自己捞好处的动机。现在哥特人被赶走了,一支法兰克军队就在两名阿勒曼尼公爵——布切林(Buccelin)和洛泰尔(Lothar)兄弟的率领下出现了。纳尔西斯当时还忙于攻取哥特人占领的城市和驻防地段。得知法兰克人入侵时,他显然别无他法,只能立即率军迎战,将其击败并赶回阿尔卑斯山的对面。阿加西亚斯给出的法兰克兵力(7.5万人)是虚言,我们不应该受其误导。我们从一开始就应该坚定这样的观点:这是一支翻山越岭,并且甚至不是来自整个法兰克王国,而只是来自其一部的援军,它肯定要远远弱于刚刚被纳尔西斯打败、在本土作战的东哥特军。罗马军刚刚击败了哥特人,杀死了两名勇猛的哥特王,士气正盛,如果能集结起来迎击入侵者,必定能够击败法兰克人。

如果纳尔西斯做到了这一点，打败了法兰克人，那么意大利再也不会有一座堡垒继续反抗。但按照阿加西亚斯的说法，他只是派遣赫鲁利人富尔卡里斯（Fulcaris）率领部分军队去拖住敌人，只有在胜算大时才发起进攻。这是一个令人追悔莫及的错误：富尔卡里斯被打败了，而且由于他战败后不敢再去面对纳尔西斯，于是在战斗中主动寻死。阿加西亚斯将战败归咎于赫鲁利人粗心鲁莽，但如果他接下来讲的情况属实，也就是纳尔西斯本人起初认为敌军占据优势兵力，那么真正的责任显然在统帅身上。一种可能的解释是：纳尔西斯其实低估了法兰克人的兵力，告诫富尔卡里斯要谨慎云云是后加上的，目的是推卸统帅总领之责，因为他派出的兵力不足。

尽管富尔卡里斯被打败，纳尔西斯还是继续围攻卢卡（Lucca），但当他最后拿下这座城市时，他只是将冬季大营的部队分散到各个城市中，再没有进一步的举动。如果我们设想是恺撒处在同样的位置，哪怕是在当时，他也会从四方集结军队，尽可能形成优势兵力直接迎击法兰克人。但按照阿加西亚斯的说法，纳尔西斯认为当时是冬季，又相信在老家熟悉了严寒气候的法兰克人在冬季特别善战，于是将冬季大营的军队分散到各个城市中。罗马军在城墙后面耐心等待，法兰克人则纵横全意大利，直至墨西拿海峡，劫掠乡土，甚为可怖。事实上，法兰克人甚至认为没有必要合兵一处，反而分兵两路。许多哥特人重振勇气，加入了他们。

我们不能相信纳尔西斯在缺乏充分理由的情况下，便让托付给他的帝国陷入这样的困境。如果法兰克人特别擅长冬季作战，罗马军队毕竟也是由日耳曼人组成的。

有一件事或许透露了真实事件经过的线索：当几支部队被派去前线时，他们指出自己还没有拿到军饷。但这带给我们的只有猜想而已。我们只需要知道直到开春，法兰克人从半岛南部回返的时候，纳尔西斯才集结起军队，在卡普阿城附近的卡西林努斯河（今沃尔图诺河，Volturno）堵住了他们的去路。据阿加西亚斯称，纳尔西斯有1.8万人；而法兰克尽管只带了一半兵力，但也有3万人——当然，这个数字毫无可信度。

部署开战前夕，统帅与辛杜尔（Sindual）手下的赫鲁利人因纪律问题发生冲突，于是该部拒绝参战。但当纳尔西斯在军前高呼想要分享胜利荣光的人都应该跟着他走，然后下令开拔时，赫鲁利人终究还是耻为人后，因为那样会被别人理解成怯战，于是说他们也会来。纳尔西斯派人传信说，他不会专门等他们，但会在阵中为他们留下空位。

阿加西亚斯对战斗本身的记述如下：

> 到达预定战场时，纳尔西斯立即让军队组成方阵，两翼骑兵都配有标枪和圆盾，弓箭和刀剑挂在身上，少数人还有长矛。统帅本人在右翼，身边是家丁总管赞达拉斯（Zandalas）和擅长作战的一部分家丁。两翼分别由瓦勒良和阿塔巴努斯（Artabanus）指挥，他们接到的命令是隐藏在森林边缘，趁敌军发起攻击时突然冲出来，两面夹击。中间的空档完全由步兵填补。正面是从头到脚都包裹在铁甲中的前列战士，他们组成了一道护墙，其余人编成紧密阵形，直到最后一排。轻步兵和投石手在他们身后活动，

等待时机发挥远程武器的威力。方阵中部给赫鲁利人安排了位置,当时还空着,因为他们尚未赶上来。两名不久前叛逃的赫鲁利人不知道辛杜尔之后的决定,于是敦促蛮族尽快攻击罗马人,"你会发现他们秩序大乱,"他们说,"因为赫鲁利部坚拒参战,看到他们不参战,其余人也会军心动摇。"布切林希望两人说的是真话,轻易就被说动,于是率领部下进军。他们求战心切,朝罗马军蜂拥而去,步履不稳,队列不整,好像生怕动作不够快,看他们急匆匆又胸有成竹的样子,仿佛第一次突击就要打垮敌军。这种阵形形如楔子,就像希腊字母中的 Δ(德尔塔)一样:正面突出,形成一个顶点,盾牌像屋顶的瓦片似的紧贴在一起,形似野猪的头部。两翼是由一个个梯队组成的,分别呈陡峭的梯度,于是由前向后逐渐变宽,中央则形成一片空洞,行列中士兵们裸露的脊背都能看到。这就是说,他们的正面是分岔的,两面对敌,战斗时有盾牌掩护,同时后排被认为能够自动地保护前排。

一切正如纳尔西斯所愿。他兼具运气和能力,以一种了不起的方式采取了必要的措施。当蛮族战士伴着骇人的大喊初次与罗马军冲撞时,他们突破了中部的前列战士,杀入赫鲁利人尚未顶上来的空档。楔形阵的顶端打穿了罗马军阵,一路冲到后排,没有造成多少伤亡;有一些人甚至走得更远,好像打算强攻罗马军营似的。然后,纳尔西斯命令两翼逐步弯折延伸,向正面靠拢,并命令两翼的弓骑兵从后方向敌军射箭。这项任务轻易地完成了,因为敌军是徒步作战，骑兵很容易从远处向展开的兵线射击，后者的后方却不能自卫。在我看来，两翼的骑兵很容易越过正面近前的敌人，直接射击对侧的敌军后方。这样一来，法兰克人就受到了各个方向的攻击，因为右翼的罗马人能射到楔形阵一翼的内侧，左翼的罗马人能射到另一翼的内侧。于是，箭雨从四面八方落下，中间的一切都不能幸免，蛮族既不知道箭实际是从哪里射来的，也不能抵御射来的箭。他们的正面正对罗马人，眼睛也只盯着这个方向，与前方的重甲战士争斗，几乎看不到后方远处的弓骑兵，而且最后被射中的地方不是胸膛，而是后背，他们根本不知道自己的伤口来自何处。再说了，大部分法兰克人根本没有时间思考，因为几乎每一箭都是致命的。由于倒下的总是最后一排的人，所以倒数第二排的人不受保护的后背就露了出来。这种情况经常发生，于是庞大的法兰克人如冰雪一般迅速消融。与此同时，辛杜尔与赫鲁利人也到了，迎击之前打穿罗马军阵中部、继续向前的法兰克人。赫鲁利人立即发动了攻击；但法兰克人深受震动，以为自己中了埋伏，于是转身逃跑，将那两名逃兵斥为叛徒。不过，辛杜尔和他的手下没有停下脚步，而是继续向前推进，直到对手要么被打死，要么被投入翻滚的流水。于是，当赫鲁利人补上了自己的空位，组成封闭方阵时，好似陷入罗网的法兰克人惨遭屠杀。他们的阵形完全垮了，形成一个个不知该转向何方的小群。

　　罗马人不只是用箭将他们射倒，重步兵和轻装部队也用枪矛、棍棒和刀剑攻击敌人。骑兵完成了包抄,从后方发起进攻,切断了敌军每一条可能的退路。凡是从刀剑底下逃脱的人都被追到河边,不得不跳入河中溺死。蛮族的哀号从四面八方响起,他们正在以最悲惨的方式被屠杀。布切林酋长和他的全部军队都从地表被抹去了,叛离帝国的人也死于阵中。除了5人通过各种方式逃脱大劫,这些日耳曼人中没有一个能再看到家园和炉火。日耳曼人在这里的遭遇岂不是对他们恶行的惩罚?将他们击败的岂不是大能者?全部法兰克人、阿勒曼尼人和所有与其同来参战的人——他们都被消灭了;罗马一边只有80人阵亡,他们的任务是挡住敌人的第一波冲击。在这场战斗中,几乎所有罗马部队都打得很出色。在蛮族盟军中,最出色的当属哥特人艾利根(Aligern),因为他也参与了战斗;还有赫鲁利酋长辛杜尔,他的表现无人能及。但是,每个人都赞扬和崇敬纳尔西斯,他的优秀领导为自己赢得了巨大的声誉。

阿加西亚斯就说这么多了。我不禁要怀疑这一整段叙述都是天马行空的虚构,是从"野猪头"这一个表述衍生出来的。

显然,纳尔西斯有巨大的数量优势,特别是在骑兵方面;他的战线从两翼包抄了法兰克军。最边缘的部队起初是不是躲在树林中,这一点不重要。法兰克人将宝押在了野猪头阵形能够打败敌军中央强大的、大纵深的步兵战阵并形成突破上,以此奠定胜局。

如果法兰克人的阵形是尖头的,那么顶端马上就会被包围;如果它还是个空心阵,那么就没有后方施加的压力(参见本卷对日耳曼楔形阵的论述)。换句话说,尽管它当然不会有阿加西亚斯说的尖头和空心的两大缺点,但它依然没有突破敌阵。或许赫鲁利部在最后时刻赶到,或许加强了罗马军动摇的中部,让法兰克军的攻势陷入僵持。

这时,装备标枪和弓箭的罗马骑兵向冲击中的法兰克纵队发起两面射击,大概很快也从后方进行了攻击。这让我们想起了坎尼会战。

骑兵一直进行高倾角抛射,越过敌军阵形的近侧,攻击对侧士兵后背的看法可以归结为一个事实:在遭受四面八方的攻击时,许多法兰克人自然会在背后被击中。按照阿加西亚斯描述的空心阵,不能太靠近敌军正面的罗马射手必须射出几百步的距离才能击中对面的敌军楔形阵一翼,因此他们的箭矢和标枪不可能有太大的威力。

如果有人要抨击我对文献描述的怀疑,我要请其说明:为什么他认为阿加西亚斯的这段描述比阿庇安对坎尼会战和扎马会战(那拉加拉会战)的描述更可信?

5 战 略

527年查士丁尼登基时,整个西部都脱离了帝国,一部分已经脱离了一个多世纪,其余部分也有半个世纪。查士丁尼收复了阿非利加和意大利,差点重新征服了西班牙。在之后的几个世纪里,大片意大利领土仍然由拜占庭统治。当我们想起查士丁尼政权取得的灿烂文化成就——《民法大全》和圣索菲亚大教堂——时,东部帝国势力的暴涨就显得更加令人惊讶和伟大。

查士丁尼的战争有3个不同的战场——美索不达米亚、阿非利加和意大利——其面貌大相径庭:对波斯人是拉锯战,没有任何显著或最终的决定性成果;对汪达尔人是只派了一支先遣军,一击即破;对东哥特人是一场18年的战争,局势反复,大起大落,最终拜占庭一战定乾坤,大获全胜。

过去,贝利撒留和纳尔西斯的胜利是不可思议的,因为学者们知道两人麾下兵力不多,而且依然相信汪达尔人和哥特人数量庞大。他们的数字是从拜占庭史家那里来的,写到维蒂吉斯率领15万大军将贝利撒留围困于罗马城。两年后维蒂吉斯向贝利撒留投降时，这一群哥特人在做什么，又居于何处呢？要知道，贝利撒留将维蒂吉斯围在拉文纳城内时的兵力不超过2.5万人。

既然我们澄清了汪达尔人和哥特人的兵力，汪达尔人不敢对区区1.5万人开战的奇迹色彩似乎就不如哥特人能在2.5万人面前长期坚守了。

与任何时代一样，这里同样是政治决定了战争行为，规定了战略方针。

当贝利撒留渡海征服意大利时，他首先在西西里岛登陆（535年底），手中的兵力很少。接着，他不经一战便拿下了那不勒斯、罗马和斯波莱托（Spoleto）。哥特大军直到此时才出现，将他困在城中，围攻了整整一年。纯粹从军事角度看，我们无法解释这一行动：如果哥特人果真有围困敌军的实力，那么之前没能与敌军对阵和阻止多座大城市失陷肯定有特殊的原因。

诚然，查士丁尼同时有几支部队在达尔马提亚①（Dalmatia）威胁哥特人，另一边法兰克人的进攻似乎也很紧迫，但这仍然不能满意地解释哥特人为什么在整整一年的时间里无所作为。

查士丁尼之所以冒险派贝利撒留带那么少的人去意大利，是因为东哥特王国发生了严重的内乱。狄奥达哈（Theodahat）国王起初只是共治者，后来派人谋杀了狄奥多里克的女儿阿玛拉逊莎（Amalasuntha），独揽大权。拜占庭军是打着为王位合法继承人报仇的旗号出现的，而狄奥达哈也不是那种鼓起精神和勇气迎战的战士。直到哥特人为避免跟着狄奥达哈一起被打败而将他赶下台，按

---

① 达尔马提亚是今天克罗地亚的一个地区，与意大利的东北部接壤。

照古老传统由军队推选维蒂吉斯为王，新王又娶了阿玛拉逊莎的女儿以巩固地位之后，哥特人才上阵出征。这时，随着贝利撒留及其部下被困罗马，拜占庭资源的捉襟见肘就显现了出来。

但我们知道，哥特人的数量也不是很多，没有能力围攻罗马这样的城市。贝利撒留守住了城池，君士坦丁堡意识到哥特本族的兵源多于汪达尔人后也派出了援军。援军出现在围困罗马城的哥特军后方，并在取得市民许可的情况下占据了敌军身后的要塞城市。此举不仅迫使维蒂吉斯撤围，最后使其更退回了拉文纳，因为他感觉自己无力在野战中击败会合后的罗马军。

形势突然发生了逆转：这一次是维蒂吉斯不经一战便被贝利撒留围困在了拉文纳。

在哥特人为贝利撒留奉上王冠这一不可思议的事件之后，维蒂吉斯最后在拉文纳投降了。贝利撒留将他带去了君士坦丁堡，就像他几年前对汪达尔王格里马所做的那样。经过4年的有征无战，哥特人似乎终于被拜占庭降服了。

但形势很快再度反转。哥特人复叛，另立新王，并在托提拉的领导下很快收复了意大利和西西里全境，甚至建立了一支舰队。在数年的时间里，托提拉的统治取得了辉煌的成就，直到希腊舰队击败哥特舰队，查士丁尼在战争的第十八年派纳尔西斯率大军出征，并于552年的塔吉纳会战中取得决定性胜利。次年又发生了两场交战，一场是维苏威会战，托提拉的继任者泰阿斯被击败，另一场是卡西林努斯河会战，布切林率领的法兰克军被击败。

在这段时间里，罗马五度易手：536年入贝利撒留之手；546年被托提拉攻取；547年复归贝利撒留；549年为托提拉占据；552

年为纳尔西斯所有。

于是，我们发现战争第一阶段的经过，也就是形势大起大落而没有战术意义上的决战，在整场战争中反复发生。直到战争末尾才发生了开战时就自然会预期到的事：尽可能集结最大兵力攻击、打败和消灭敌军的企图——会战。

原因在于，哥特王国与拜占庭同样内部虚弱。通过与波斯人议和，查士丁尼无疑有了先后对阿非利加和意大利发起大规模攻势的能力，但这段时间很短。与两个敌人的国土面积和城市规模相比，罗马人投入两边的兵力一直很小。

托提拉统治时期，哥特势力之所以能发生令人吃惊的恢复，是因为一大批罗马方的雇佣兵对拜占庭的体制，尤其是军饷不满，于是投向了哥特人。同样地，起初欢迎拜占庭人的意大利城市很快就对新的管理制度和税金索取感到幻灭，发现自己的日子在哥特国王手底下不仅不会更糟，反而可能会好一些。

因此，哥特战争的方略是由一个事实决定的：与要争夺的广大领土相比，双方可用的兵力都很少。哥特人要么根本无法占领意大利的无数要塞城市，要么占领得很不充分。市民们维持了一种与其说是中立，不如说是对两边均无好感，很容易随风倒，或者至少不排斥转换阵营的立场。

当维蒂吉斯向贝利撒留进军时，后者自觉力量远不及对方，于是不愿意在开阔地应战，而宁愿被围困于罗马城中。1万名援军——实际数目大概就在1万左右——就足以扭转战局。因此，进行战争、决定战局的方式就只是围攻城市和让城市投降。

托提拉上台时，下令拆掉了所占城市的城墙。其他统治者则反其道而行之，希望通过修建工事来保护本国的财产。

一名现代学者表达了如下观念："占据极大数量优势的哥特全族军队在罗马城墙下被打垮；这就解释了他们对一切城墙的仇恨，走到哪里，拆到哪里。"[1] 但是，托提拉的举动绝非仅仅出于仇恨；相反，他是一名知道自己在做什么的战略家。汪达尔王盖塞里克当年夺取阿非利加时也拆掉了全部城墙。日耳曼国王们的兵力不足以充分占据广大领土内的所有城市；市民不可信任，一旦为敌军打开城门，城市就变成了敌方的要塞。

现代历史中有一段相当类似的经历。1813年秋，反法同盟兵临莱茵河时，格奈泽瑙敦促大军继续前进，切勿拖延，不要被著名的法国三重工事地带吓退。他指出，众多的工事如今只会对拿破仑不利，因为他不再有足够的兵力守卫它们。如果守卫工事，他就没有军队用于野战；如果撤出守军，要塞马上就会落入同盟之手。在那个特定时刻，如果拿破仑有可能迅速拆毁大批工事，让守军充实野战军的话，那才是最有利的战略选择。看到托提拉正是这样做的时候，我们就明白他是有战略洞察力的。

因此，只要政治因素占据主导地位，哥特战争就会来回拉锯。我这里指的是广义的政治因素：不只是意大利本土居民的支持度问题，还包括拜占庭无力要求己方雇佣兵服从。当查士丁尼第二次真正派遣大军出征，同时夷平工事让哥特人自信拥有和集结了足以进行野战的兵力时，战争就到了决定性的时刻。哥特人在决战中失败了，随之彻底输掉了战争。

查士丁尼煊赫武功的根基不是形成前所未闻的新兵力，而是对既有兵力进行既精明又顺应运势的编排。与帝国的辽阔幅员和丰富物产相比，这支兵力是很小的，它之所以能取得那样大的成就，只是因为对手甚至更弱小。在这些辉煌胜利的同时，先后有匈人和斯拉夫人渡过多瑙河入寇，横扫巴尔干半岛，远及希腊，一路烧杀抢掠，帝国竟没有部队去打败他们。

帝国在西部取得成功的一个特殊条件是同时期的东部处于和平状态。贝利撒留去阿非利加之前，帝国与波斯达成了和议。日耳曼人明白这一情况，于是维蒂吉斯国王在危急之中希望让波斯王库思劳（Chosroes）再次发起攻势。查士丁尼不得不预先付出极大牺牲，尤其是大笔欠款以重新安抚波斯，然后才能派纳尔西斯率领充足的军队对哥特人发起最后的决定性一击。但我要再说一遍，即使在另一个战区做了如此多的让步，集结起来的总兵力仍然不超过2.5万人。

查士丁尼自信有能力击溃汪达尔人和哥特人。在各自驻扎的地方，他们不过是游离于当地、数量稀少的外族武士罢了。从一开始，他对波斯人就没有这样的意图。与罗马人一样，波斯人也有雇佣兵，特别是匈人雇佣兵。事实上，罗马佣兵确实经常叛逃波斯。尽管如此，波斯人的内核依然是占据本土的部族，这是他们的强项。于是，这就需要一种完全不同的战略。

我们在战争史上经常能遇到某些情势，这种情势让双方并不汲汲于相互摧毁，而只是想打消耗战，甚至是通过避免大规模决战的方式。伯利克里在伯罗奔尼撒战争中首次以大手笔做到了这一点，后来"拖延者"法比乌斯（Fabius Cunctator）也是同样。现在，普罗柯比通过贝利撒留的演讲向我们展示了这种战略的制定过程（《波斯战记》1.18）。这番话引起了广泛的争议，论点偏颇极端，以至于违背了战争的本质。

当时，这位罗马统帅的士兵要求他攻击已经败退的敌军，与其进行会战，于是他这样对部下们说：

> 罗马人啊，你们急着要去哪里？或者说，你们被何种激情所点燃，以至于想要让自己暴露于不必要的险境？敌人对你造不成伤害，这才是真正的胜利。如今，命运已经赋予你们这样的好处，敌军已经被恐惧压倒了。享受手边的好处岂不胜于追寻天边的好处？波斯人怀着巨大的期待来打罗马人，现在，他们的全部希望都已破碎，于是就逃了。
>
> 如果我们逆着他们的意愿，让他们放弃撤退的想法，与我们进行会战，那么即便我们打赢了，也得不到更多的好处。打败了逃跑中的人，这有什么意义？但是，要是我们时运不济，我们就是自己扔掉了到手的胜利。我们不是被敌人赶走的，而是自己白白地浪费了成果，而且必然会让皇帝的土地更遭劫掠或无人守卫。还有一点是你们要考虑的，神会在危急关头相助，却不会站在自寻险境的人身边。此外，无路可逃的人是非常勇猛的，这是不由自主的反应，而我们则有许多不利于作战的条件。我们大部分是徒步至此，而且我们所有人都空着肚子。更不用说还有相当一批人没有赶上来。

与这篇演讲呼应，普罗柯比还表现了贝利撒留在达拉斯战胜波斯人后约束士兵不要追击（《波斯战记》1.14），因为对他来说，打赢就足够了，而波斯人被逼到绝境的话有可能会转身击退戒心不足的追兵。（"他们害怕逃跑中的波斯人一旦被逼到死角，便会对他们无意义的追击发起反扑，他们认为保全胜利果实就够了。"*）同样地，一名同时代的匿名理论家告诫人们，哪怕有两倍于敌的兵力，也不要将其完全围住，因为敌军看到所有退路都被堵死时可能会爆发出新的勇气。[2] 大约半个世纪之后，以大获全胜的统帅身份登基的莫里斯（Mauricius）皇帝在《战争的艺术》一书中建议尽可能避免野战，哪怕是形势占优的情况下，而应该通过小动作疲敝敌军。[3] 普罗柯比（1.17）笔下贝利撒留的波斯敌人也表达了同样的原则。萨拉森酋长阿拉门达鲁斯（Alamundarus）对波斯王进言："打仗不应该依赖运气和偶然，哪怕己方的力量远远强于敌方，而应该运用谋略和计策，静待敌军动向。直接冲入险地绝不能确保取胜。"（"没有必胜自信的人不会刚开战就寻求会战，哪怕自诩在每一个方面都超过敌军，而是会努力用欺诈和谋略去迂回打击敌人，因为直面对手是危险的。胜利从不是坦途。"*）

我们后面还会碰见这种观点。它们从 16 世纪到 18 世纪曾发挥了巨大的，有时是决定命运的作用，其影响一直延续到 19 世纪，直至今天仍然有不少人关注。当然，亚历山大、汉尼拔、恺撒都不是依据这些原则才发动战争的。这三位统帅中，没有一个相信战胜已经逃跑的敌人不是真正的胜利；也没有一个相信自己必须把主要精力放在避免己方损失上。亚历山大追击波斯人时没有约束手下，而是一直追到马匹力竭倒地。汉尼拔几场大战的基础都是将罗马人团团围住。恺撒的取胜之道是在阿莱西亚切断维钦托利的退路，他在伊莱尔达对阿非利努斯和彼得雷乌斯也是如法炮制；法萨卢斯会战取胜后，他没有放跑敌人，而是迫使其全部投降。这三位统帅的最高原则是：击败和摧毁敌人，尽管该原则在汉尼拔身上仅限于战术层面的决战，而不能延伸到战略行动的层面，最终决定战争胜负。

至于贝利撒留是不是完全与那三位大征服者背道而驰，按照前面提到的原则行事，这个问题还不能马上回答。以摧毁敌人为目标的战略基本原则简单明确，表述起来容易。但是，消耗战略的原则包含两个对立面，不能用一个简单的公式解决。就连在这方面下了大功夫的腓特烈大帝都不能为自己的观念给出一个完全清晰的、全面的理论表述。因此，我们不能狭隘地依据普罗柯比笔下贝利撒留的话，或者同时期其他理论家的言论来评判贝利撒留。文献对其行动动机和细节的记载不够扎实，不足以让我们得出完全可靠的结论。贝利撒留的名声是基于他击败了汪达尔人和东哥特人。他打败并降服了这两个好战的部族，将其国王格里马和维蒂吉斯献俘于君士坦丁堡。两场战争都没有引发大型会战，但从中得不出关于贝利撒留战略的结论，恰恰是汪达尔人和哥特人在回避会战。直到托提拉接受会战时，纳尔西斯才终于对东哥特人打了一场歼灭战。

普罗柯比说，贝利撒留对波斯人打了两场真正的会战。第一场发生在530年，当时波斯人试图阻止罗马人在美索不达米亚地区的尼西比斯（Nisbis）城以北、山脉向平原过渡地带的达拉斯修建要塞。贝利撒留在精心预备的防御阵地迎战，付出惨重损失后将波斯人击退，但没有追击（《波斯战记》1.14）。如果这次胜利果真如普罗柯比所述般巨大，那么不追击无疑就是一个严重的失误；横跨美索不达米亚平原的追击行动必然会战果丰硕。但此战有没有那么重要，它会不会仅仅是一场持续时间较长的遭遇战，或许是值得怀疑的；按照普罗柯比的说法，波斯的兵力两倍于罗马，也就是 5 万对 2.5 万。普罗柯比后来又说（1.16.1），波斯人甚至没有放弃达拉斯附近的阵地，其对北边（亚美尼亚）和南边（叙利亚）的罗马领土的劫掠不可禁止。

波斯入侵叙利亚引发了第二场会战，地点是幼发拉底河畔的卡林尼康（Kallinikon，亦称尼柯弗瑞姆，Nicephorium）。贝利撒留尾随撤退的敌军，本无意发起进攻，但由于部下心切而被迫出战，结果被打败了。

我们从上述事件中必须得出结论：不管是数量还是质量方面，波斯在这一战区都占有相当大的优势，因此罗马从来没有机会取得持久的、大规模的成功。这种政治与军事彼此制衡的关系正是消耗战略思想发生的土壤。

BOOK IV
第四篇

The Transition to the Middle Ages
向中世纪过渡

1 古罗马-日耳曼国家的军事组织

日耳曼部族是作为军队迁入罗马行省的,而不是寻找土地的农夫。手握大权的他们创造了新的政治架构,建立了新的政治组织,他们自己在其中代表武装力量。他们的战士地位的基础是来自蛮族渊源的强横好战天性、氏族的凝聚力和个人的凶蛮勇武。

出于对这些军事价值的正确认知和估计,在一段时间内四处都有试图刻意隔离罗马人和日耳曼人,而使双方无法迅速融合,以及将日耳曼人孤立出来,而使其不遭受罗马人和罗马文明毒害的举措,从而延续宝贵的战士气概。当罗马人第一次意识到自己面临来自蛮族的威胁时;当哥特人和法兰克人从陆地或海上横扫帝国,而军团不再有能力将他们赶回去,保护内地平安时,当罗马人在3世纪下半叶发现,唯一尚存的对抗蛮族的力量只能到蛮族自身中寻找时,他们便试图将蛮族吸引到离自己尽可能近的地方——他们需要蛮族的服务。加里恩努斯皇帝的妻子就是日耳曼人,她叫皮帕拉(Pipara)。奥勒良皇帝允许手下军官与日耳曼人结婚。君士坦丁大帝开始将共和国的高级荣衔,甚至包括执政官的位子赐给日耳曼人;后来,他的继任者和侄子尤利安批判了此举。但我们在尤利安的继任者瓦伦提尼安身上又发现了背道而驰的行为:罗马人与日耳曼人通婚被专门加以禁止(365年)。[1]

当西哥特首领阿陶尔夫建立王国时,他本人迎娶罗马皇帝的女儿普拉西蒂娅(Placidia)为妻。但是,他的继任者禁止西哥特人与罗马人结婚,这项禁令延续了近一个半世纪。[2]一个普遍存在的事实有利于在一国之内切实推行隔离政策:即便是日耳曼人皈依基督教之后,他们和罗马人也是分属不同的宗派;除法兰克人以外,所有的日耳曼部落都是阿里乌斯派的信徒。东哥特王狄奥多里克似乎对维持本族人民在罗马世界内的战士地位尤其上心;哥特人仍然生活在异域,遵循着本族的律法;哥特人不许当文官,罗马人也不许从军。[3]当狄奥多里克的女儿阿玛拉逊莎想让儿子艾萨拉里克受教育时,哥特人向她抗议道:她教育幼王的方式不当,因为读写与勇猛不是一码事;害怕老师教鞭的人当不了战士;狄奥多里克从来不让哥特男孩上学,他本人完全不懂读书写字,结果打下了一大片王国。[4]

日耳曼人是战士,职业军人的观念得到了极其严格的维持。在狄奥多里克的王国,只有哥特人要服兵役,但军役非常严苛。一份流传至今的档案显示,有一名战功卓越的老兵,他连武器都拿不动了,还是要专门打报告请求退伍,而且经过漫长而详细的退役原因调查后,国王才同意了他的要求。此人没有从军资格了,也就不再能拿到国王每年照例从税收中发给战士的赏赐了。[5]

如前所述,西哥特人大概在阿德里安堡会战胜利后居于色雷斯期间(378—395)仿照罗马军制改良了自身的军事组织。[6]若干百

第四篇 向中世纪过渡

户组成一个千户,由千户长(部落首领)统率;百户则分成若干个十户,由十户长统率。当他们到比利牛斯山两侧定居时,全部或许多千户被拆分,于是创建了五百户这个单位。但是,基于数目的军事组织现在与地理-政治性质的区划——以公爵为首的省和以伯爵为首的伯爵领——混同了起来,而且逐渐边缘化。

一个不再紧密共同生活而是远隔散居的部族不容易集结起来服兵役。失期者要面临重刑的威胁。为了供养军队,谷仓建了起来;凡是没有领到应得口粮者均可投诉,负责的官员要四倍补偿。

同时,除了全族组成的军队以外,另一个战士群体也形成了,后者出现于《尤里克国王法典》中。尤里克国王(King Euric,466—484年在位)是狄奥多里克国王的儿子,在卡塔隆平原会战中被杀。

我们已经看到佣兵体制在罗马帝国如何倒向了佣兵队长体制:将领成了为其个人服务的佣兵团首领。这种私兵还有一个叫法是"buccellarii",其词源被认为是"bucella",意思是"饼干"或"条块",所以其实就是"吃面包的人"——它起初显然是诨名,后来失去了这层特殊含义,变成了通用口语的一部分,这是常发生的事。《尤里克法典》中出现了这个词和含义。学界已经认定"buccellarii"就是日耳曼人的扈从,并将其视为日耳曼制度渗入罗马制度的表现。希腊作者有时会用"paides"(小伙子)这个表达,一名敏锐的观察者发现,这个词是从日耳曼语里的"Degen"翻译过来的。"Paides"与武器意义上的"Degen"(刀剑)没有关系,或者与"gedeihen"(蓬勃成长)的词根有关,或者按照一种新的说法,与希腊语词"teknon"(孩子)的词根有关,因此,不管是哪一种情况，它的意思都是"刚刚成年的人"或者"青年人"。这种形态无疑与古代的扈从制有一定的关联，但关系还是很远的。古代实指意义上的扈从与主人的私人关系要亲密得多，扈从与主人同桌吃饭，声誉与主人一同增长，要是主人当了国王，扈从便会出任要职。随着军事扈从群体的扩大，其成员也下降到了普通士兵（Kriegsknecht）的层次，他们承担佣兵的职责，而"扈从"的本意，也就是与主人的私交友谊早已不复存在。

尽管如此，每当发现为日耳曼首领服务的 buccellarii 时，我们当然可以说他们仍然部分反映了备受尊敬的、忠于主公个人的扈从概念。《尤里克法典》规定，作为自由人，buccellarii 有权另择主人，但必须交还从故主处获得的一切。据记载，长期以罗马总督身份管理西哥特王国，后来自称为王的狄乌蒂斯（Theudes）至少有 2 000 名侍从。[7] 当然，这 2 000 人大多是哥特人。据估计，西哥特王国的日耳曼战士总数肯定不会超过 2 万人。因此，国王一个人手下就有 2 000 人，这种军役形式的重要性可见一斑。

哥特人之后的法典中不再使用"buccellarii"这个词，但同样的概念由"in patrocinio constitutus"（"被庇护"）来表达。[8] 西哥特人对该现象没有真正的术语，而是用长限定语来代称的做法指向了一个得到历史事件佐证的事实——那就是，西哥特人中间没有发生这一方向中的一个重大发展。

在所有信奉阿里乌斯派的部落中，明确隔离日耳曼人与罗马人的做法形成了一套简单而运行流畅的军事组织体系。我们大概可以设想，东哥特人、西哥特人、汪达尔人和勃艮第人的情况都相差无几。但法兰克人的情形从最初就不一样。那里从未发生过分地，也不曾试图延续两大人群的隔离,从而维持军事实力。法兰克人没有皈依阿里乌斯派,而是直接加入了大公教会。那么,问题就是法兰克国王是不是一开始就将治下的日耳曼人和罗马人视为一体,从而拓宽了军事组织和兵役的基础。

文献中有篇章表明,法兰克国王有权要求所有臣民服兵役。过去一贯的解读是:与其他国家的情况不同,法兰克王国实施了面向所有自由人和半自由人的普遍兵役制。这种解读恰恰证明,只看书本甚至会将真正的大学者引上歧途。市民和农民被认为要以个人身份,自备物资到远方服役几个月时间;按照这种方式,哪怕只在王国的部分地区征兵,每平方千米只征一人,那也是几十万人的大军;最后,这群乌合之众几百年来不习战事,方方面面都不适合当兵打仗——想到这几点,我们不禁会想起薛西斯和大流士·科多曼努斯(Darius Codomannus)的百万大军,许多语文学家还舍不得放手。如果我们认为只有地主需要服兵役,那么全民征兵和普遍兵役制的概念就要弱一些了。如果我们排除佃户,那么罗马区就剩不下几个人了,但如果包括佃户——由于罗马区和日耳曼区要分摊负担,所以必须包括佃户——我们可以这样来计算。假设要到比利牛斯山对面作战,于是在塞纳河以南征兵,规定3个农场要出一名战士。征兵区域的面积约为15.2万平方英里(约39.4万平方千米);因为必须去掉大片森林和山脉,所以按照每22平方英里(约57平方千米)平均只有3个到6个村落,共90个农场来估算,那么就要出30名战士,征兵总数约为21万。如果按每平方千米1人算的话,结果就是整整40万。这还只是局部征兵!然而,据说在"极其特殊的情况下"会全国征兵,[9] 半自由人和其他依附者也要作为轻步兵参战[10]，那么数字当然会达到百万以上。

显然，我们必须去寻找完全不同的依据。在法兰克王国，全体臣民均有义务为领主服兵役的重要性与罗马人那里并无不同：在罗马，这种形式的兵役也从未完全消失。就连瓦伦提尼安三世皇帝都曾发布紧急征兵令，要求臣民起来反抗汪达尔人；罗马市民也帮助过贝利撒留守城。与罗马人一样，日耳曼国王大概也会在一定地区征召平常不习兵事的居民。例如，有文献记载勃艮第国王贡达巴德在一次与西哥特人的战争中（大概发生于507年），命令罗马人夷平了利穆赞（Limousin）地区的一座要塞，该罗马人也就是一支从附近勃艮第边境地带征召的民兵。[11]

托提拉也曾做过同样的事。他从周边地区征召农夫去完成一项他认为用不着哥特人出手的任务，只分配了极少数哥特人随行。[12]

尽管如此，真正的军队还是由战士阶层的高素质军人组成的，法兰克人的情况也不会有任何差别。

法兰克王国是由日耳曼区和罗马区组成的。先看罗马区。在这里，我们会马上想到的一个问题是：与更南边的各部落不同，法兰克人没有对罗马人实行分地，那么，从这个事实中能得出什么结论？

我们已经对勃艮第人、哥特人和汪达尔人的定居过程做了如下解释：个人以小群体的形式被授予农庄，但真正决定性的因素是，日耳曼首领和上层人士占据了罗马大地主阶层的位置。由于这个新的特点，日耳曼下层贵族和伯爵现在要为部落同胞和战友们提供必要的经济支持，或者通过古代氏族的余热，或者直接招揽其为自己服务。即便法兰克人没有分地，情况应该也是相当类似的。克洛维认为没有必要划分田土,因为部落的大部分人根本没有外迁,还留在老家。他只需要给每名伯爵分配一定数目的战士;鉴于战士的数目很小,伯爵很容易将他们安置在过去属于皇帝的田地、城堡和农庄,或者其他公有产业或没收的私产上。

因此,法兰克人的定居过程和其他部落的真正区别在于,前者没有首先创造出一个强有力的日耳曼大地主阶层,定居力量要薄弱得多,古代氏族单位的衰落速度甚至还要更快。在各个伯爵领内,战士群体的生活方式类似于兄弟会,听从伯爵的指挥,主要由法兰克人组成。作为职业军人,他们不曾停止培养自身的身心军事素质。不过,罗马化的非罗马人(Romanics)并非不可能被这种兄弟会接纳。[13] 尚武精神在凯尔特各部中间尚未完全消亡,不时会有个别天生具备英雄精神和勇士气概的人出现。[14] 总而言之,罗马化的地区不再有能力抵挡几千名日耳曼人的入侵,但这并不意味着没有勇敢的个人。受日耳曼国王之名分管四方的伯爵们不仅有日耳曼人,也有为国王效劳的罗马化民族上层。[15]

日耳曼战士并不反对受其指挥;毕竟,他们早就习惯了在罗马人领导下作战。伯爵——不管是日耳曼人,还是罗马化部族的人——可能将罗马化部族纳入麾下,如果他们能够以行动让战友们放心,相信他们的勇气、控御马匹和运用兵器的能力不亚于其他人。[16] 日耳曼人定居在田地上,他们不是在营寨中过着与世隔绝的生活,而是生活在平民中间,于是变成了日耳曼-古罗马战士阶层。甚至有越来越多的奴隶进入了这个阶层。[17] 在这个意义上,对伯爵来说,一名勇气和能力取得了伯爵信任、为伯爵服务的奴隶比自由人的价值还要大,也就是说,奴隶完全依赖于他的意志,永远不能离开他。如果他还具有其他必要素质的话，那么一旦他被战士群体接纳，他就会彻底浸润该阶层的精神。[18]

对于法兰克人，我们没有直接的、完全可靠的证据表明有相当数量的自由人战士具有人身依附性，就像西哥特人的"buccellarii"那样。但接下来会看到，我们可以推导出证明事实确实如此的证据，尽管在初期，由于法兰克君主依然强势，这种私人关系并未在政治和法律上巩固下来。

墨洛温王朝军事体系的基础是，国王按照需要通过官员征召战士阶层的男丁，如不奉召则为罪犯。文献中提到"leudes"（人）时就是指这个战士阶层；还有一个同义词是"fideles"，即忠诚者。上述含义甚至会把王室宫廷和官员也包含在内，有时无疑也会泛化到所有人。尤其是在法兰克王国境内的纯日耳曼地区，战士和其他人的阶层差别自然是慢慢才逐渐引起注意的。

我们发现，与狄奥多里克统治的哥特王国一样，墨洛温王朝时期的法兰克王国存在一个有义务响应国王征兵令的职业军人阶层。不过，两者有一个重大的区别。在意大利，这些职业军人是哥特人，完全过着自己的生活，不与罗马人通婚；在这里，谁是战士，谁不是战士是没有疑问的。而在法兰克王国，无论罗马区，还是日耳曼区都不是这样。前者有属于战士阶层的罗马人；再或者，征兵仅适用于全体男性人口的一小部分。因此，战士阶层在东哥特王国是天生的，而在法兰克王国则必须结合受国王之命统治地方的伯爵具有的公权力，如此方可理解。在罗马区，如果伯爵觉得罗马人有能力，也可以将其纳为战士；在日耳曼区，伯爵的征兵数以其供给能力和认为必要的程度为限。

现代学界很难辨清墨洛温王朝的军事体系。一会儿好像有扈从，一会儿又好像真正实施了普遍兵役制，一会儿是有产者都需要服兵役，一会儿又只有领受王恩的人才需要。难点在于，从社会、政治和管理角度来看，法兰克战士阶层的状况都太不确定了。当代著名学者保罗·罗斯（Paul Roth）曾指出，"leudes"一词在博闻强识的墨洛温王朝编年史家、图尔主教格雷戈里（Gregory）撰写的重要文献中只出现了三次。他总结道，如果它是表示战士阶层的术语的话，那么它在这样一位作者的著作中肯定出现得会频繁得多。这个观察不仅正确，也符合心理学。但如我们所见，"leudes"这个词并不是严格意义上的术语。战士阶层是存在的，但还没有一个明确定义的词对应它。此处并无矛盾，因为"阶层"本身都没有明确的定义。一方面，它与官员、伯爵和其他阶层有关联；另一方面，它与服兵役的人有关联；最后，在纯日耳曼地区，它还与全体自由民有关联。

历史学界有时好像在绕圈圈。学者们一度拒绝相信举族迁徙，认为占据罗马省份的队伍只是独立军阀的大批扈从。文献证明这种看法是错误的。确实是整个部族在迁徙，他们抛弃了故土，要寻找新的家园。但是，我们现在确定迁徙人数是相当少的，也意识到上百万人大迁徙只是传说，于是提出了一幅从客观层面看更类似于早先观念的图景，尽管从政治和法律角度看并不是如此。

"leudes"，法兰克王国的战士阶层曾被认为是扈从。我们要再次指出，作为一种法律形式，这种看法是不恰当的；征兵令是国王向臣民，而非向扈从、持有王室土地的人或有产者发出的。但从数目来看，征召实际指向的臣民只在相当局限的战士阶层，这个群体可以被认为类似于大批扈从。

  因此,学术界不是绕了一个圈,而是螺旋式上升。尽管近年来的成果绕回了更接近旧观点的位置,但同时使其更进一步,从而超越了先前的认识。

2　战术变化

直到现在，我们发现在世界军事史的所有时期，一个国家的军制与战术总是有着至为紧密的关联。

重装步兵方阵在马其顿国王和罗马共和国的贵族官员手下有着不同的发展方向，而后者转向大队战术与制度变化也有着密切的联系。另一方面，日耳曼百户的作战方式与罗马大队不同，这是符合其本性的。

当日耳曼人的全部经济、社会、文化生活条件发生了彻底的变化时，他们有没有可能保留当年在原始森林中形成的作战方法？或者说，怎样的新形态会就此发展出来呢？

古代日耳曼人被誉为步骑皆精，一个部族的骑兵可能更优秀，另一个部族可能以步兵闻名。阿里奥维斯塔的强悍在于步兵与骑兵混编的"双卒"。在高卢战争最关键的第七年，恺撒用招揽来的日耳曼骑兵加强己方部队，并在其帮助下击败了维钦托利。同一批骑兵在法萨卢斯会战的胜利中发挥了重要作用，在内战的其他决定性战斗中无疑也是如此。卡拉卡拉皇帝在位的213年，阿勒曼尼人第一次引起了我们的关注,他们以骑战精熟闻名("gentem populosam, ex equo mirifice pugnantem":"一个人数众多、擅长马上作战的民族")。¹ 事实上,他们在斯特拉斯堡会战中就是凭骑兵取胜的。类似地,日耳曼人在阿德里安堡会战中占据上风也是因为骑兵。生活于西哥特人治下的西班牙人伊西多尔(Isidorus)说,西哥特人尽管是优秀的步兵,但尤其擅长在马上投掷标枪。维蒂吉斯称赞勃艮第人和图林根人(Thuringians)的马匹耐力强("injuriae tolerantes")。² 普罗柯比用平淡的语气说,汪达尔人还没有学会步战,全部是骑兵。("他们或者是标枪手,或者是弓箭手,不知道如何作为步兵参战。相反,他们全都是骑兵,主要是持矛刺人,兼用刀剑。"*)³ 查士丁尼用汪达尔人战俘编成了5个骑兵团("他建立了5个katalogoi*"),派他们去东线戍守。⁴ 甚至早在200年前(约270年),另一位希腊作者德克西普斯(Dexippus)就提到过汪达尔人,说他们是一个主要由骑手组成的民族。⁵ 我们还发现东哥特人偏爱骑马作战,不用弓箭,用刀剑枪矛,而且人马俱甲。⁶

法兰克人也是优秀的骑手。当年普鲁塔克(《奥托传》第12章)和迪奥·卡西乌斯(55.24)就提到过后世法兰克人的一个重要族群——巴达维亚人,说他们是特别优秀的骑兵("日耳曼人中最好的骑手*""他们最擅长骑马*")。《百官志》将巴达维亚人和法兰克人列为骑兵;坎宁尼法提斯人(也是后世法兰克人的一个族群)中的一支在铭文中得到了印证,⁷ 在图尔主教格雷戈里的著作中,他们经常以骑手的形象出现。⁸ 但是,当他们在哥特战争期间入侵意大利时(539年和552年),则以步兵为主,只有国王的护卫骑马。⁹

第四篇 向中世纪过渡

我们发现，当时的拜占庭军队有一个特点，那就是不分兵种；步兵和骑兵、劈砍武器、戳刺武器和弓箭全都混编在一起。甲骑也带弓箭，也会徒步作战。换言之，真正的战士就是骑兵，步兵实际上已经不存在了。

在开阔地带，孤立的步弓箭手无法抵挡骑兵。但在有己方骑兵掩护，或运用工事或天然屏障的情况下，步弓手能发挥很大的作用，甚至对骑兵也是一样。当时——首先是在乌尔比西乌斯（Urbicius）的著作中[10]——出现了一种在后世付诸实践的思想，那就是用可移动的障碍物"拒马"保护弓箭手免遭骑兵冲击，但弓箭手一直只是辅助兵种，骑兵更受重视。

使用近战武器的步兵不单纯是个人勇气和技艺的问题，而主要在于他所属的战术单元。配合骑兵与射手，战术单元无疑也能发挥作用，但除了单元以外，单兵同样是重要的。不作为有效战术单元一分子的近战步兵价值很小。亚里士多德写《政治学》（4.13）时就懂得："没有战术阵形的重步兵是无用的，由于古人尚无此种见识和技能，主力兵种还是骑兵。"腓特烈在1758年的《战术沉思录》中用相近的语言写道："步兵必须作为有序的群体才有力量，一旦阵形松动崩溃，一小支骑兵趁步兵混乱的机会扑上来就足以将其消灭。"[11]（"que l'infanterie n'a de force que tant qu'elle est tassée et en ordre, et que lorsqu'elle est séparée et presque éparpillée, un faible corps de cavalerie qui tombe sur elle dans ce moment de dérangement, suffirait pour la détruire"）[12] 罗马军团正是这种密集阵形的步兵，我们并没有发现他们会被骑兵冲垮。

贝利撒留有一次对部下说，波斯步兵是由贫困的农民组成的，带上阵是为了拆城墙、抢死人的财物、为士兵服务。[13] 实际情况肯定没有这么糟糕，罗马步兵的地位与之相比可能也要高一些。但总体来说，查士丁尼和库思劳的军队是很类似的，对波斯步兵的评判某种程度上也反映了步兵在罗马人中间的名声。

我们在前面已经确信，日耳曼人军事力量的根基不只是个体的蛮勇，同等地还有百户长领导下的氏族凝聚力。日耳曼人发动进攻时会组成大型的楔形阵形，或者叫野猪头阵形。尽管我们在日耳曼人中间找不到多少真正的军纪观念，但氏族天然的凝聚力仍然赋予其在文明民族中间要由纪律提供的东西，那就是战术单元，合众卒于一志。氏族组织随着日耳曼人与罗马人混居而消失了，从此再也没有了。

从一开始，在各个新王国定居的人就分为两类。一类脱离了旧的氏族单位，直接为国王或国王手下的伯爵服务。他们吃住都在王宫内或王宫附近，有的人根本没有家，其他人和家属会分到一小块地。另一类继续在氏族单位中生活，数目估计是大不如前。第一类人无疑主要生活在城市中；第二类人在乡间，或者由分地形成的大地主领导，或者连这样的领导都没有。过去，氏族的男丁数鲜有不满百者，多达数百也是常识，现在则分裂成了规模小得多的群伙，彼此不再有共同的生活方式，也不再能养成一体的精神。[14] 乃至宫里的人和伯爵直属的人还发现了一个新的、完全不同的将其群体聚拢的焦点。甚至仍然生活在乡间的氏族领袖与氏族成员的关系都彻底变样了。旧的百户长和同胞们生活在一起，在村社生活中自然形成了权威。新的地主则变成了贵族老爷，生活方式与同族的普通乡民越来越不一样。如果说他们现在还会组成传统的楔形阵，那么他

第四篇 向中世纪过渡

们当年的凝聚力和价值观已经不在了。

保存原来的战术单元,或者通过操练等权宜手段使之重建是不可能的。它的先决条件已经丧失了。日耳曼国王和手下的伯爵对同族行使的权威与旧百户长的权威不是一类事物。

甚至物理层面的先决条件都已经没有了,也就是一个相当大的群体过着联系紧密的共同生活。一个罗马化地区的伯爵领生活着几百个战士阶层的人——哥特人、勃艮第人或法兰克人——他们无疑能够通过不断操练兵器来维持武艺,但不能靠建立操练纪律。后面讲到战术单元重建时期时,我们还会解释这一点。但在我们要进入的时代,军事效能的这一极——罗马军团的价值主要就是基于它——逐渐消散乃至于几乎彻底不见,而全部注意力都倾注到了另一极上,也就是个人勇气和单兵武技。

过去使用夫拉矛、战斧、标枪（ango）[15] 或其他各人喜好的近战武器的楔形阵还是能够由相对有效的步弓手所替代的。我们发现,拜占庭人那里实际就是这样。但尽管拜占庭军队主要由日耳曼人构成,但其对弓箭的偏爱必然要归因于统帅。文献中特别记载,汪达尔人和东哥特人这些独立的日耳曼部族虽然不是不熟习远射武器,但还是更喜欢刀剑枪矛。法兰克人也是如此,很少有提到他们射箭的。

步兵的衰弱促进了骑兵的成长,因为衰弱的不是勇气,不是运用兵器的能力,也不是尚武精神,而只是步兵这一个兵种,当时的情况也对步兵不利。对现实缺少了解的维蒂吉斯（3.26）都评论道,他那个时代的骑兵再没有什么好希求的了。

对于定居在罗马人中间的日耳曼人来说,骑兵必然是他们全身心投入的兵种，而且不仅仅是狭义的骑兵。他们骑着战马进入战场，既要懂得如何驾驭马匹，在马背上作战，也要在情势需要时下马步战。他们与其说是骑兵，不如说是骑马的战士；换句话说，他们之所以是骑兵，是因为他们能做一切与骑马状态有关的事情。这是一个军队不能组建战术单元的时代。整个军事体系的基础都是单兵，是个人。一个只能用近战武器步行作战的人，如果他不属于战术单元的一分子，威力就很小；步弓手则只能起辅助作用。作为单兵，骑马作战的人比两者都要优越。

上述关系一旦发挥作用，再加上自然的动力，发展势头便愈演愈烈。最优秀的人争当骑兵，国王也不再关心传统意义上的步兵了。

经济因素也起了直接的推动作用。尽管意大利和高卢自3世纪以来衰退严重，尽管日耳曼人一再入侵罗马行省，烧杀抢掠，肆虐横行，但两地的人口肯定不会比罗马世界帝国初建时更稀少，甚至可能会更稠密，农业也更发达。当年，恺撒和三头联盟能率领六七万人纵横乡野，但那要有强大财源和后勤组织保障方才可行。如今世道已经退回到了以物易物，日耳曼国王也没有罗马掌握的行政机关。战士不是集合为军团，而是分布于全境，以便就食。大部队作战已经很难成事了，但喂饱一名最优秀的战士并不比喂饱一名平庸的战士更难。论打仗这门手艺，骑兵远胜于步兵。从一片区域集合几百名勉强堪用的步兵从来不是难事，但召集几百名真正合格的骑兵配上合格的战马，哪怕只是50人到100人，那都是很难的。对国王来说，最有用处的伯爵是带来的战士最精，而非最多的那一个。骑兵在每一个方面都优越于步兵，如果马匹数目不太大，他们可以就地自给，而且骑兵在必要时总可以下马作战。

第四篇 向中世纪过渡

早在恺撒时期，骑兵就立下了很大的功劳，但中坚力量依然是军团，也就是装备近战武器的重甲步兵。骑兵在恺撒军中的比例大概在 5% 到 20% 之间浮动。[16] 而在日耳曼-古罗马国家中，骑兵完全占据了上风，但这些骑兵与恺撒的骑兵不完全一样。查士丁尼的军队也是同样：作为特定兵种的步兵消失了。法兰克人或哥特人的骑手与其说是骑兵，不如说是骑马的战士。他们下马步战也不会觉得脱离本职。识别特征只有一个：每名战士都必须是武器运用精熟、身体强健的勇士。

本篇曾对法兰克人和其他民族定居过程的差别作了观察：法兰克人没有参与分地。现在，我们再次认清这一区别的现实意义其实并不大。各地的征兵不取决于可用男丁的数量，而取决于作战时能不能供应上装备和给养，他们能不能派上用场。另外，定居罗马行省的哥特人、勃艮第人和汪达尔人是非常少的。因此，西哥特人和勃艮第人之所以索取私有土地，必然是因为他们最初占据的地域很小；汪达尔人则是出于军事和政治的原因，有意识地将定居位置局限于庞大王国中的一个省份。同样的原因或许也适用于奥多亚塞和东哥特人；我们至少在意大利南部发现的哥特人很少。当法兰克人在克洛维领导下建立了庞大的王国时，大部分法兰克人还留在一贯生活的故地，或者前几代人夺取的土地上——罗马人要么被全部赶走，要么降服。在克洛维安排伯爵管辖的罗马区，皇室领地、村社公产和没收的罗马富人土地足以供养国王分配给每名伯爵的一小批人。

与哥特人、汪达尔人和勃艮第人一样，法兰克人的军队规模也很小。从纯粹的日耳曼区召集规模大得多的军队不难，但除非完全抛弃有秩序的组织，彻底摧毁当地的农业，否则就供养不起。他们只能以中等规模的单位进行远距离战略机动，而且问题不在于适合服役的男子总数有多少，而在于能运用自如的规模有多大。这就是狄奥多里克大帝一直对法兰克诸王——克洛维及其子嗣——占据优势的原因。克洛维当然有更多的战士，但东哥特人哪怕分散到了被打下来的意大利各地，却仍然能组成一支保持了机动性的军队。这支军队可以遵从国王和统帅的意志，利用富饶乡土的资源转移到任何需要的地方，然后集合作战。

我们再来捋一遍主题转换的线索：优势骑兵、突出单兵、战术单位衰落，这些因素都导致了军队的小型化。但如果我们首先知道，在那个时代的战斗中，决定胜负的是少数勇士组成的单位，那么克洛维只需要在他征服的广大罗马化地区安置极少数的法兰克人，继而完全用不着实施分地，其原因也就清楚了。

由于氏族解体且战士散居于广大地域，传统楔形阵的凝聚力不如以往，其价值也减小并最终消失了，但单兵的勇气或武艺并没有受损。既然现在只剩下个人勇武这个因素，于是出现了一种最有利于个人发挥的战斗方式，也就是既骑马作战，又不放弃在形势需要时下马步战的能力。

兵力、编制、战术是相互影响，相互约束的。通过确定民族大迁徙时期和东哥特军队的规模有多小，我们简洁得出了衡量法兰克军队的标准：他们的军队规模肯定也很小。这就意味着军队是由精锐兵士组成的，从而为骑士军制和战术作好了铺垫。

3 初期日耳曼-古罗马军事体系的衰落

汪达尔王国和东哥特王国没有延续很久。盖塞里克的王国成了东罗马帝国第一波攻击的牺牲品，而狄奥多里克的继承者们至少战斗了18年，因为汪达尔人在新环境生活的时间要比东哥特人长半个世纪，将北方的强盛军力暴露在文明的骄阳下。同样受到严重威胁的西哥特人之所以最终渡过危机，保住了王国和独立，主要是因为其地理位置，而非内在的实力更强。但150年之后，当一个新的劲敌——伊斯兰教徒——来到时，西哥特人被一举击溃，迅速土崩瓦解。

通过文献，我们得以窥见其军事组织的衰败，但我们在那里发现的情况不一定仅限于西哥特人。所有日耳曼-古罗马国家都会自然地、不可避免地走上这条共同的发展道路，尽管有些国家早在这之前就崩溃了，硕果仅存的法兰克王国则形成了另一种全新的政治形态。

解体迹象在定居之后很快就出现了，我们在第1章中提到过。散布于辽阔国土的哥特人不能集合起来服兵役。国王、公爵和伯爵、大地主，最后连上层神职人员都有了自己的私兵，buccellarii。

在一段时间内，面向哥特人全体的征兵和统治阶层的私人佣兵两者是并存的。但是，从过去的千户长（thiufadus）如今属于下层人，履职不力可处以体罚的事实来看，前者如今已经沉沦到了极点。许多哥特人失去了好战的天性；另一方面，罗马人——他们中本就一直有天性适合从军的人——进入了军队。

我们从日耳曼-古罗马体系崩溃前夕的改革尝试知晓了上述发展过程，而这些尝试也导致了万巴（Wamba，672年至680年在位）和埃维希（Erwig，680年至687年在位）两位国王制定了流传至今的法律。

万巴法写于673年，开头是一段动情的控诉，说在一次敌军的袭击中，许多男人逃避了保家卫国的责任，没有人去帮助自己的同胞。但从那以后，全体男丁——无论是神职人员还是普通教徒——在接到征兵令后，都必须去援救150千米范围内的遇事同胞（virtus）。不从者将受到最严厉的惩罚：流放、蒙受耻辱、赔偿损失、没收财产。

埃维希法写于681年，开篇同样是抱怨国民宁愿当富翁，不想当健儿，关心财产多于操练兵器，以为自己不用打胜仗也能享受劳动的果实。因此，这部法律旨在要求坐享富贵却无所作为之人承担义务，还要求每个人必须随时随地响应征兵。贵人不从者将由国王判决，家产抄没，本人流放。自千户长以下的平民不从者则处以鞭刑二百，剃光头发以示耻辱，并缴纳1磅黄金的罚金，无钱者贬为奴隶。应征者不仅要本人前来，还要带上十分之一的兵员，且要装备齐全。[1] 如发现带来的人数不足十分之一，则须将缺额交给国王，国王则可任意下赐。该法专门说明处罚手段同样适用于王室官员，收受贿赂者也要受罚。

两部法律都规定病重者无须服役；病情应有适当的证人查验，如果主人确实不能动身，仍需派遣部曲。后一部法律有一条无疑是后加上的补充条款，规定病情必须由一名教区主教查验后宣誓属实，否则不采信。

两部法律最重要的区别是，前一部只涉及保卫国家的情况，不管是抵御外敌和镇压叛乱。后一部比前一部更温和，去掉了羞辱性的惩罚和对目击证人的限制，但不仅涉及和规定了直接保家卫国的情况，而且将征兵整体包括在内。

达恩认为这两部法律是真正的军队改革，其最重要的特征除了更严厉的惩罚和管控以外，还将兵役范围拓展到了奴隶。[2] 从字面来看，这是正确的；但从现实来看，杂乱无章地将兵役拓展到无数民众身上标志着法律的破产。

有时，法条的措辞好像适用于全民，这种解读必然意味着要集结庞大的人群。但再看法律中关于随征人员及部曲的规定，这又显示立法者考虑的根本不是大众，而主要是大地主。法律规定，凡是上战场的人——不论是公爵、伯爵还是国王的扈从（garding），是哥特人还是罗马人，是自由民、释奴还是王室仆从——都要带上十分之一的部曲。如果他们以前只是依赖本族人的一部分打仗的话，现在要那么多武装部曲做什么？兵役拓展到神职人员这一条也是类似的情况：他们或许不需要亲自去打仗，而只需要提供兵员。

当时的情况是显而易见的：原先的哥特战士阶层在 250 年的时间里变得文明了，失去了尚武的秉性。在文明的氛围下，他们的好战本性与凶蛮气质一同消弭了。

战士阶层尚存的思想仍然存在于人的理念之中，但现实中已经不是那个样子了。通过这样或那样的方式，战士阶层逐渐被大地主阶层取代了，每个大地主都有一批武装人员。在表面上和字面上，立法者是在号召既不愿意打仗也不会打仗的老百姓，其实是在呼吁贵族配合。战场上绝不可能维持乌合之众的秩序纪律。立法者越来越清楚地认识到当年的哥特战士已经消亡了，个体市民或农民也不可能突然间被拉到远方的战场上，于是要教会和世俗两界的大领主出人，带上部曲出征。这些大地主至少能够为手下提供装备和给养，但由其支配的部曲仆役仍然不是精锐的战士。即便我们可以设想法律得到了严格的实施，官员也很得力，确实集结起了一大群人并配备了充足的武器辎重，但他们还是缺了最重要的东西：确保军事素养。

一个事实明显露了怯：面对有效编制和实用军制的缺失，这两部法律企图用爱国情怀、道义大言和更严厉的刑罚来替代，而刑法的效力必然不彰，因为条文的严厉恰恰表明其不可能被实施。

当然，尚武精神在菲列迪根和阿拉里克的孙辈中间并未完全泯灭，就像在罗马化民族中那样。实际上，内外战争依然频繁。酋长的私人武装随从（buccellarii）肯定还存在着，但真正高效有力的军队组织已经没有了。

难怪上述法律颁布30年后，正如当年的汪达尔王国一样，西哥特王国也被一举击溃。

4　封建制度的起源

法兰克王国与其他所有日耳曼国家最大的区别在于王权强大得多。克洛维、他的儿子、他的孙子都是最野蛮的暴君。尽管日耳曼人的自由意识和顽强精神有反对暴政的倾向，但这种反抗并不针对国王，也不追求推翻王朝，而只是试图在制度内部限制王权。与布伦希尔达（Brunhilda）和芙蕾德贡达（Fredegunda）两位王后的名字关联的那场大冲突其实是王权与贵族的冲突，只不过表现为王室内斗而已。在西班牙，贵族和教会让王权极度依赖他们，以至于他们会自己登上王座；王位不再是世袭传承了。墨洛温王朝创立了国家，独自让原本天差地别的两大地域和人群——日耳曼和罗马——合为一体；尽管不时有摄政擅权之事，但王朝还是延续了下来。权力与权力对抗，这种内斗对军事体系是有利的。

起初，法兰克王国不存在公认的贵族。当克洛维任命伯爵们管辖征服的地域时（伯爵的主体大概来自向他本人效忠的扈从，也就是 antrustiones），他们是他的下属，以国王的名义指挥分配的人民（leudes）。但克洛维百年之后，克洛塔尔二世（Chlotar II）在

《巴黎敕令》(614年)——这是第一部可以称之为"大宪章"的文献——中对法兰克贵族做了多项承诺,其中之一是某地的伯爵人选只会出自当地的大地主。[1] 敕令是为了报答伯爵们在王室内斗中站队和决定性支持,以及允许芙蕾德贡达之子将老太后布伦希尔达用野马活活拖死的判决。① 西哥特的国王要么被杀死,要么被废黜,然后另选新王;法兰克国王则权力受到约束。

在这一时期,大地主阶层在法兰克王国发展了起来,他们的态度向背决定了内战的胜负,他们也希望与国王同掌大权。文献没有直接说明他们的起源,但我们可以这样回溯到他们的发轫:在罗马区,他们是罗马元老阶层的延续,后者有一部分通过与日耳曼人联姻而日耳曼化了,因为许多罗马显贵都进入教会任职,于是产业就由日耳曼人继承了,另一部分是通过将没收的财产转交给日耳曼人。此外,国王还会赐予忠实的随从——主要是他的伯爵们——大片公有土地,伯爵们又利用权力扩大了自己的产业。在早期的勃艮第王国和西哥特王国,日耳曼大地主是通过与罗马人分地形成的。在日耳曼区,法兰克人起初还不愿接受从属地位,那里的大地主阶层大概主要是因为仍然与日耳曼人共居的罗马佃农成了日耳曼人的农奴。国王恩赏也增加了奴隶的数目,但由于缺少可转赠的奴隶,该因素在此处不会很重要。

如果大地主阶层的势力大到足以左右王位强力竞争者之间的内

---

① 克洛塔尔二世就是芙蕾德贡达。他的母亲和布伦希尔达分别是法兰克王国不同部分(法兰克王国当时分为多个小王国)的王后,前者害死了后者的妹妹、丈夫和儿子,两人结怨甚深。

战结果，并逼迫国王颁布《巴黎敕令》，那么他们手里肯定有士兵。毫无疑问，当这些大地主担任伯爵时，产业就是属于他们的；事实上，他们的产业正是源于伯爵的官位。换句话说，克洛维任命的伯爵和分给他们调配的战士已经成了自掌兵权的大地主。起初为国王服务的战士，或者说这些战士中的一大部分都变成了私兵。

机缘巧合之下，《尤里克国王法典》的部分条文在巴黎的一张重写羊皮纸上流传了下来，从而正面证明早在 5 世纪的时候，私兵（buccellarii）就存在于西哥特人中间。我们还看见由于现实目的，西哥特王国的军事体系后来怎么演变成了杂乱无章地征募大地主手下的武装仆从。关于法兰克人，我们直到《巴黎敕令》才有了完全可靠的正面证据，那时已经接近 7 世纪中期了。但《巴黎敕令》本身足以证明私兵之前就存在于法兰克王国，而且是大面积地存在。事实上，从私兵取得的成就和功绩判断，我们必须假定法兰克王国的私兵化比西哥特王国深入得多且更加活跃。

保罗·罗斯为澄清那段艰难时局而用功甚勤，他曾表达过一个观点：经常与墨洛温王朝的贵族相伴出现，被称为"小伙子"（pueri）的随从是奴隶。[2] 当然，他们有几次进行的活动确实会让我们得出他们不过是仆役，因此很可能是奴隶或农奴身份的结论。但是，这并不意味着这个词只能指称没有自由的人。在这一点上，罗斯是因为他问的问题过于狭隘而被误导了，他的问题是：奴隶还是侍卫？在他看来，侍卫的地位很高。但在西哥特人中，我们发现侍从和没有自由的人之间还有普通士兵，也就是 buccellarii，他们处于依附地位，但仍然是自由的。我相信下述假设并非过于大胆：图尔主教格雷戈里的著作和墨洛温时期的其他作品中的"pueri"与阿加西亚斯笔下的"paides"是一回事——也就是日耳曼语里的"Degen"。他们的社会地位太低，以至于同样的称呼也可用于没有自由的人，但在法律上，他们属于自由人，依附和服从主人只是出于自由意志。当然，即便是 1 000 年后，Knecht（仆从）也用来表示普通士兵这样的服役者（Kriegsknecht）；作为自由的佣兵，他们可以随意选择服务对象。墨洛温王朝的伯爵和公爵对身边私兵的要求是最勇猛的人，明明有最勇猛、最有力的自由人可以用，他们怎么会专门从不自由的人中选拔？这难道是可以想象的？凡是想在身边聚集无畏勇士的人，很少能在奴隶中找到合适的人选。即便文献里没有完全正面的、无可置疑的证据表明 6 世纪的法兰克贵族身边有没有"自由人士兵"（freie Degen），但是我们毕竟没有任何反面的证据。问题的性质决定了法兰克伯爵——他们身边有武装随从，同胞中又有合适的随从人选——不会让纯粹的奴隶当侍卫。之所以从政治-法律角度出发，上述情况乍看起来没什么值得注意的，只是因为这是纯粹的私人关系，与国王的君主权利和臣民的义务并不矛盾。

除了 puerii（小伙子）以外，我们发现为法兰克贵族服务的人还有 amici（朋友）、pares（同侪）、gasindi（武装随从）和 satellites（副手）。这些名目的指称对象也存在疑点，并非一目了然。即便自由人中的某些人确实成问题，但正如罗斯认为的那样（第 157 页），我们在该群体的成员中仍然有可能找到门客（clientela）性质的庇护关系。现在确定了法兰克贵族的随从中必然有自由人身份的战士之后，我们就不可避免地会得出一个结论：这些名称指的也是武装随从，其社会地位多少比 pueri 高一些（当然，因为它们不是专业

术语,所以并非全部,而只是部分如此)。³

如果日耳曼国王——不管是克洛维还是狄奥多里克——让伯爵去管辖王国各处的话,那么伯爵自然不仅会从老百姓里找仆役和粗汉,他们会选一些经过历练的、靠得住的伙伴,并按照日耳曼民族的习俗,要求其发誓效忠于自己。

按照日耳曼人的法律观,自由人无疑可以让自己从属于另一个人,作为其忠实的扈从。对古代日耳曼人来说,只有君王才允许有扈从的政治思想是陌生的。当然,从现实角度看,只有地位崇高、极其富有的人才能有自己的扈从;毕竟,扈从要和主人一起吃饭,主人必须供养扈从。现在,一批大地主和伯爵就处于这样的地位。于是,我们可以合理地认定文献里的"amici""pares"和"gasindi"都是伯爵或其他显贵的侍从。即便这种关系最初没有得到公开和法律的承认,但激发它的精神与古代扈从制度是一样的。然而,我们现在讨论的这个群体规模太大了,不能强行塞到先前的那种扈从概念里。我们不知道过去那种扈从效忠义务的形态是不是同样适用于后来的这些关系。如果适用的话,它的扩大化必然与某些变化有关联,于是"到底是不是扈从"的疑问自然就会提出来。对此,我们这样回答就够了:有一部分战士或多或少地按照古代君王扈从的形式,自行向不是君王的人效忠。

从文献来看,这种战士从7世纪中期之后就存在了。但我们已经看到,从常识道理和《巴黎敕令》来看,这种形态显然早就出现了。

"附庸"(vassal)已经成了表达并非由国家当局征召,而是通过一种特殊义务关系从军者的术语。它起源于凯尔特语,本义是"人",因此和拉丁语文献中的"homo"和日耳曼语文献中的

"leudes"是一回事。这个源于凯尔特语的词只是出于偶然被用于特指。

在最古老的文献中,"vassus"的词义与今天不同,指的是没有自由的仆役。vassal是经历了某种演变的过程才有了后来的、我们现在接受的意思;当然,其他地方也观察到了这个过程。最早发现"自由人战士"这个含义是在巴伐利亚。对巴伐利亚人来说,"vassal"是一个外来词,其实指的并不是没有自由的人,它也可以用在显贵头上。在查理曼时期,它带着新的含义传回了莱茵河对岸。[4]

为用词简明起见,我们之后会用"征士"(leudes)指代直接受墨洛温诸王征召的战士阶层,用"附庸"(vassals)指代由大地主征募、先前被西哥特人称作"家丁"(buccellarii)的军人阶层。文献中没有严格区分两种用法。直到8世纪下半叶的查理曼和虔诚者路易时期,"vassus"在今天的含义,即从属于他人的自由人,才得到广泛使用。但在文献中,leudes并不仅限于国王手下的士兵,也包括贵族的士兵,而且这个词直到8世纪才消失。[5]两者以外还有"amici"、"gasindi"、"ingenui in obsequio"(效忠的自由人)、"pueri"、"satellites"等词。因此,我对这两个词的区分——将"vassal"的使用时期向前推,并限定"leudes"的含义,只能将其理解为缩略语。

附庸的主人被称作"senior",本意是上级。法语里的"seigneur"(领主)一词就是由此而来。

我们从文献中不能直接确定附庸招揽的数目从何时起开始扩张。起初,这个群体当然是很小的。但从《巴黎敕令》来看,到了以布伦希尔达王后被处死(613年)告终的内战时期,决定战斗结果的无疑就不再是伯爵手下的旧征士,而是附庸了。何以如此?

第四篇　向中世纪过渡

我们已经根据当时的战术得出结论,那个时代的特征所需要和产生的是精锐武士。在日耳曼-古罗马诸国的普遍条件下,只有这种武士才能发展起来；事实上,只有它才能生存下来。

清晰地认识这一点极为重要。举个例子,强如墨洛温王朝也不能恢复公元一二世纪的罗马帝国军制。不识字的新君主不能利用手中的财源建立官僚体制,法兰克人不会严守军纪,一片实行以物易物的地区也不能通过税收供养纪律严明的军队。普遍征召不习兵事的壮丁毫无用处。这种社会只能有专门武士阶层这一种军制,而且在大国中,它不可能是官僚制的,而必然是封建制的。

领主带着他自己的士兵,为了他自己的目的上阵,军资是他自己的,武器是他自己的,战马也是他自己的。他必然与朝廷派遣到地方,管辖或长或短的一段时间,利用公共资源为士兵提供装备的伯爵完全不同。后者即便志虑忠纯,战斗力也比不上前者；如果连志虑忠纯都做不到,而是心怀私欲,那就更不会尽心训练士卒,养护马匹和兵器了,不愿意进行必要的支出,却仍然紧紧盯着用度节约,于是,他的部队很快就会变成一个笑话。控制是没有用的,因为上面对以物易物和士兵素质的控制只能是蜻蜓点水,或者压根管不了。视察能够起到整顿训练和税收的效果,而且部队上战场时,一切都要服从于军政和军令。但无论法兰克人的军队在克洛维后嗣手下取得了怎样的成就,一支完全依赖个人勇武和自带装备的部队在开战后的战斗力仍然是无法保证的。在组织管理手段方面,拜占庭帝国远胜于墨洛温王朝。尽管如此,我们已经看到连拜占庭也诉诸于依靠佣兵队长提供兵力的权宜之计。率领附庸上阵的法兰克大地主就是一种佣兵队长,不妨说是终身佣兵队长。不仅在战时,他在平时也要供养士兵和维持军事组织。

直到这里，上述发展过程与我们在西哥特王国观察到的情况都是如出一辙。但在西哥特王国，家丁最终没有发展出一种有效的新式军事组织。只有法兰克王国通过加入一个维持附庸体制、迫使战士保持职业素养的新元素而做到了这一点。

这个新元素就是分封土地制度。

我们之前介绍勃艮第人定居过程时发现，国王赐予的土地尽管是世袭产业，但仍然有某些约束和限制。现在，这些约束和限制成了法律制度的典范和出发点。我们这样说就够了：法兰克人发展出了封地换军役的做法，封地并非封臣的世袭私产，而是要在该领地的新君即位或封臣去世时收回，换言之，分封者或受封者死后，封地会回到分封者或其继嗣手中。如果原来封臣对新君宣誓效忠，继任的封君可以再将封地授予其原来的持有者。如果去世封臣亲属中有人有上阵杀敌和宣誓效忠的能力和意愿，当封臣去世时，封君可以将封地赏赐给去世封臣的家人。如果上述条件没有满足，则封君会收回封地。于是，通过赐予封地的方式，封君既供养了自己的附庸，又没有永远放弃自己的土地。封君让手下们居住在他的产业上，其自然也就依赖于他，并且不只是一代而终，而是世代延续。

附庸制和封建制是两个政治制度，不一定彼此伴随。附庸不一定有封地，有封地的也不一定是附庸。在世界历史上，重要的是这两个概念的结合，它们共同构成了封建制度。

我们可以假设，由于分统国土的多名墨洛温诸王之间，以及国王与贵族之间冲突不断，所以法兰克王国中一直有一种强烈需要军事实力的意识。随着建国时原有的战士阶层越来越转向务农，当时就产生了一股风潮,要通过附庸来延续或更新战士阶层,并在封君更替或附庸身死时授予土地,从而为附庸制提供一个广阔的、长期的基础。

但是,附庸制与分封制的结合不仅适合地主供养战士,对创建各种类型的大规模组织同样极为有用。豪门巨室——例如丕平家族(Pepins)和阿努尔夫家族(Arnulfs),乃至于两者通过安塞吉塞(Ansegisel)与贝嘉(Begga)联姻达成的联合体——不能直接经营分布在许多区域的产业,我们也看到了领主的监察对基于附庸制的军事体系有多么重要。于是,一种权宜之计就出现了:将大片土地分封出去,前提是大封臣要将封地再分封出去,通过这种方式提供兵员。

为了继续向国王争取权利,大地主们还需要紧密联合。这种联合最明确、最可靠的形式就是附庸向封君宣誓效忠。事实上还不止如此:地主会将土地献给领主,然后再由领主封给自己。世袭继承权确实保留了下来,因此缺少封地制度的一个重要特征,但在背叛的情况下,授予的土地仍然有可能被收回。因此,这一法律行为意味着订立附庸效忠的契约。接下来,除了封地以外,封君还会经常用自己的产业下发赏赐。

中世纪最大的地主是教会。于是,当军事实力成为占有土地的一个条件时,教会为了确保自身的权势、安全和广泛的影响力,也不得不分封土地以维持一批附庸。早在6世纪,同为主教的萨隆尼乌斯(Salonius)和萨基塔里乌斯(Sagittarius)兄弟就曾率军上阵并亲自参战;虔诚的图尔主教格雷戈里还对此表示很难过(4.42;5.21)。到了7世纪,主教们有了自己的部队并派他们上阵。从8

世纪初期开始，我们发现了亲自统军的主教，这种情况很快成了通则。

关于领主及其附庸在战争中的重要性，一份偶然保存下来的查理曼动员文告为我们提供了一幅合理的图景。尽管文告的年代是804—811年，大大晚于此处介绍的时期，但类似的文件和命令之前毫无疑问是有过颁布和执行的。我们现在谈的正是封臣动员制度，因此，把它拿到这里来讨论也是可以的。它是发给弗尔拉德院长（Abbot Fulrad）的，此人大概是法国北部圣康坦修道院的院长。[6]

文告通知院长当年的御前会议将于萨克森东部的博德河畔施塔斯富特（Stassfurt-on-the-Bode）, 要求院长率领全部装备齐全的武士（hominibus）于6月16日出席，并做好准备从那里向会议决定的任何地点进军。每名骑马武士应配备盾牌一面、长矛一支、长短剑各一把、弓一张及箭一只。各种作战所需器具都要装在车上运来：长斧、短斧、钻子、鹤嘴锄、铲子、锄头。粮草要带足施塔斯富特大会后3个月之需，兵器被服要够换半年的。沿途不得扰民，除青饲料、木柴和水以外不得索取。首领应与辎重同行，并有马队纠察不法。

我们要停下片刻，想一想备齐3个月粮草的要求。由于院长到施塔斯富特时要有3个月的粮草，从圣康坦到施塔斯富特又有超过450英里（约724千米）的距离，所以他出发时要带上4个多月的给养。811年的一份法令汇编规定，卢瓦尔河以外的封臣应带足渡过莱茵河后3个月的粮草；莱茵河以内的封臣应带足渡过易北河后3个月的粮草。如果要对西班牙作战，则莱茵河以外和卢瓦尔河以外的封臣分别应带足越过卢瓦尔河和比利牛斯山后3个月的粮草。

因此，在大多数情况下，封臣出发时应带足 4 个月的给养。文献中没有明说回程的补给来源。如果作战期间没有缴获大批物资，那么战役时间就不能超过两个月，以便远道而来的部队能靠 3 个月的粮草回家。

一名现代士兵每天的口粮（忽略掺入土豆或米饭的情况）如下：

1.5 磅面包	750 克
熏肉	250 克
豆子或面粉	250 克
盐	25 克
咖啡	25 克
总计	**1 300 克**

如果把咖啡去掉，再考虑到面粉比同等数量的面包轻四分之一，那么一日口粮的重量就在 1 100 克左右。如果用鲜肉的话，要比熏肉重一半左右，所以是 375 克。一名罗马士兵出征 16 天会领到大约 15 千克的面粉。此外，法兰克人还会带上果干、洋葱、芜菁一类的东西，[7] 但法兰克口粮与罗马口粮的主要区别在于，他们习惯食用的肉要多得多，出征时会带上活畜，随杀随吃。除了 1 000 克的面粉和盐以外，罗马士兵还要吃一些别的东西，所以我们必须按照 1 250 克来估计其一日份的口粮，那么，日耳曼士兵一日的口粮至少就要有 750 克，外加鲜肉，4 个月大约是 90 千克。如果再算上每个士兵放在车上的辎重器具，一匹驮马或一头公牛的净载重量为 200 千克，[8] 再考虑到车夫的伙食，那么一对役畜也就勉强够 3 个人用。如果弗尔拉德院长有 100 名战士的话，那就需要大约 15 辆

战争艺术史：蛮族入侵

两对役畜拉的车或30多辆一对役畜拉的车。当然了，这些附庸自己是不用背东西的。事实上，我们可以假定他们经常会带上妻子或儿子同行，不仅是为了心情愉悦，也是为了伤病时照顾自己。院长大人有自己的需求，而他的许多随从肯定也会带上跟班和仆人，于是这支队伍的总人数至少要达到100名战士的两倍。就这还没有算上给日耳曼人解渴的一桶桶酒，所以全队出发时至少要有四五十辆双车和单车。尽管车上的东西会逐渐消耗，行军过程中只有少数会被送回去，因为大队人马要一同征讨远方，路上每天都要争夺草料和工具，所以不断会有替换和备用的需求，更不用说牲畜和工具的战损了。供屠宰的牲畜不会有太多肉，估计200个人一周要杀3只，所以4个月就要50只。

一个问题出现了：由于行军途中还可以补充给养，实际数字是不是要少很多？比如，利用莱茵河及其支流的水道，各大渡口——斯特拉斯堡、美因茨、科隆、杜伊斯堡（Duisburg）——不难建立补给点，因为部队都是从西向东走的。但我们从没听过有这样的事，因为那是中央政府的工作，而携行辎重是各路人马自己的责任。如果弗尔拉德院长想在仓库补给的话，他必须交钱来买，于是就不得不向手下的农民征收高昂的货币税。而农民根本拿不出来，所以院长别无选择，即便要去的地方很远，还是将自己的给养装在自己的大车上运输。[9]

读者肯定会注意到，我们的估算里不包括马匹的草料。按照现代条令，一匹马一日的配给是5千克到5.65千克燕麦、1.5千克干草、1.75千克稻草。[10]因此，只算燕麦的话，一匹马6周的食量就超过其运载量了。[11]出远门时不可能携带骑用马的草料，役畜就更不行了。途中买不到草料，又不能强抢民财，所以牲畜只能纯吃青饲料，体格因而会比较瘦弱。

一个只有 100 名战士的领主队伍有大概 50 辆车，当然还要算上每一个战士的骑用马，那么所需的牲畜只数要远远超过总人数，更会大大超过战士人数的两倍。即使我们假设肉畜就来自上路时拉车的牛，因为旅程中车辆会逐渐变空或损坏，上面的那句话无疑仍然是正确的。

在以物易物的时代，远途行军是一项负担沉重的大工程。即便圣康坦修道院很富庶，弗尔拉德院长能为萨克森之行派出的人手大概也远不满百。

现在，我要请读者们最后一次怀着同情的眼光来看待学究们的看法。他们认为，从图林根到加斯科涅的法兰克伯爵都要率领着辖区内所有的农夫，乃至所有的适役男丁上战场，自备补给和装备，穿梭于国境之间。

法兰克王国由日耳曼区和罗马区组成。当克洛维将这些不同的地域结合成一个王国时，它们的社会结构可谓天差地别：一边是由平等、自由、完全不愿务农的战士组成的氏族，一边是一小撮大地主和广大农奴和市民。只过了短短几代人，两地的社会结构就变成一个样了，这难道不令人惊讶？学者们早就应该问一问：为什么生活在罗马区和日耳曼区的法兰克人之间看不到任何重大的区别？我们现在提出了这个问题，其实答案在前面就给出了。在内战期间，奥斯特拉西亚（Austrasia）被证明是最强的一方。人们容易认为它占据优势是因为它以日耳曼气质为主导，但如果这就是全部答案的话，那么它的优势必然要大得多。那样一来，我们就必须好好问一问，纽斯特里亚（Neustria）、阿奎塔尼亚（Aquitania）或勃艮第（Burgundy）怎么能与奥斯特拉西亚对抗呢？但是，以内战的规模之大、时间之长，各国的实力差距肯定是相当小的。原因在于，一旦法兰克人成了庞大王国的一分子，他们很快就放下刀剑，拿起了锄头，包括留在故地的人。新军制必然与普遍征兵无关，而必然要有一个划分和筛选的过程。如果一个战士阶层骑到了早已不习兵事的凯尔特-罗马农民和市民头上，而这个阶层主要是从迁来的法兰克人中招募来的话，那么同样的变化也发生在了法兰克人的故地。国王和伯爵不能再忍受过去那种乌合之众边抢劫边迁徙的情况了，他们会从各个百户中召集人员作战，人数以能够维持秩序为限，而这个人数肯定是很少的。在相当长的一段时间里，日耳曼人还过得去，但保留了战士身份的前同胞们最终为他们套上了枷锁，而且束缚得可能比另一边的罗马佃农还要严厉。

法兰克王国是作为一个部族政权建立的，出于现实因素，普遍的兵役其实仅限于战士阶层。这个战士阶层只有作为大地主阶层的附庸才能存在。大地主阶层通过封地制度让战士和自己绑在一起，掌握了武装力量，以至于接管了地方政区伯爵领，不久后又占据了中央朝廷的官职（seneschal），相当于今天的阁部。墨洛温王国继续存在，但要受到新型贵族领袖的监管。这些在王国的3个分支——奥斯特拉西亚、纽斯特里亚和勃艮第——掌权的大家族彼此攻伐，最后有一个家族用征服加联姻的方式统合了其他家族，重新树立王国主要分支一统大权，尽管地处边陲的巴伐利亚和阿奎塔尼亚依然保住了独立。

法兰克王国军事体系的封建化是一个极其缓慢的渐进演变过

程,因此很难确定分界点或起始点。早在王国形成后不久,普遍兵役制的原则和招募家丁或附庸的实践就是并存的。尽管实践的一面一直占据主导,稳固而永久地扎根于封地制度之中,最终也得到了政治和法律的确认,但国王有权征召全民从军的基本原则却绝没有被抛弃。很长一段时间里,两者是并立的。下一卷会讨论两者的对比。

新的军事附庸阶层是从旧的兵士阶层转化而来的,区别在于后者是由国王征召的,前者则是由领主,也就是地主的臣下和仆从组成的。兵士是转变为战士阶层的法兰克部民,但并不排斥罗马化民族;同样地,附庸阶层主要由日耳曼人组成,但并非清一色。

毫无疑问,定居在罗马化民族中间的法兰克人很快就学会了拉丁语,不是古典拉丁文,而是通俗拉丁语,后来的法语就是从中发展而来的。但他们仍然在长时间内保留了日耳曼语。据记载,晚至698年,圣安思伯(St. Ansbert)在鲁昂举行的葬礼游行上,悼念者表达哀思时还是杂用各种语言。[12] 第一个表明法兰克人不再懂得日耳曼语的确切证据来自842年,当时日耳曼人路易对弟弟查理盟誓时讲的是罗曼语,以便弟弟的将士们听得懂。第一位不懂日耳曼语的西法兰克国王是雨果·卡佩(Hugh Capet)。[13]

在情况基本类似的意大利,伦巴底语直到10世纪下半叶才在南方被意大利语取代,在北方更是到1000年前后才消亡。[14] 因此,日耳曼语在罗马化地区坚持了300年到400年的时间,其之所以可能,是因为战士们构成了一个长期保持紧密关系,于是以内部通婚为主的群体。被该阶层接纳的罗马化民族成员则日耳曼化了。我们能发现许多这样的例子:法兰西地区的罗马化显贵不仅取了日耳曼人的名字，更接受了日耳曼人的习俗服饰，身上总是带着武器，冤冤相报，还喝起了啤酒。[15]宫廷和贵族延续了日耳曼特色，对罗马文教兴趣很小。想学读书的人要去教会，不能进政府。

现在的世界与三四个世纪前的面貌是何其天差地别。过去，全体公民在一统江山的文明世界中和平地生活，缴纳税金供养纪律严明、守卫帝国边疆、抵御四境蛮夷的军团。罗马人本身不再能产生兵士（leudes）和附庸（vassals）这样的战士阶层，文明的社会和世界中没有多少尚武精神。罗马军队只有靠纪律才能维持。天性尚武的日耳曼军人被嫁接到垂死的罗马制度上，产出了一个独特、自立自足、凭借尚武精神而延续的战士阶层。

普罗柯比（4.30）笔下的罗马统帅在塔吉纳会战前对手下将士说道："你们是作为国家法度的守卫者踏入战场的，而对面的那些人徒知践踏，他们的事业根本没有传于后世的希望，但在他们眼中，自己的存在、自己的前途只是明日复明日而已。"多么有力的表述！这段发言肯定是虚构的，但哪怕是对纳尔西斯军中的伦巴底人、赫鲁利人和格皮德人来说，其中的思想大概也并非不可理解。他们以踏碎文明为乐并从中取利，但同样有一种强烈的、属于蛮族自己的意识，要亲手创造出新的文化。盖塞里克和狄奥多里克的造物后来怎么样了？

面对一场接一场的危机，就连古老的罗马帝国及其蛮族士兵都没有自保的能力，最后从罗马与日耳曼元素的混合体中生发出一种独特的新政治秩序。古典文明在教会中存续；政权和军事体系则主要源自日耳曼。

如今，已经推翻西哥特王国的阿拉伯人越过比利牛斯山，想要也征服法兰克人。

伊斯兰教徒还压向君士坦丁堡并在近处围攻了这座都市。意大利受到严重威胁。先知的骑手们现身卢瓦尔河畔，莱茵河外的异教徒再起波澜。基督教和日耳曼-古罗马世界险些命丧此劫。世界史上没有一场战斗比查理·马特（Charles Martel）挡住阿拉伯人，并将其逐回的图尔会战更重要。对于此战的细节，我们基本上一无所知，但有一件事是可以说的：在这里，挽救了日耳曼-古罗马与基督教世界的是加罗林王朝的封臣，这些战士在法兰克王国得到发展，在西哥特王国却受到忽视。

附注选译

1　日耳曼人政治-社会结构[①]

我对日耳曼人政治-社会结构的观念与主流观点有很大区别。我首次提出自己的看法是在《普鲁士年鉴》(*Preussische Jahrbücher*)第 81 卷（1895 年），并做了详尽的论证。接下来，我会择其要点介绍。

最关键的一点是：宗族与百户是一回事。

在我看来，魏茨（Waitz）已经很好地证明了百户等于宗域。后来的学者——西贝尔、西克尔、埃尔哈特、布伦纳、施罗德——不认同这种看法，而是认为每个宗域至少有 2 000 名战士。但这种看法是没有依据的。问题的关键在于"pagus"这个词。它在罗马人那里的意义相当宽泛，指的是一片土地、国家的一部分、一块不限大小的区域。恺撒曾分配给赫尔维蒂人 4 个 pagus；此处的

---

① 选译自第一篇第 1 章。

pagus 显然不是百户，甚至肯定比千户还要大得多。我们必须这样理解：赫尔维蒂人口众多，已经不能全体聚在一处开大会了，于是分为 4 个通过盟誓结合的共同体。由于 4 个共同体仍然一致对外，所以罗马人将一个共同体称为赫尔维蒂部的一个 pagus。针对我们研究的特殊问题，可以不考虑这种 pagus，就像也不需要考虑大体相当于古代的部落（tribe）的中世纪 pagus 一样。

在日耳曼早期，可视为"pagus"的最大单位是千户。假如我们对日耳曼部落的人口数量和人口密度没有确切认识的话，这种可能性也是能够考虑的。然而，如果按照古代日耳曼人的文化和农业条件，平均每平方千米最多不超过 11 人或 12 人的话，那我们就必须抛弃千户论。对于一个有三四名酋长（prince）的部落，我们无疑可以设想每名酋长会分到一片约有 1 200 名至 2 000 名战士的区域，负责区内的裁决断案，而这片区域有时可能就被称作"pagus"。但是，如果我们预先对百户的性质和百户聚落的形态有了一个清晰的认识，那么，罗马人口中的日耳曼 pagus 基本就是百户，这是毫无疑问的。而且，既然萨克森人直到中世纪晚期——甚至包括日耳曼早期——都有用"Go"指代百户的用法，我们将它用作百户的专门术语也是合理的，同时并没有否认日耳曼人也可能将"Go"用作区域的泛称；今天德语中的"Bezirk"也是如此。

因此，"pagus"就是百户。布伦纳最近提出了一种假说，理查德·施罗德（Richard Schröder）也表示赞同。他认为百户是一个因人而异的单位，是由一名长官统领的军队一部，人数当然不总是恰好 100 人，因为一个宗族应该全体生活在一个地方，但不时地会根据军事目标作出调整。

下面要讲的几个因素不利于该假说。日耳曼人是以宗族为单位出战的,这是确认无疑的。将宗族人为地结合为百户(假设宗族不满百人)毫无道理。为了维持秩序,罗马这样的城邦不得不将战士任意编组为"百人队",因为他们没有适合作战的天然单元。然而,宗族——说到底,宗族肯定不会那么小,即便宗族太小,起码还有村庄——为日耳曼人提供了极好的军队单位,实在看不出来人为编组的单位百户为何会产生,又为何能维持,而且是延绵数百年不断,普遍实行于所有日耳曼人。

还有一点更降低了该假说成立的可能性。百户的首脑百户长是管事的,而且我们一再发现,百户长明显是基层的真领导,是一个源远流长的职位。试问,这怎么可能发生呢,如果百户长只是一个成员不断变动的单位的长官,如果百户本身不是一个极其稳定持久的单元,如果这个单元真正的团体驱动力不在百户这一层,而在百户之下的小家庭,这怎么可能发生?

最后是一锤定音的一点:多个宗族拼成一个百户绝无可能,因为宗族太大了。迪奥·卡西乌斯(Dio Cassius,71.11)告诉我们,日耳曼人与马可·奥勒留议和时,有的是以部落为单位,有的是以宗族为单位。这些"宗族"(Geschlechter)不可能是10家、20家组成的小团体。前文引述过的保罗执事(2.9)的记载能得出同样的结论。不过,如果我们一定要将宗族设想为由一百名战士,乃至常有数百名战士组成的单位,那么自然就可以推论出百户不可能是宗族的下属单位,所以宗族和百户就是一回事。正是凭借上述认识,而且只有凭借上述认识,我们才能明白百户长在所有日耳曼部落中占据的广泛而持久的地位;换言之,他是宗族的首领,是长老。

从经济状况出发也会得出同样的结果。土地由宗族共有，宗族将份地分给个人，个人并无所有权，这是很明确的。就算不看迪奥·卡西乌斯和保罗执事的证词，多个宗族分占一个村庄也是不可能的事。那样一来，宗族就成了夹在村庄和小家庭中间的一层，不仅多余，而且不可容忍。在古代日耳曼文献中，直到相当晚的时候仍然有将村庄称为"宗族"（genealogiae）的情况。在古高地德语中，拉丁语里的"tribus"（部落）被翻译为"chuni"（百户），"contribules"（部落成员）被翻译为"chunilinga"（亲属）。在盎格鲁-撒克逊人的语言中，"maegd"（相当于"gens"）与"territorium""provincia""patria"（地域、地方、本土）的意义完全相同。因此，宗族和村庄是一回事，这并没有排除一个宗族有时会散居多处、彼此有相当距离的可能性。出于现实原因，散居的情况大概是很少的，因为从相互支援着眼，每处定居点的规模不能太小。无论如何，从政治角度看只存在一个政治单元，它以地方的主宰自居，然后将土地分配给个人。

这个单元就是村庄。它必然要有一个人统管经济活动，一个位高权重的首脑，因为公田、牧场、林地、牲畜蓄养和保护、播种和收获、防火、互助诸事都需要此人一直操心。没有任何地方能证明百户长之上还有长官，而且这个身兼村长和族长的人实在太过重要，上面显然不可能还有一个直接管着他的百户长，说到底，百户长的社会阶层也不是很高。族长和村长肯定会把百户长废掉。族长兼村长必然会架空百户长。这两个职位关系太近了，一山不容二虎，而且百户长显然是较弱的一方。由此可见，将两者分开是不可能的。可以想见，有时会出现一名统领多个村庄或宗族的军事统帅，但普遍存在于日耳曼人中间，延绵数百年，屡屡走上前台的百户长绝非临时职位，而必然要与一个稳固的共同体有着明确的关联。因此，百户长不可能独立于统管经济活动的族长兼村长之外，两者实为一人。从两个职位的同一性能得出三个共同体的同一性：宗族就是村庄，村庄就是百户。

日耳曼地区的人口密度

现在，人们无疑已经认识到，罗马人给出的日耳曼人口数——直到不久前还被不加质疑地重复使用——毫无价值。暂且把习惯性的夸大放在一边，从文献中估算刚刚才为文明世界所知的村落人口是何其难也。

斯坦利曾估计乌隆迪（Urundi）的人口密度为每平方千米75人；后来，鲍曼估计是7人。对于乌干达（Uganda），勒克吕（Reclus）相信自己给出的每平方千米89人的数据（比法国本土要大得多）是合理的。拉策尔（Ratzel）从89人砍到了12人。扬纳施（Jannasch）解释道，尽管精心作了研究，但他依然认为在非洲，得出一片区域的合理人口数目估计值是完全不可能的。话虽如此，维康特（Vierkandt）还是得出中非西部地区的人口密度为每平方千米0.85人至6.5人，这片面积为501万平方千米的区域平均人口密度为每平方千米4.74人（约等于每平方英里11人至12人），但只是在数量庞大、彼此印证的数据和真实可靠的计数结果的帮助下才做到了这一点。而对于古代日耳曼人口，我们连一个可靠的、含义可以确定的计数结果都没有，怎么能得出一个大体可信的估计值呢？

可能性是存在的，因为我们掌握了前一代人尚不确知的信息，那就是处于各种文明发展阶段的不同地域的确切食物产量。尽管不是所有地方都可以，但是这些非常确切的参照点可以帮助我们估算许多地方的情况。我们由此可以确信，当时还没有城市，开垦土地极少，主要依靠奶类、奶酪、畜肉、渔猎为生，所居地域以森林和沼泽为主的日耳曼人必然分布稀疏。

E. 莫尔·阿恩特在施密特主编的《历史科学杂志》(*Zeitschrift für Geschichtliche Wissenschaft* 3：244) 中撰文称，日耳曼地区人口密度约为每平方千米14人至18人，但他估算的前提是罗马人关于日耳曼农业发展有限的记载有误。当今学界的共识是恺撒和塔西佗对日耳曼农业的描述是真实的——恺撒的记述充分证明了这位老兵拥有自然而合理的洞察力——于是，罗马人津津乐道的日耳曼人多兵多的结论便不攻自破。通过与贝洛赫给出的高卢数据进行比较，我在前面提到的《普鲁士年鉴》文中得出的估计值是每平方千米4人至5人（每平方英里11人至12人）。后来我得出这一数字的基础有所动摇，因为我不再相信恺撒给出的赫尔维蒂人口数字了，而这些数字正是贝洛赫的出发点。尽管如此，日耳曼人口估计值本身还是可以相信的。

施莫勒 (Schmoller) 的《政治经济学基要》(*Grundriss der Allgemeinen Volkswirtsohaftslehre* 1：158) 很好地归纳了初步估算所需的基本数据，尤其是第183页。据施莫勒估算，公元前后日耳曼地区的人口密度为每平方千米5人至6人。他在另一处（第169页）说，我给出的每个部落2.5万人（相当于每平方千米4人至5人）的数字在他看来不是太高，而是太低了。这里不构成真正的矛盾，因为毕竟只是粗略估值。不管每平方千米是 4 人还是 6 人，莱茵河与易北河之间的日耳曼人数都不会超过 100 万：借助各个部落分别的幅员和构成数据，我们还能进一步细化。

  我们对日耳曼西北部地理状况有确切的认识，可以确定在莱茵河、北海、易北河以及美因河海瑙（Hanau）附近河段至萨勒河（Saale）-易北河交汇处一线之间生活着 23 个（原文如此）日耳曼部落：弗里斯两部、坎宁斐特部（Canninefates）、巴达维亚部、沙马维部、安普西瓦里部、安格里瓦利部、图班特部、考契两部、乌西皮特部、登科特里部、布鲁克特里两部、玛尔西部、卡斯瓦累部（Chasuarii）、杜尔基比尼部（Dulgibini）、伦巴底部、车茹喜部、考狄部（Chatti）、查图里部、因纳瑞翁部（Inneriones）、因特维格部（Intverges）、卡鲁克恩部（Calucones）。总面积约为 5 万平方英里（约 13 万平方千米），每个部落平均面积约为 2 170 平方英里（约 5 620 平方千米）。各部主权属于人民大会，也就是战士大会。雅典和罗马也是如此，但这两个地方比较发达，劳动人民在大会中的作用非常小。而在日尔曼人那里，我们可以假定全体战士确实出席大会的情况经常发生。正因如此，日耳曼诸邦的面积不会很大，因为如果从偏远村庄到国土中心的距离超过了一日路程，真正意义上的全民大会就不可能举办的。2 200 平方英里（5 698 平方千米）左右的面积正好符合这个要求，于是日耳曼人能够有序组织起来的集会人数最多也就是 6 000 人至 8 000 人。如果这是最大值，那么平均值不会超过 5 000 人太多，这样就能得出一个部落的全体人口数在 2.5 万人左右，相当于每平方千米 4 人至 4.6 人。首先要注意一点：这是最大值，是上限。但出于另一个原因，军事方面的原因，远远小于此数也是不太可能的。面对罗马帝国和久经沙场的罗马军团，日耳曼人取得的战绩极其辉煌，必然有一定的规模。与此对照，哪怕每个部落 5 000 名战士的数字似乎都嫌小。

因此，尽管我们完全没有可用的正面史料，但仍然可以相当有把握地给出数字。数字关系非常简单，经济、军事、地理、政治的事实环环相扣，以至于凭借完善的现代科研手段，我们能够填补文献中的空缺，得出比亲眼见过日耳曼人、每天与他们打交道的罗马人更准确的日耳曼人数估计值。

据泽林（Sering）估计，当时易北河以东的大片地域人口密度低至每平方千米 4 人。

酋长与百户长

从常理出发，从政治组织形式出发，我们也能得出日耳曼人官长分为两类的结论。文献也直接说明了部落的构成状况。

恺撒（《高卢战记》4.13）中写到，乌西皮特部和登科特里部的"酋长与长老"（principes majoresque natu）来拜见他。他说乌毕人除酋长以外还有一个"元老院"（princeipes ac senatus）（4.11），还说内尔维人（Nervii）——尽管他们不属于日耳曼人，但组织形式与日耳曼人肯定是相当类似的——的元老院有 600 人。暂且不管人数的夸大，一个罗马人只会将一个人数相当多的咨询性质的集会称作"元老院"，这是显然的。元老院不可能完全由酋长组成，而必然有很大的规模。因此，日耳曼人中间除了酋长以外还有一类官员。

讲到日耳曼人的农耕组织时，恺撒不仅提到了酋长，还说"村长和酋长"（"magistratus et principes"）负责分配耕地。考虑到恺撒在其他地方惜墨如金，说"村长"只是赘词不太说得通。假如恺撒明明能用"酋长"这样简单清晰的概念，却单纯为了凑字而加上"村长"字样，这实在是稀奇事。

在塔西佗笔下，日耳曼官员类别的二分不像恺撒笔下那样清楚。具体来说就是他严重误解了百户的概念，为后世学者造成了许多麻烦。但分析到最后，我们甚至从塔西佗的文字中也能确切地得出同样的事实。假如日耳曼人只有一类官员，那么这批人的数目肯定很多。而塔西佗一次又一次写道，每个部落中都有个别地位远高于大众的家族，其他家族都不能与之相比，于是有"王室"（stirps regia）之称（《塔西佗编年史》11.16；《历史》4.13）。当代学界一致认为日耳曼人最初没有下级贵族。"贵族"一直指的是酋长。这些家族将祖先追溯到神灵，"神灵将他们从贵族中选立为王"（"reges ex nobilitate sumunt"）（《日耳曼尼亚志》7）。车茹喜部请求克劳狄乌斯皇帝送还阿米尼乌斯的侄子，说他是唯一的贵族血脉（《编年史》11.16）。北方民族中不存在王室以外的贵族。假如每个百户都有自己的酋长家族，那么贵族与百姓的差别不可能如此显著。假设众多酋长家族中有少数几个享有特殊地位的观点是不充分的。如果只是一个程度的问题，那么绝嗣贵族的地位肯定会被其他贵族取代；不会只有少数人属于"王室"，王室的数目不可能这么少。当然，差别不是绝对的，百户长家族升入酋长行列的情况无疑偶有发生。但这里仍然不是量的差别，而是质的差别：酋长家族构成了贵族，他们的官员属性是次要的。百户长属于社区中的自由民，官位大大提升了他们的地位；毕竟，官位也可能染上世袭色彩。因此，塔西佗对酋长家族的描述显示其数目非常少；酋长家族的稀少进而又预设了酋长之下还有一批地位较低的官员。

从军事角度看，一支大军下面肯定要有若干长官统率，规模不超过200人至300人的单位。征召5 000人出征的话，这种分队长官至少要有20人，更可能是50人上下。酋长人数不可能有这么多。

从经济角度看也能得出同样的结果。每个村庄必然要有村长。之所以必然要有村长：一是因为农业公社组织；二是因为放牧和保护牲畜需要人管。作为一个社区，村庄必须随之做好行动的准备，不能等着远方的酋长来下命令。即便我们必须假定村庄的规模相当大，村长的威权肯定还是很小的。王室家族的数目要少得多，权力要大得多。因此，我们必须将酋长和村长区分开，两者的职能层级相差很大。

村庄轮居与轮耕

恺撒说日耳曼人每年都要更换居所和田地，我认为这一点从整体来看是可疑的，因为我找不到每年轮居的理由。哪怕茅屋连同家用器具和粮食牲畜都容易搬迁，建立新居仍然是要耗费精力的。日耳曼人的铲子少且粗陋，挖地窖肯定是异乎寻常地麻烦。因此，我认为恺撒笔下的高卢人和日耳曼人"每年"轮居的说法无疑要么是夸大，要么是误解。

塔西佗没提到轮居，只讲了轮耕（《日耳曼尼亚志》26）。有人倾向于认为，两人说法的差别表明经济水平的进步。我认为这是不可能的。在塔西佗的时候——事实上，甚至在恺撒的时候——许多日耳曼村庄无疑已经有可能是固定聚落了，而且可能性不小。在这种情况下，只要每年轮换休耕就可以了。不过，周边以沼泽森林为主或土壤贫瘠的村庄不能这样做，只得辗转于广大地域中个别堪用的土地之间，于是不得不经常迁移村庄。图迪休姆（Thudichum）正确地指出，塔西佗的描述绝没有排除这种迁居的可能性，而且尽管他没有明说，但我认为他下笔时肯定是知道迁居之事的。他写道（《日耳曼尼亚志》26）："土地为共有，按照耕夫数目分份，然后按照等级统一分配。他们的田地很容易分割。每年耕种不同的田地，总有土地休耕。"这段话中不寻常的地方在于双重流转：首先说"土地"（agri）轮流分配，接着又说"田地"（arva）每年轮换。假如塔西佗的意思只是村庄将一大片土地划为田地，然后每年在田地内轮流休耕的话，这种表述对一贯言简意赅的塔西佗来说是太罗嗦了，而且这个过程本身也没有多大意义。但如果这位罗马作者脑子里想的是村庄整体迁移，居所随着田地一起走的话，那么情况就大不一样了。他没有把这一点讲明，但考虑到他简洁的文风，这也不是多么费解的事。此外，我们绝不能假定所有村庄都是这样做的。面积小但土地肥沃的村庄不必如此。

村庄规模

我的一个主要观点是日耳曼人的村庄必然相当大。有人可能倾向于认为百户（宗域）是由多个小村子组成的。这无疑是迄今为止的主流观点。但不论从文献还是客观分析出发，此说都不难反驳。

（1）图尔主教格雷戈里所著《法兰克人史》第 2 卷第 9 章中写道，据苏尔皮西乌斯·亚历山大（Sulpicius Alexander）称，公元 388 年，罗马军队攻入法兰克时发现了"庞大的村庄"（ingentes vicos）。

（2）村庄与宗族无疑是一回事，而有正面证据表明宗族的规模相当大。

（3）基克布施（Kiekebusch）通过史前史资料确认了这一点。据他估计，公元一二世纪时期的日耳曼聚落至少有 800 名居民。达扎乌（Darzau）墓地使用了 200 年时间，约有 4 000 个骨灰罐，相当于每年去世 20 人，可得村民至少有 800 人。

（4）轮居轮耕的记载哪怕肯定有一定的夸大，但不可能全无真实成分。整体迁移耕作区乃至居所的做法只对占据广大土地的大村才有意义。耕地面积有限的小村只需轮流休耕即可，不需要大费周章。大村周边的耕地不够用，不得不转移到远处，为方便起见采取了全村迁居的办法。黑特纳（Hettner）在《俄国的欧洲部分》（*Das europälische Russland*，发表于《地理学杂志》，*Geographische Zeitschrift* 10.11：671）一文中写道，俄国草原的村社土地极其广大，因此村民会在农忙期离开村子，住在田间地头的简易小屋中。

（5）一村必有长。由于村社土地公有制、公有牲畜牧养、来自敌人野兽的频繁威胁，村中必然要有一名公认的领导在场。抵御和追打狼群、抵挡来袭敌人直至将家属和牲畜转移到安全地带、筑坝截洪、扑灭火灾、调解日常纠纷、开始耕种或收获——尤其是最后一项，在村社土地公有制下必须统一进行——都不可能临时从外地调来领导。如果以上都属实的话，那么村庄必然会有一位领导，而既然村庄就是宗族，村长也就是族长。但如前所述，这个人必然与百户长是同一个人。因此，村庄就是百户，有几百名战士乃至更多，因此规模不可能太小。

（6）小村的好处是好养活。但尽管大村不得不忍受频繁迁村的不便，日耳曼人还是偏爱大村，因为他们的生活环境一直存在危险。不管威胁来自野兽还是更凶悍的人，村子里至少总要有相当一批随时可以应敌的人。如果在其他蛮族——比如后来的斯拉夫人——的居住区域依然能看到小村，那也不能削弱前面提到的证据和论证。因为斯拉夫人不是日耳曼人，两者有许多相似之处不代表他们处处都要相同。此外，我们掌握的斯拉夫人相关证据来自很晚以后，或许发展阶段已经有了变化。当然，随着人口滋生，耕作愈发集约化，人们不再迁居，日耳曼大村也会分出小村。

长老

来自法兰克时期的证据确认了我对百户长官职的看法。等到考察民族大迁徙之后原始日耳曼组织形式瓦解的时候，我们会回到这个话题，但这里还是要说明几点关于后世百户长官职的，通过前后时代的连续性来佐证我们的看法。否则的话，假如我们之后发现法兰克人官职的特征与划分中间存在某个前文未曾提到的矛盾，那么我们对早期状况的重构的可靠性必然要受到负面影响。

如果我对百户长（hunno）的看法正确，那么一个直接的推论就是：民俗法中经常出现的"百夫长"（centenarius）就是百户长，这从名称中就能看出来，而且长老或百夫长（tunginus aut centenarius）这句套话指的是一个东西：并列只是为了明确意思。伯爵是国王的官员；百夫长或长老是有职位的平民，不享受3倍偿命金（wergeld）的特权，也不由伯爵任免。直到加洛林王朝时期，百户长才成为伯爵的下属。伯爵掌握过去酋长的重要职能，但依据不是古老的法律观念，而是凭借新建立的王权的名义，是为国王效劳。国王掌握了过去酋长的权威；众多古老酋长中只剩下了国王一人，而且越来越多的部落渐渐纳入或顺服于王权，接受了国王派来的伯爵的管辖。但与当年在酋长手下一样，传统的共同体首领——百户长——作为伯爵之下的民官存续了许多代。在本无紧密的日耳曼宗族共同体的罗马化地区，被称为"村长"的百夫长一直是伯爵的下属；日耳曼化地区的百夫长则是后来才变成这样的。

布伦纳（Brunner）和理查德·施罗德（Richard Schroder）认为存在一个过渡时期，伯爵只负责行政事务，百户的司法事务仍然由长老负责。那么，按照这种看法，作为法官的长老就是过去由人民选举产生、掌管大片区域的酋长。伯爵直到后来才吸收了长老的这项权力。

布伦纳试图用萨利克法典的几则条文来佐证自己的看法；阿米拉（Amira）在《哥廷根学术通讯》（*Göttingische Gelehrte Anzeigen* 1896：200）中反驳了他的解释；但理查德·施罗德在《历史杂志》（*Historische Zeitschrift* 78：196—198）中采纳了布伦纳的观点。

我无意深入法律细节，但在我看来，施罗德的论证显然并没有驳倒阿米拉的观点。施罗德只是提出了一种可能性："由长老主持，被认为和国王法庭（Curia Regis）是一回事的公共法庭（mallus publicus legitimus）并不等同于……由'长老或百夫长'（tunginus aut centenarius）行使司法权的法庭。"因此，他并没有真正提出反驳阿米拉的证据。

布伦纳还有一个论证。他认为，假如没有长老担任大片辖区的法官，那么除了国王本人以外就只剩下百户一级的法官了。但如果我们更仔细地考察编年史，这个论证就会显得薄弱。

施罗德本人在《历史杂志》（78：200）中写道："甚至第一部萨利克法典——它很可能是克洛维本人的手笔——都不再承认长老是区级常设法官，伯爵才是。"既然克洛维是广开疆土，以至于国王无法亲自巡回断案的第一人，那么国王（作为酋长的继承者）和百户长之间就绝无另外一级法官的道理。事实上，处于上升期的王权不可能要求，甚至不可能允许人民自己选择高级官员，这些官员自然地、必然地要成为国王任命的伯爵的对手。我们是知道克洛维追杀政敌的手段的。在我看来，伯爵成为区级常设法官的时刻正是克洛维真正建立法兰克王国的时刻，从此国王再也不会巡回开设高级法庭了。假如民选区级法官存在的必要性乃至可能性都不复存在，那么萨利克法典中所说的"长老"就只可能是百夫长，也就是以前的百户长。两位学者错在低估了早期百户长的重要性，而且因为执迷于千户的概念，所以未能正确看待百户的意义、组织与职能。

众所周知，"长老"（tunginus）一词的确切词源尚未发现。读者可参阅黑尔滕（van Helten）的近著《德语与德语文学历史论文集》（*Beiträge zur Geschichte der deutschen Sprache und Literatur*）（西弗斯出版社，15：456，第145段）。除了"杰出"（vortrefflich）和"有名望"（angesehen），黑尔滕认为"tunginus"还有"高级"（rector）的意

思，但有人反对说他的最后一个含义与基于法律史的通行观念有矛盾。如果我提出的看法正确的话，那么反对意见就不攻自破了。

2 阿里索的位置①

阿里索几乎是我们对罗马人与日耳曼人之间所有战役重构的核心，因此我们必须对争议极大的阿里索堡位置进行一项专门的研究。这个问题之所以留到现在才讲，是因为要谈论要塞的位置，自然就要考虑普遍的战略法则和战区的特殊条件。我们没有紧接着纯理论性的导言，而是先讨论了历次战役才来做考证，现在读者们应该对当时的局势有了更清楚的认识。

就本研究而言，有两个问题是从一开始就明摆着的：第一，罗马人有没有在利珀河上游建立一座补给站，作为深入日耳曼腹地的行动基地；第二，这个地方是不是叫作阿里索。

在着手研究和比对文献之前，有一个技术问题必须先搞清楚：利珀河的通航河段有多长？

我要感谢以下几位水运技术专家提供的信息：公共工程部施工顾问勒德尔（Röder）和小凯勒（Keller II），以及曾在利珀河畔上的哈姆（Hamm），现在在迪茨（Diez）工作的建筑工程师勒德尔（Röder）。

古时候，陆运在修好明确的道路之前难度极大，就连小河沟都会被用来运输。就像不伦瑞克城之前开发奥克河一样，15世纪，赫特福德城（Herford）也试图开发韦勒河水道。当然，满载的船只在

---

① 选译自第一篇第6章。

附注选译

纤道修好前逆流而上也不容易,但总比赶着同样数目的大车在松软的路上走容易些。正常情况下是纤夫沿着河岸拉船。如果遇到不可通行的湍流,货物就要在上岸后被搬到可以上船为止,空船则由纤夫继续拉着走。在非洲,现在还是这样做的。利珀河上没有湍流,天然通航河道一直到利珀施塔特(Lippstadt),之后的河段因为修了农用水坝,所以不再用于航运。但只要没有水坝,通航河段就能延伸到帕德河(Pader)、阿尔默河(Alme)与利珀河交汇处的诺伊豪斯(Neuhaus)。从诺伊豪斯至利珀施塔特的平均坡度为 1/2000。河道下切得很深,航运条件非常好。因此,只要没有水坝阻碍,长 20 米、宽 4 米、吃水 0.75 米、装载量 45 吨的驳船便可畅通无阻。平均而言,这种驳船一年中有 98 天可轻松通行,101 天受限通行,166 天不可通行——156 天是因为水位过低,10 天是因为水位过高。我们不能说德意志地区河流在古代的水量肯定比现在充沛。但哪怕不作这一假定,仅从上述数据无疑就能得出这样的结论:阿米尼乌斯时代,利珀河水运起点直到诺伊豪斯都可用于军事运输,罗马人当然可以使用比上面描述的船小得多的船。开春后,罗马人几乎可以将夏季战役所需物资一直输送到河流的源头。

现在出现了一篇似乎反对我观点的文章,题目是"利珀河在中世纪是一条相当重要的水运通道?"(War die Lippe im Mittelalter ein Schiffahrtsweg von erheblicher Bedeutung?),作者是杜塞尔多夫档案馆馆长伊尔根(Archives Director Ilgen)。在我的请求下,作者同意在发表文章前给我看一看。这是一篇很有文化历史意义的文章,伊尔根证实了利珀河从中世纪直到 18 世纪都很少用于航运,有诸多自然因素妨碍通行。不过,就连这篇文章也为我的看法留出了充分的空间，因为"相当"这个词的弹性很大：对我们来说，不用太高的通航能力就足够了。最后，我想修正伊尔根文中的几处细节和语气——当然，主体内容是无可指摘的——这些地方让利珀河的相对通航能力显得太小了。

据伊尔根称，一次1735年至1738年的科学考察活动发现从韦瑟尔至哈姆的河段中有51处沙洲和3处暗礁。不过，像暗礁这样的障碍物不是特别重要，因为就算是在枯水期，从水面到这些障碍物的距离也有1.5英尺（约0.46米）以上。更麻烦的是豪斯达尔（Haus Dahl）至哈姆之间的6座磨坊水坝。自从中世纪末期开始，这些水坝就对整条河的航运造成了不利影响，磨坊与航运的冲突一直延续到今日。水务办公室编写的《奥得河》(Der Oderstrom)一书中写道（1：233）："在西里西亚的政治衰落期，当地领主批准修建了磨坊水坝，对水运造成了严重干扰。"奥得河航运量的增长始于拆除水坝。利珀河大概也是如此。伊尔根告诉我们，1597年明斯特（Münster）的耶稣会教堂所需砖块只能通过水运到达哈尔滕，然后转陆运。但从这段话中完全不能得出关于哈尔滕以上河段的情况，因为从韦尔讷（Werne）到明斯特的陆运路程不比从哈尔滕到明斯特短多少。

赫特福德、科尔维（Corvey）和利斯博恩（Leisborn）三家修道院是将自产的莱茵葡萄酒从杜伊斯堡陆运出去的，我们从这个事实中也得不出更多结论。利珀河口水位最低的月份是9月，10月也好不到哪里去。但空酒桶必须在9月份运到莱茵河，装满酒后于10月份被运回来，但这正是利珀河不可通行或至少不能确定通行的时段。我之后会甚少强调伊尔根文中的消极观点，多强调他对利珀河通航能力的正面描述。

1486 年，苏斯特（Soest）镇想要利用苏斯特河与阿瑟河（Ahse）打开通往利珀河的水道，而且募集了所需资金，这无疑可以证明利珀河并非完全不可用于通航。德尔斯滕（Dorsten）、哈尔滕、奥斯滕多夫（Ostendorf）设有收费站的事实便是佐证，而且 1526 年有 225 艘船通过德尔斯滕收费站，这个数目是可观的。

因此，韦尔讷·罗勒文科（Werner Rolevink）（1475 年前后）的威斯特伐利亚地区没有可通航河流之说应该理解为当地没有常年通航的水道——比如莱茵河与施普雷河（Spree）——而不是没有部分时段可通航的河流。

舒尔哈特（Schuchhardt）表示反对，他说利珀河河床以泥沙为主，船只不可拖曳。关于这一点，我向曾在利珀河畔上的哈姆，现于迪茨工作的建筑工程师勒德尔做了求证。凭借多年管控利珀河的经验，他对该河的水文条件了如指掌。他的回复如下：

> 利珀河沿岸没有沼泽泥塘，自韦瑟尔上溯至诺伊豪斯河道的两岸都有沙地。另外，两岸有多处容易积水的潮湿洼地。这些洼地在罗马时期可能还要更多，但并不会妨碍精通修路的罗马军团从岸边拖船。跨过支流肯定要困难一些，因为如果他们不想频繁用渡船将驮马运到对岸的话，那就必须先修桥。

> 对于组织严整，惯于修建模范公路和精妙桥梁的罗马军团来说，这不是什么大麻烦。

> 岸边湿地可以修栈道，遗迹至今尚存。

因此，舒尔哈特的"泥沙河床"不可通行说是不正确的。事实上，如果船只是由人而非马匹拖曳的话，那么要解决松软河床带来的问题比勒德尔信中所说还要轻松。人可以在直到今天都没有纤道的地方，在靠近岸边的水中拖船。如果遇到不可通行的地段，给人修栈道比给马修栈道更容易。人渡过支流也比较容易，常常连桥都不用修。

如果以上诸点表明，利珀河的水运起点直到诺伊豪斯为止都是可通航且足够有价值的，那么利珀河流域肯定就有一座罗马补给站。我们需要解释一下为什么研究罗马战史的军事学者那么多，可直到今天都没有人提出这个观点。不过，这个解释并不难找。直到不久前，学界研究还没有推进到质疑日耳曼人军势浩大的地步。于是乎常有几十万日耳曼大军来来往往的记载。根据塔西佗和苏埃托尼乌斯的记载，提比略皇帝曾将苏刚布里人（Sugambri）的一个部落迁到莱茵河左岸，人数达4万。冯·波伊克将军（General von Peucker）写了一本广为使用的书，题为《古日耳曼人战争研究》(Das detsche Kriegswesen der Urzeiten)（柏林，1860）。他在书中（2:34）解释了庞大的日耳曼军队给其统帅造成了麻烦。他轻率地写道：

> 根据奥罗修斯和李维的说法，条顿大军有30万人；李维、维勒提乌斯（Velletius）、帕特库鲁斯（Paterculus）、欧特罗普斯（Eutropus）和奥罗修斯说辛布里大军有20万人。据恺撒记载，阿里奥维斯塔麾下有10万人以上；据特雷贝里乌斯·波利欧记载，3世纪从黑海两岸席卷而来

附注选译

并于269年被克劳狄乌斯皇帝击败的哥特大军有32万人。5世纪初,由拉达盖苏斯率领、进入意大利的兵力估计不一:奥罗修斯说有20万以上,因为里面光是哥特人就有20万;约达尼斯(Jornandes)说有20万;佐西姆斯给出了40万的数字。据约达尼斯记载,卡塔隆平原会战中以日耳曼部落为主的阿提拉大军有50万人,执事保罗甚至说有70万。

在生活和行动中,这么多人好像都没有补给困难,于是根本没有人提出补给问题。直到有人研究人口问题时,补给问题才显现出来,从中又引出了利珀河要塞的相关结论。

距离帕德博恩不远处,阿尔默河与利珀河交汇处的右岸坐落着埃尔森村(Elsen)。埃尔森与阿里索名称相似,埃尔森周边又有许多指向阿里索的迹象,早期研究自然而然地将两者等同了起来。我甚至在本书第1版中也是这样理解的:因为名称的相似所以认为阿里索在埃尔森附近。但与此同时,学界已经证明(参见克拉默神父, Fr. Cramer,《西德意志杂志》*Westdeutsche Zeitschrift* 21,1902:254)有同样词干的地名非常多,因此名称的相似性不再是证明阿里索在埃尔森的依据。

接下来进行文献比对:迪奥·卡西乌斯告诉我们(53.33),公元前11年,德鲁苏斯率军进入车茹喜部的地盘,远至威悉河,若非因为粮草不继而撤退,他本来是可以过河的。他在回师途中的一处狭径遭到日耳曼人袭击,但日耳曼人最终被击败了,于是德鲁苏斯在利珀河与埃利森河(Elison)的交汇处建立了一座抵抗日耳曼人的堡垒。

迪奥·卡西乌斯的原话如下：

> 敌人四处设伏，给德鲁苏斯造成了很大的损失。有一次，他们在一处四面环山、只有狭径进出的地方围住了他，几乎消灭了他。德鲁苏斯的军队本来会全军覆没，但他们过分轻敌，觉得罗马人已经是瓮中之鳖，只需要最后发起一波冲锋就能结束战斗，结果乱糟糟地杀了上去，吃了败仗。他们再也不敢这样鲁莽行动，只是从远处骚扰，不敢近身。为了对抗他们，德鲁苏斯在利珀河与埃利森河合流的地方建起了一座要塞，并在莱茵河畔处的考狄人地盘建起了另一座要塞。

从整体语境来看，在德鲁苏斯从威悉河回军途中的一处狭径发起攻击的日耳曼人只可能是车茹喜部。文中对地势的描述不符合利珀河两岸的平地，而只能是帕德博恩以东（东北和东南）的山区。利珀河谷的坡度太小了，不可能对罗马军队构成威胁。如果德鲁苏斯为了对付给过自己很大压力的敌人，那么他不会将位置选在远离敌境数日路程的地方，而只会在敌境之内或者边境地带，也就是帕德博恩一带。既然出征失利的原因是缺乏补给，那么堡寨就是日后再战的补给站，它只可能位于水路与莱茵河相连的帕德博恩一带。

事实上，这次战役一开始的意图就是修建堡寨。迪奥·卡西乌斯告诉我们，当德鲁苏斯出现在利珀河以南的苏刚布里人地盘时，苏刚布里人正在与考狄人交战。假如罗马统帅打算马上打一场大胜仗,最好的办法莫过于全力攻打苏刚布里人,后者夹在罗马人与考狄人之间,是有可能被消灭的。乍看起来,德鲁苏斯放过这次胜机简直不可理喻。他只是趁此机会在无人阻拦的情况下沿利珀河而上,然后前出至威悉河。他在那里没有据点,苏刚布里人又在后方,他是不可能建功的。但如果我们明白这场战役从一开始就是为了侦察路线和修建堡寨,那么他放过进军途中轻松击败苏刚布里人的机会就不是一个错误,而是一位思虑周全的战略家的手笔。对他来说,建立这座堡寨要比击败一个部落,哪怕是令人恐惧的苏刚布里人更加重要:因为他的计划是降伏直到易北河为止的所有日耳曼人。照此来看,有人可能会问德鲁苏斯为什么不在进军途中建立堡寨。毕竟,当他来到利珀河通航河段的末端时,那里就是该修建堡寨的地方了。事实可能正是如此。无论如何,罗马军的一大部分补给都是经水路随军运送的,而且在利珀河源附近,将所有物资卸下来搬到役畜或大车上,然后向威悉河前进,再从威悉河回来的做法在现实中绝无可能。但罗马统帅从一开始就知道,回军过程也需要大量补给。他在水路末端囤积了必要物资,并建起一座临时工事,派兵守卫——这是再自然不过了,在罗马人看来这是如此显而易见,以至于文献中根本没有提及。大军前进期间,驻军中的工程师会在周边寻找最适合修建永备堡寨的地点,等大军返回后完成修建。不管堡寨是新建还是扩建,迪奥·卡西乌斯自然都会这样描述:德鲁苏斯击败敌军返回时,他觉得自己有足够的实力在当地修建一座对抗日耳曼人的堡寨了。

出于同样的目的,德鲁苏斯前一年挖掘了连通莱茵河与艾瑟尔河,然后经须德海通往北海的大运河。实施如此工程的人一定不会满足于偶尔击败边境上的某个小部落，比如苏刚布里人的部落，而是在谋划着宏大的战役，在这里就是征服直到易北河为止的全部土地。实现这一构想的战略手段就是修建一座尽可能靠前的补给站。

舒尔哈特与克普（Koepp）发表于《德国史与古代史协会通讯》(*Korrespondenzblatt des Gesamtverbands der deutschen Geschichts-und Altertumsvereine* 1960）的《阿里索与哈尔滕》("Aliso and Haltern")一文称，堡寨不可能位于利珀河上游，因为它的后方有敌对的苏刚布里人和布鲁克特里人。这个论证很容易反过来：正是因为阿里索位于日耳曼腹地，日耳曼人用当时的知识又不能攻下它，所以这座堡寨才能束缚桀骜不驯的日耳曼人。有一种观点认为，日耳曼人通过围困守军终究能让其因饥饿而出城，这也是错误的。只有将它设想为一座没有罗马大军配合的堡寨时，这种看法才是正确的。但如果我们不是孤立地看待它，而是把战略格局与堡寨修建目的联系起来看，此说就不成立了。堡寨是野战军在当地的行动据点，野战军会保卫堡寨。即便大军回到了莱茵河，考虑堡寨的坚固性，大军离得仍然不会太遥远。如果日耳曼人要攻下它（公元16年，阿米尼乌斯就尝试过），野战军总能坚守到援军解围。直到公元9年野战军被消灭时，阿里索才被攻陷，而且即便这样也经历了长期的围困才失守。

※　※　※

有人猜测从利珀河到莱茵河之间还有一系列堡寨，这是因为，要是不这样的话，与维特拉的直线距离有90英里（约145千米）的阿里索就被完全孤立了。这些堡寨的遗迹（只有一座除外，我们之后会讲到）一度有人认为已经被发现，但现在证明是误导，我也倾向于怀疑它们是否存在。当然，罗马军队沿路前进时会设坚固的夜营，而且只要有机会，他们就会利用日耳曼人之前懒得反复拆除的旧营地。四处建立永久堡寨需要大量人力，收效又甚微。行军中的部队能保护好自己：辎重队有兵力掩护，商贩会自己管好自己。而且，修建堡寨不是为了给信使提供一个安稳的夜宿点，毕竟，他们在路上也可能被袭击。假如日耳曼人攻打埃利森河畔的孤立要塞，那么堡寨的野战军只能独自坚守直到援军从莱茵河赶来。途中各堡寨帮不上忙。重点是在维特拉收到要塞被围攻的消息，信息迟早会送达。统帅帐下有几名日耳曼人效力也很重要，万一有需要，他们可以混到同胞中间，然后把信息带回罗马大营。因此，帕德博恩有一座完全被孤立的罗马堡寨是不可想象的事。我们只需要记住日耳曼人打一场真正的围城战有多困难：他们的金属连打造兵器都不够用，更别提日用器具了。哪怕是条顿堡大捷之后，哪怕日耳曼人士气如虹，罗马人斗志消沉，阿里索堡依然不能通过强攻夺取。于是，德鲁苏斯当时冒险越过敌对的玛尔西部、苏刚布里部和布鲁克特里部，深入敌境修建堡寨也是有道理的。再说了，他毕竟没想着长期作战，他的预想是罗马人几年之内就能成为日耳曼全境——至少直到威悉河——的主宰。

※ ※ ※

据瓦勒里乌斯·马克西姆斯（Valerius Maximus）记载（5.5.3），

当德鲁苏斯命悬病榻的消息传到罗马时，他的弟弟提比略立即出发，深入日耳曼腹地去探望他。我们可以将这段记载与塔西佗的记述（《编年史》2.7）结合起来看，后者说日耳曼人于公元15年围攻利珀河要塞并摧毁了德鲁苏斯的旧祭坛，日耳曼尼库斯率领6个军团解救要塞后重建了祭坛。我们很难设想如果罗马人要在日耳曼腹地修一座德鲁苏斯祭坛的话，祭坛选址会不选在他去世的地方。如果他们只是选择某个合适的地点，那么祭坛至少会建在莱茵河畔的一座大型永备军营旁边。既然有一份文献说德鲁苏斯的祭坛位于利珀河要塞附近，我们又从其他文献知道德鲁苏斯深埋于日耳曼腹地，那么要塞肯定要到利珀河上游，而非下游去找。

※ ※ ※

据维勒乌斯（Vellius）（2.105）记载，公元5年，罗马人首次在日耳曼地区的"尤利亚河源头"（ad caput Juliae）设立冬季大营。没有一条已知的河叫"尤利亚河"，于是利普西乌斯（Lipsius）当时就已经把它替换成了"鲁珀亚河"（Lupiae），他的做法无疑是正确的。最近，一个名叫"尤伦贝克"（Jollenbeck）的地方引发了关注，它位于一条在雷赫姆上游汇入韦勒河的小溪旁。"尤利亚"和"尤伦贝克"的名称确实有相似的地方，但"尤利亚"是一个很常见的名字，而且据考据，将两者混同起来也是不可接受的。我们不能假定提比略将冬季大本营设在山的另一边，这可是连自信心膨胀的瓦卢斯都不敢做的事，也不能假定提比略应该扎营于威悉河畔，事实上，之后他确实也没有这样做。因此，我们可以接受利普西乌斯的猜测，即大营在"鲁珀亚河源头"。如果只有利珀河下游可以通航的话，那我们从这条信息中得不出任何其他结论。我们会假定提比略不辞辛苦地通过陆运将军需运到了利珀河源头。然而，我们可以接受利珀河直到上游都可以通航是一个事实，所以不能认为提比略只为了深入敌境一两日的距离，便在下船点和营地之间建立一套庞大的陆运体系来输送必要物资。唯一合理的做法是直接在天然水道旁扎营。

若非文本不确切，这就是我们主张——利珀河源头附近有一处罗马的战略要地——的决定性证据。帕德博恩与利珀河源头只有不到 9 英里（约 14.5 千米）的距离。

设于此地的军营完全可以被描述为位于"鲁珀亚河源头"。如果利珀河上游能找到这样一处适宜的大本营地点，那么在这里建一座尽可能前出的补给站也是合理的选择。维勒乌斯正确地强调，提比略冒着风险将冬季大营设于此处——这里之前只是一处驿站——是巩固罗马统治的一大进展。

※　※　※

公元 16 年，日耳曼尼库斯解救遭到日耳曼人围攻的利珀河畔堡寨，重建了被毁的德鲁苏斯祭坛。塔西佗接下来说："他决定不重建坟丘。"（tumulum iterare haud visum）此处的坟丘埋葬的是前一年瓦卢斯手下的阵亡将士，先前也被日耳曼人毁掉了。如果坟丘完全在另一个地方，那么这句话就无法理解了。我们现在知道，任何一次罗马人深入日耳曼内地的战役都不是临时起意的。除非坟丘确实距离要塞不远,否则"他决定不重建坟丘"的说法就说不通。只要条顿堡森林会战确实发生在我们所说的地方附近,哪怕不是特别接近,那么堡寨就必然位于利珀河上游,而不是下游或中游。

※　※　※

我们引用过的任何一份古代文献中都没有"阿里索"一词。文献中只提到利珀河与埃利森河交汇处有一座堡寨,还有一座位于利珀河畔,是公元16年遭到日耳曼人围攻,后来被日耳曼尼库斯解救的堡寨。如前所见,这座堡寨必然位于利珀河上游。有三处提及"阿里索"的文献,这就产生了一个问题:它们指的是不是一个地方。

地理学家托勒密(2.11)将阿里森(Aleison)置于维特拉以东1.5度、以南1.25度的地方,与我们研究的堡寨不符,但这证明不了任何事情,因为将一个地方标在维特拉以南那么远的位置本身就是错的,尤其是我们知道这位地理学家在日耳曼地理的估算方面很不可靠。我们可以完全不考虑他对阿里森的描述,以及他对"德鲁苏斯纪念碑"(Tropaia Drousou)的描述。

接下来是《塔西佗编年史》中的一章(2.7)。文中首先讲了利珀河堡寨被围攻和被解救,德鲁苏斯祭坛被重建而坟丘却没能再建的经过,末尾写道:"阿里索堡与莱茵河之间的区域四处新建了公路和路堤。"("cuncta inter castellum Alisonem ac Rhenum novis limitibus aggeribusque permunita.")

问题是,这一章开头提到的利珀河堡寨和末尾提到的利珀河上游堡寨是不是一回事。按照塔西佗通常的做法,他应该在第一次提到这座堡寨时就给出名字。但我们知道他在地理方面漫不经心。在他的著作中,两处实为一地也是有可能的,尽管他可能认为其没有专门澄清的价值。在整合和改写手头资料的过程中,他可能偶然漏掉了前一处资料里的名字,到后面又发现这个名字有用,于是就加上了。如果我们认识到 "cuncta inter castellum Alisonem et Rhenum novis limitibus aggeribusque permunita" 的字面意义是 "阿里索与莱茵河之间修建了一条连绵的坚固道路",那么这一假说就很有可能成立了。这句话说的不可能是一条区区几英里长的道路。但利珀河全长有整整 90 英里(约 145 千米),对罗马史家来说,修建一条这么长的、有路堤的坚固道路当然是值得重点强调的。

第三处是维勒乌斯(2.120),是从瓦卢斯战败展开记述的:"掌营官路西乌斯·凯迪库斯因其胆气,在阿里索被大批日耳曼人围困的将士因其勇气受到了嘉奖。"(L. Caedici, praefecti castrorum, eorumque qui una circumdati Alisone immensis Germanorum copiis obsidebantur, laudanda virtus est),因为他们在最危险的境地中凭借机警和决心挽救了自己。这段话要与迪奥·左纳拉斯(Dio Zonaras,引自迪奥·卡西乌斯,56.22)只守住了一座罗马堡寨的记载,以及弗朗提努斯(3.15.4)的一段话联系起来看,弗朗提努斯提到 "瓦卢斯大败后,残部遭到围攻"(reliqui ex Variana clade cum obsiderentur)。弗朗提努斯还有一段话(4.7.8)提到了瓦卢斯战败后,由路西乌斯·凯迪库斯指挥了一次围城战。既然迪奥·卡西乌斯说只守住了一座堡寨,那么四处记载讲的就是同一件事。这不只是瓦卢斯战败后发生的一次围城战,而且被围的兵士是 "瓦卢斯大败后的残部"（见第三处），而且被围的地方叫作阿里索（见第一处）。于是，文献直接证明了利珀河上游的堡寨叫作阿里索。从德伦山谷大屠杀中逃出来的人自然会涌进最近的要塞寻求庇护，而那就是利珀河上游的堡寨。假如他们继续往远处跑——原因可能是害怕被围住——那就不可能进入任何一座还在日耳曼土地上的堡寨，而只会一路跑到莱茵河。无论如何，我们必须认定利珀河上游在瓦卢斯时期有一座罗马堡寨，尽管史籍中没有关于此处的记述，我们也不确定上述记载指的是不是另一处工事。按照当时日耳曼地区的农业条件，罗马人往返于威悉河与莱茵河之间时必然要在利珀河连小舟也不可通航的地方设立一座大型补给站。这座补给站自然要修建防御工事，于是就成了堡寨。因此，它是条顿堡败兵最近的一座要塞和避难所。据维勒乌斯（2.120）记载，它的名字是阿里索。

※ ※ ※

日耳曼人没有强攻的能力，于是试图让罗马守军因为饥饿而屈服。由于堡内物资充裕，围城战持续了很长时间。我们知道围城战延续了很长时间，是通过被围罗马守军得知提比略率大军赶来救援这一事实。但条顿堡森林会战打响时，提比略正在潘诺尼亚，而且他去莱茵河之前先回了一趟罗马。在这段时间里，围城的日耳曼人逐渐松懈，于是城内罗马部队成功溜了出去，跨越90英里（约145千米）回到莱茵河边，途中没有遭到攻击。罗马士兵跑了那么远，日耳曼人竟然没有追上，这看起来可能有些奇怪。但军事史上

附注选译

有非常类似的事件，表明这是有可能发生的。在普鲁士原住民大起义期间，当地的德意志骑士也被围困了相当长的时间，而且没有救兵来援。有一座堡垒叫巴尔滕斯坦因（Bartenstein）被围困了4年。最后，城中日耳曼部队做到了与阿里索城中的罗马军队一样的事情：溜出城去。巴尔滕斯坦因堡垒的守军安全逃脱，克罗伊茨堡（Kreuzburg）的守军却在被发现后遭到杀害（参见第3卷第三篇第7章）。巴尔滕斯坦因的守军逃到埃尔宾（Elbing）的距离有70英里（约113千米）以上。

※　※　※

当前，轰轰烈烈的考古发掘活动为研究罗马人在日耳曼地区的征战史提供了重大支持，已经发现了极有价值的遗迹和大量信息。不过，就直接与战争相关的知识而言，发掘活动造成的困惑远比澄清来得多。过去，我们不清楚要如何分辨罗马遗迹、史前遗迹、加洛林遗迹乃至自然形成的地貌。霍尔茨曼上尉（Captain Holzermann）和冯·法伊特将军（General von Veith）认为他们已经在莱茵河下游和利珀河上游发现了完整的罗马工事体系，后来发现其不过是沙丘。专家学者正在鉴定真正的大型罗马工事，但他们错判了工事的历史地位。在罗马人统治莱茵河与易北河之间地区的20年里，他们肯定修建了上百处行军营地，几十处基地堡寨。这些工事都可能留下遗迹，其中许多还会有遗址。只有少数据点大营和堡寨还有待被发现。但每有一次发现，探险者们都会欢呼道：阿里索！自称发现阿里索不仅是他们和古物爱好者中间的舆论，就连最优秀的领域内学者也被发现带来的喜悦的热情冲昏了头脑，怀着或多或少的犹豫表示了赞同。因此，不仅罗马征讨日耳曼的整体战略的研究工作受到干扰，止步不前，而且直到今天我们还要具体辨析那么多自称发现阿里索的成果，参照文献，然后再次宣布那里不是真正的阿里索。

丁策尔曼（Dünzelmann）自以为在亨特河（Hunte）找到了阿里索，还有人说阿里索位于韦瑟尔附近，我认为这两种说法都可以忽略。值得研究的是哈尔滕和奥伯拉登（Oberaden）这两处成功的大型发掘遗址。

人们早就知道在利珀河畔上的小镇哈尔滕有一处罗马堡寨。小镇距离利珀河从莱茵河流出的地方约有 28 英里（约 45 千米），罗马堡寨坐落于利帕河左岸的圣安娜山上。最近，堡寨的总体轮廓得到了精心发掘。1900 年、1901 年以来，在堡寨上游 1 千米至 1.5 千米处略微偏离利珀河的一座台地上发掘出了一座大型罗马军营，在这之前其地表从未发现任何遗址。第三处遗址紧挨着利珀河的旧河道，有一批码头、仓库和防御工事。尽管许多细节尚有疑点，但是这些工事的大体性质和用途不需要多作解释。如前所见，利珀河直到阿里索的河段有 7 个月不通大船。对古人来说，哪怕是用小舟运输也比陆运强，因此我们可以假定他们使用自阿里索而上河道的时间可能有 8 个月乃至更长，直到小舟也不能通航为止。但我们可以假定自哈尔滕而上的利珀河河段是全年通航的。于是，罗马人早早地在这里建起了补给仓库，修建堤坝将码头围起来，又在圣安娜山上修建了守备要塞。

军团也经常在河港附近建立行军营地和大本营。大本营需要宏大的利珀河港设施,两者之间有长堤相连。周边相继建立的营地经确定不少于三处。陆续发现的大量遗物——武器、钱币、陶器、首饰、器物——证明营地长期有人驻守。多米提乌斯·阿赫诺巴布斯修建"长桥"(pontes longos)时可能就将大本营设于此处。从公元5年至8年,军团可能也多次在此地扎营过冬。我们不知道日耳曼尼库斯再兴大兵时有没有修复这里的工事,或许行军时曾在该地驻扎过。

再往上游走19英里左右(约30千米),在利珀河以南1.5千米的奥伯拉登附近发现了一座可供一个军团驻扎的大本营。它比哈尔滕附近营地中最大的一座还要大。

在这些工事中,只有哈尔滕附近的圣安娜山上的那一处可能是阿里索。军营太大了,不适合当作要塞。阿里索是一座小型城寨(castellum),是大型城堡(castrum)的缩小版,它之所以规模有限,不仅是因为名称,更是因为战略上的铁律。按照日耳曼地区的军事局势,战略的第一要求是要有强大的野战军。统帅要尽可能集中兵力,尽可能少分兵驻守,尽可能让绝对必要的堡寨不超过绝对必要的规模。堡寨如果太大而守军太少,那便凶险万分,不可能坚守。因此,我们要找的阿里索堡只可能是中等规模,除了守军以外只有几座大仓库,或许还有一间医院和几间工坊。但奥伯拉登附近的营地占地超过35公顷(约35万平方米)。哈尔滕附近最大的营地是35公顷(约35万平方米)左右,中等大小的营地是20公顷(约20万平方米)左右,最小的是18公顷(约18万平方米)。

我们与其他几座已知的罗马工事作一比较:

	面积	驻军规模
恺撒埃纳河军营	41公顷	8个军团
恺撒日尔戈维亚军营	35公顷	6个军团
恺撒圣皮埃尔山军营	24公顷	4个军团
波恩附近军营	25公顷	1个军团加辅助部队
诺伊斯附近军营	24公顷	1个军团加辅助部队
阿非利加行省拉姆拜西斯堡（Lambaesis）	21公顷	1个军团
卡农图姆军营（Carnuntum）	14公顷	1个军团
卡塞尔施塔特堡（Kesselstadt）	14公顷	
圣安娜山堡	7.25公顷	
下比伯堡（Nieder-Bieber）	5公顷	1个大队加2个营（numeri）
普弗灵堡（Pföring）	4公顷	500人
弗里德贝格（Friedberg）	3.75公顷	1 000人
萨尔堡（Saalburg）	3.25公顷	
魏森堡（Weissenburg）	3公顷	500人

除了小据点以外，长城沿线大部分堡寨的面积都在1.5公顷至3.5公顷（3.5万平方米）之间，通常驻有一个大队或一个500人的骑兵中队（ala）。到了战时，形势最危急、规模比较大的堡寨驻军会增加到1 000人。

比对数字会发现明显的差别。恺撒的军营会给每个军团分配6公顷（约6万平方米）左右的面积，所以每公顷1 000人；而在堡寨中，1 000人对应的面积达到了3公顷（约3万平方米）、4公顷

（约 4 万平方米）乃至 8 公顷（约 8 万平方米）左右。这是很自然的。在野战军营中，部队要尽可能凑在一起；而在永备堡寨中，驻军会分散一些，但不会分散到驻军无法守卫堡寨的程度，具体不仅取决于面积，还有许多可能的因素需要考虑。

只看波恩、诺伊斯和拉姆拜西斯这 3 个例子，我们能得出一个军团就足以守卫 20 公顷（约 20 万平方米）至 25 公顷（约 25 万平方米）的固定军营。但阿里索不一样，它有土木工事保护，而且暴露于敌军眼下，一个军团的驻军怕是太少了。哪怕是最小的一座工事（18 公顷，约 18 万平方米），要长期驻守的话至少也要有一个半军团。

但对于最小的那座工事，这样的兵力就太多了，因为它显然是同一处工事的改版重复，就连舒尔哈特本人也是承认这一点的。这种重复——我们从阿里索就能明白这一点——为舒尔哈特提供了将其命名为阿里索的依据。如果我们认为港口工事和圣安娜山堡寨都要把守的话，那就需要瓦卢斯的全部 3 个军团才行，这样就根本剩不下野战军了。舒尔哈特没有说明他的假说会造成的结果，因此他要为他主张的哈尔滕以外的另一个"阿里索"备选地点是周长近 2.5 千米的奥伯拉登负责。

按照上面给出的恺撒军营面积，最小的哈尔滕营地也足以住下 3 个军团。这个营地肯定是永备工事，大概是空间比较大、舒适性比较好的冬季营地，因此可能只驻扎着两个军团，甚至只有一个。不过，哈尔滕附近的大营和奥伯拉登附近的营地很可能驻扎着 3 个军团，于是，出于发现真相的迫切心情，有人把这些营地当成了常年被驻守的堡寨！毋庸赘言，就算完全不考虑这些营地要占用的庞大兵力，这些营地的宏大规模也是毫无必要的。它们是做什么用的？野战军来了会自己建营地，军营的基本法则对堡寨一样成立：工事的周长要尽可能小，以便守卫。堡寨和军营之间不只是量的区别，更有一条基本原则上的差异：堡寨的守军人数是由工事周长决定的，军营的周长是由军队人数决定的。

哈尔滕和奥尔伯登发现的不是堡寨，而是冬季大营。

部队离开冬季大营时既不需要派人驻守，也不需要拆除。大营对日耳曼人没有用处，如果他们占领了它，那么在罗马人的攻城技术打击下，他们坚持的时间比维钦托利在阿莱西亚还要短。如果罗马人想要在原处扎营，而日耳曼人已经把原来的营地拆掉了，那么罗马人新建一座军营也很快。

剩下的问题就是：圣安娜山上那座 7.25 公顷（约 7.25 万平方米）的堡寨可不可能是阿里索。我们其实不必考察这个问题，因为严格来说现在已经没有人持此说了。哈尔滕说的支持者一贯以罗马军营规模宏大为依据。直至今日，罗马军营仍然是罗马军制的生动体现，为学者们留下了完整和丰富的视觉资料，从而引发了人们的遐想。但在这样的争论中，灵活性也是必不可少的。我们不应该退缩，而要重新考察一遍前面研究过的利珀河堡寨的所有相关文献，看一看文献中指的可不可能是这个地方。

迪奥·卡西乌斯告诉我们，德鲁苏斯出击苏刚布里人时，发现他们不在平常的地方，而在攻打考狄人。于是，德鲁苏斯继续向威悉河进发。

舒尔哈特是这样解释的："由于外出攻打考狄人，他们同时避开了罗马军第一波进攻的锋芒。"一伙人在老家遭到庞大敌军的进攻,他们竟然会通过尽快发动针对另一个敌人的战争来"避开"前一个敌人的进攻,而且来攻的敌人竟然会配合他们的计策,不是全力出击,而是先去别的地方,这可能吗?另外,说到底,苏刚布里人的全部地盘肯定不会超过45英里(约72千米)太多。

从以上两点,我们可以得出:德鲁苏斯要么只想打击边境的日耳曼部落——如果是这样,那就无法理解他为什么没有抓住进攻苏刚布里人的机会——要么计划发动一场针对所有日耳曼人的大战。在后一种情况下,如果整场战役的唯一成果只是在边界外27英里(约43.5千米)修建一座堡寨,德鲁苏斯是不会满意的。尽管罗马作者乐于夸大,但迪奥·卡西乌斯引用的原始史料中也不至于将这么小的事称颂为"对抗"敌对部落的一件大功。

同样具有误导性的一种看法是,罗马人打算在这里建立一处安全的利珀河渡口。他们为什么需要这样做呢?利珀河是一条小河,日耳曼人难道能阻止罗马人从任何他们想要的地方渡河吗?另外,罗马人可以沿着左岸或右岸走,然后找到最合适的地方渡河,这难道有问题?一支兵力远胜于对方的大军竟然需要在野战中通过修建堡寨来保护利珀河这样的小河上的渡口,这个想法太业余了。

如果德鲁苏斯在一年里为了从海路进攻日耳曼人而开凿大运河,而到了下一年,他作为征服者取得的成就却仅仅是修建了一座距离边境27英里(约43.5千米)的堡寨,那我们只能认为他是一个军事白痴。

达姆中校(Lieutenant Colonel Dahm)《考古学杂志》*Archäologische Anzeiger*,1900,第101页)为哈尔滕说提供了一个不同寻常的论证。他将《塔西佗编年史》(2.7)中的"novis limitibus aɡeribusque permunita"中的"limitibus"按照早期的词义来理解，认为它是工事（而不是道路）的意思。达姆认为，德鲁苏斯和日耳曼尼库斯的意图是在莱茵河右岸建立一处部署阵地，与维特拉和美因茨的大本营隔岸相对，从而确保在任何时候都能渡过莱茵河。按照他的理解，阿里索、哈尔滕、（位于陶努斯山的）霍夫海姆这些堡寨并非孤立据点，而只是"阵地的主要支撑点，周围设有'limitibus'，也就是观察哨和其他防御工事"。为了解释"哈尔滕与大营只有两日路程，霍夫海姆更是只有一日路程"，达姆说这是因为利珀河沿岸地形极不规则，对敌人特别有利。另外，这里是所有重大行动的起点，所以需要比美因茨更大的集结地。

我必须彻底反驳这一分析。军事史上从没有将集结地设在深入敌境一两日路程的大型要塞前的情况。罗马人掌握了莱茵河左岸，可以随意在任何地方集结和准备渡河器具，而根据公认的战略法则，日耳曼人不可能阻止他们过河。为了方便，罗马人可以修建带桥头堡的固定桥梁——但绝不会在莱茵河以外一两日路程的地方建立一道工事封锁线，因为守住这道阵地需要10倍于莱茵河沿岸罗马军队总数的兵力。这种毫无现实可能性——其实也毫无道理——的集结地工事说显然只是源于文献中将"limes"（长城）误解为是要派兵把守的边境要塞，再加上好像非要给哈尔滕要塞找一个战略意义的执念。

根据瓦勒里乌斯·马克西姆斯（5.5.3），再结合《塔西佗编年史》（2.7）中关于德鲁苏斯去世并设立祭坛的区域的记载，我们在前面就已经证明两人所指的不可能是哈尔滕这样离莱茵河很近的地方。另一处记载（《塔西佗编年史》2.7）说日耳曼人围攻利珀河边的一座堡寨，日耳曼尼库斯率领6个军团前往救援，此处的堡寨也不可能是哈尔滕。纵观世界军事史，如果27英里（约43.5千米）外就有一支兵力大得多的敌军，你是不可能发起围城的。即便是兵力大致相当，围城军也要有迅速修建坚固工事的能力才有可能成功。日耳曼人是做不到的。罗马人只要一日强行军便可突然降临，日耳曼人的长处只在于侦察和防备，他们每晚都要做好遭受袭击、全军覆没的准备。

被征召来执行这项任务的最低级的日耳曼士卒都会明白这是危险的无用功，会因这样的行为而对公爵的领导能力失去信心，公爵不可能这样愚蠢地使用和浪费士卒的力气。

我们在前文中也清楚地看到，对于罗马作家来说，这处记载之后的那段话——罗马人在阿里索和莱茵河之间修建了一条坚固的公路——是不恰当的，他们不会重点强调一段27英里（约43.5千米）长的道路。此外，提比略之前已经在这里修好道路了。

条顿堡森林会战的溃兵逃进了阿里索堡。由此可见，阿里索堡与战场的距离不可能太远。舒尔哈特认为恰恰相反："除非我们假定距离相当长，否则就不能解释那场大败为何如此骇人，逃出来的人为何如此稀少。"他说，因此文献中指的是哈尔滕。针对他的论证，我们可以说罗马人的退路被阿米尼乌斯设于山路的阵地切断了，因此与避难所是远还是近都没有关系了。此外，日耳曼人显然没有先追击整整五六日，再花五六日返回，然后才举行庆功大会，而是守在战利品旁边。但假如日耳曼人根本没有追击，任由溃兵逃跑，那么后者肯定不会留在哈尔滕，而会直奔莱茵河；而在现实中，他们被围在了阿里索。暂且假设阿里索在哈尔滕附近，条顿堡森林会战发生在另一个地方。然而，有一件事是确定的：如果我们像舒尔哈特一样假设会战发生于德伦山谷或大堡（条顿堡）附近的其他某个地方，那么阿里索就不可能位于距离条顿堡90英里（约145千米）、距离莱茵河只有一日路程的哈尔滕。

从后续发展和围城时间也能看出来。这里与莱茵河那么近，率领两个军团、以精力充沛著称的罗马副将埃斯帕瑞纳斯（Asprenas）肯定会试图解救被困的守军。

舒尔哈特特别信赖塔西佗的一段记载：公元16年，尽管日耳曼尼库斯当时已经带着6个军团在阿里索了，但是他仍然率军上船，驶入埃姆斯河，然后走到威悉河畔。舒尔哈特说，除非阿里索位于利珀河下游，也就是哈尔滕，否则这段话就不能理解。在他看来，我的订正意见（日耳曼尼库斯驶入的不是埃姆斯河，而是威悉河）不过是为了挽救"阿里索在帕德博恩"一说的变通原文。由此可得，舒尔哈特相信，除非我们接受阿里索在哈尔滕的说法，否则塔西佗对战役的记述就是不合逻辑的。我的订正意见的价值不过是这样：要反对3乘3等于11，说3乘3等于10总要好一点。如果一支军队要驶入埃姆斯河，然后去威悉河作战，那么说他们出发前驻扎在帕德博恩总比说他们在哈尔滕少一些不合理，但毕竟还是不合理。克普也意识到了这一点。由于我的订正意见（混淆埃姆斯河与威悉河，主张大军分兵）在他看来过于激进，于是他完全放弃了理解这次战役的希望。如果克普仍然认为这段记载是哈尔滕说的关键证据，这显然不完全符合逻辑。因为如果整体战役没有留下讲得通的记载，那我们就不能从中抽出一个环节作为证据，而且这个环节可能正是出错的地方。

人们过去之所以在哈尔滕或奥伯拉登寻找阿里索，只是因为在那里恰好发现了古罗马工事的遗迹。这个巧合带来了思想的混乱，此事从心理学上是能理解的。于是，帕德博恩地区没有发现遗迹一事也让许多学术圈子拒绝接受正确的位置。事实上，帕德博恩没有证据也好，有很多证据也好，对问题的解决都没有太大意义。毕竟，除了行军营地以外，罗马人无疑在日耳曼地区还修建了其他基地和堡寨，我们只是偶然发现了少数几处。阿里索的位置不能由考古发现解决——除非发现了铭文——而只能通过从战略视角出发去解读文献来解决。即便我们不再将哈尔滕和奥伯拉登叫作阿里索，两地发掘工作的意义也不会损失一分一毫。即便帕德博恩发现了某种工事，表明阿里索在帕德博恩证据链的分量也不会增加一分一毫。几乎所有当代学者（蒙森；诺克，Knoke；达姆；巴特尔斯，Bartels；舒尔哈特；克普）都认为瓦卢斯大营必然位于威斯特伐利亚隘口附近，但在那里也没有找到罗马军营的遗迹。学者们没有因为此处没有考古发现就被带偏，他们也不应该因为帕德博恩同样没有考古发现就被蒙蔽。毕竟，提比略位于利珀河源头的大营也没有被发现。未来，不仅可能在某处发现了遗迹的，而且很有可能。毕竟，由石材建造，而非像日耳曼地区的其他营垒和堡寨那样，只是土木工事的诺伊斯军团驻地遗址在20年前才被发现。而且这座营地有人驻守的时间不是几年，而是几代人，甚至可能长达几个世纪。哈尔滕的大型军营9年前才被发现，而且是偶然发现，地表连一丁点痕迹都看不出来。4年前，普赖因牧师（Pastor Prein）发现了奥伯拉登军营；稍早时候，哈特曼教授（Professor Hartmann）在利珀施塔特东南方向20千米处的吕腾郊区克内布林豪森（Kneblinghausen bei Rüthen）发现了另一座军营。不管未来还会有多少这样的发现，将考古发现加入历史图景都不会取决于个别营垒堡寨的重构，而要取决于对战役的战略背景的重构。首先，研究者绝不能错以为堡寨不能建在敌军后方，不能混淆堡寨和设防军营。其次，他们也不能犯忽略守军与野战军兵力关系的错误，以至于相信在堡寨被围的同时，未尝败绩的野战军就在一两日路程以外。最后，他们要避免像哈尔滕-阿里索假说的支持者一样，怀有各种业余观念。

奥伯拉登军营的发掘活动表明它的年代早于哈尔滕军营。因此，此处大概是提比略试图招抚一部分苏刚布里人，将其迁到莱茵河左岸时驻扎的大营。这些营地与我们讨论的战役都没有关系。尝试建立关系的考古学家失败了，因为他们不理解堡寨和军营之间的区别。我与 G. 克罗帕切克（G. Kropatscheck）合写了一篇文章讨论该话题，发表于《普鲁士年鉴》(143：135，1991)。一个地方到底是堡寨还是军营当然很重要。这就好比手枪和大炮：起初只是尺寸有差别，后来从现实角度看就成了两类事物。建立堡寨是有内在目标的（我们必须找到并确认目标是什么），驻军的主要任务是守住堡寨，在城外的任务则是警戒多于作战。但设防军营存在的意义不在于自身，而是要为大军提供保护。凡是将两者混为一谈的人当然不可能得出正确的战略结论。

3 古罗马的人口、贵金属供给和军事体系[①]

人口变化

罗马帝国时期社会经济状况的主流理论有一定程度上的两面性：一方面，当时的文明无疑极为昌盛，当年宏伟工程的遗迹就是有力的见证；另一方面，古代文献中有无数对衰败的感慨，使得人们不得不相信，并把帝国时代说成是不断衰落的过程，尤其是人口持续减少。最早为澄清这个问题做出贡献的是 J. 容格（J. Jung）发表于《维也纳学刊》（*Weiner Studien* 1879，1：185）的文章，还有马克斯·韦伯1891年出版的《罗马农业史》（*Römische Agrar-geschichte*）。但不管是这两位学者，还是在其他方面写出了极有价值的《古典时代经济发展史》（"Wirtschaftliche Entwicklung des Altertums"）（发表于《康拉德国民经济学年鉴》，*Conrads Jahrbücher für Nationalökonomie* 1895）一文的爱德华·迈尔（Eduard Meyer），他们在订正文献资料方面的进展似乎都不大。

如果我们更细致地逐篇考察文献就会发现，那些被认为证明了人口减少的记载指的都是局部或暂时的现象，并未证明几百年间整个帝国的情况。

普林尼写道（《自然史》7.45），奥古斯都一度由于缺少青壮年而被迫征召奴隶参军；《马可·奥勒留传》第11章中记述了"西班牙无人"（Hispanis exhaustis）的现象，我们从中不能得出任何结论。

[①] 选译自第一篇第10章。

这些都是偶然的暂时困难，例如，马可·奥勒留时期，西班牙受到了瘟疫的严重影响。

公元 92 年，图密善禁止将粮田改为葡萄园，甚至下令铲除各行省一半的葡萄园（苏埃托尼乌斯，7），但此举针对的绝不是陷入困境的社会农业发展，反而是发展得过于奢侈了。此举的背景是粮价的暂时上涨。关于推行禁令的原因，一贯的看法是人民日渐放纵，偏爱葡萄种植园主，惯于依赖进口粮食。于是，图密善颁布了反奢侈法令，目的是让人们回到简朴的农耕风俗和祖先的社会传统。

早在斯特拉波（6.1）的时代，西西里就被描绘成一个人口减少、居民不足的地方。关于希腊（尤其是优卑亚岛）、古代时富庶的拉丁姆（Latium）和如今的罗马近郊的情况类似。但这里只是偌大的罗马帝国中很小的一部分，而且人口减少是有特殊原因的。大城市近郊农业衰落并被畜牧业取代的现象在其他地方也能看到，爱德华·迈尔在前述著作中就以今天的都柏林为例。西西里岛在奴隶起义期间损失惨重，但仍然向罗马出口了大量货物。在共和国的最后一个世纪，意大利由于大规模发展畜牧业和依靠奴隶耕种土地而人口减少，但到了公元 1 世纪人口有所回升，小农家庭再次遍布意大利。如果我们考察凯尔特地区、上意大利、法兰西、不列颠、莱茵河与多瑙河流域、西班牙与北非，最后还有通过从意大利中部移民而实现拉丁化的达西亚，考察这些广大区域在三四百年间的状况，那就不难想见，人口减少不过是因为大规模移民造成的。军团在边境推行拉丁化，但内地很少或根本没有驻军。从罗马城派遣到外省的少数官员可以忽略不计，只在寥寥几处实行农垦殖民。拉丁化的主力军必然是定居城中的商人工匠。从长期来看，建立地方语言标准的不是农村，而是城市。城市很容易、很快就会实现语言的变迁。语言变迁是一个自上而下的过程，一批移民来到某地，哪怕人数并不多，但在掌握资金和技术优势，又有政权支持的情况下，也足以洗掉当地的原住民属性。整个西欧之所以在极短时间内就被纳入拉丁种族，原因就在这里。尽管有一条从意大利和整个罗马世界的无产者不断涌向罗马城的潜流，但也有一条从罗马城流向外省的主流。罗马城汇聚了五湖四海的人群，许多能干又勤奋的人不断积累财富地位，以首都代表的身份去往外省，在那里兴旺发达，创造了一种新的社会经济生活，同时推动了当地的罗马化。我们偶然得知，加的斯（Cadiz）和帕多瓦（Padua）在公元1世纪生活着不少于500名骑士等级的罗马公民（实为富商）。拉丁文化在高卢、西班牙、阿非利加的代表者和传播者的直系祖先当初可能就是从行省出来的，他们去了罗马，在罗马接受了拉丁化。这种人口的双向流动是无可置疑的：一方面，必然存在从罗马向行省迁出的大规模移民，否则就不能解释拉丁化为何会迅速完成；另一方面，迁出人口在不断得到补充，因为罗马城仍然是一座大城市，而且规模很可能比以前更大。

　　如果存在一场持续而强大的运动，一条持续的奔流，那么它自然会造成许多摩擦，而且会有许多地方出于或多或少的偶然因素而衰落，但人口整体仍然是在增长的。

　　我们尤其不能看到经常有人抱怨缺少农业工人、农田被抛荒，于是就得出总人口减少的结论。就连富足的当代英国也有人抱怨大片土地因为缺少劳动力而无法耕种。在德国的东易北河地区，要不是每年从东边招来几十万名外国农场工人，否则某些地方有一半农田要荒废。与此同时，1914 年之前，德意志帝国每年的人口增长不少于 90 万人。那么，就算普林尼已经在抱怨种地的人手不够，就算政府从哈德良时期就开始采取措施将移民束缚在土地上，就算佩蒂纳克斯（193 年在位）允许并鼓励开荒占地，就算从奥勒良（270—275 年在位）时期就制定了针对荒地的法令，也都不能证明人口减少。

我们没有任何数据表明帝国时期的人口变化状况。我们是通过下面的论证和证据得出帝国时期人口不仅没有减少反而有很大增长的结论。

阿庇安（约生活于 2 世纪中叶）给出了经济高度繁荣的证据（《导言》第 7 章）。宏大的工程确证了这一点，尤其是公路。这些工程有些至今尚存；另一些有无数铭文为证。延续几百年的修路工程是现有最确实的生活水平改善的证据。如果没有强大的经济实力和经济意义为后盾，帝王的心血来潮和军事目的就都不能解释规模如此之大、持续时间如此之长的工程。

生活水平改善与人口持续减少是绝不能相容的。诚然，今天的法国是一个生活水平不断提高、人口近乎停滞的例子。但在奥古斯都至亚历山大·塞维鲁的 265 年间，哪怕罗马帝国的人口增长像 19 世纪的法国那样缓慢，人口数目仍然增长近 3 倍，因为当法国的人口年均增长率为 0.04%，在 174 年里就会翻一番。古典时代和中世纪的人口变动与现代的主要区别大概是缺乏常性。即便是和平时期的罗马帝国也常有瘟疫和饥荒的记载，而这些因素对现代文明世界的人口几乎没有任何影响。因此，哪怕是经济繁荣时期，古代世界的总体人口增长也不会特别大，但人口总数在两个半世纪里翻一番只需要微不足道的最低限度的增长率就可以了。我们可以不夸张地估算，罗马帝国的人口从 6 000 万增长到了 9 000 万。

我认为更大幅度的增长也不是不可能的，但即便人口翻了一番，其与提高人的自然生育能力相比还是差得远了。这就解释了奥古斯都和后世皇帝为什么会颁布鼓励结婚生子的法律。我们或许可以完全不考虑这些法律，因为它们毕竟只是被用于一小部分人口，特别是罗马市民。把法令放在一边，在当时人的眼中，我们估算出的人口增长实在是太微小了，简直完全看不到增长。帝国的婚姻法令不能让我们得出人口停滞乃至下降的结论，而只是预设了罗马公民，或者只是一部分公民中间的人口增长率远远低于正常水平。人口下降可能确实时有发生，但文人的抱怨和前面引用的法律都不能打消人口总体上在缓慢增长的认识。

希罗狄安（Herodian, 3.4）为我们提供了阿非利加人口充盈的正面证据。除了公元 237 年以外，阿非利加有一批大城市，尤其是迦太基，这是绝对确定的。希罗狄安还明确说当地有许多农夫。海斯特尔贝克（Heisterbergk）在《佃农制的起源》（*Die Entstehung des Kolonats*）（1876，第 113 页及之后）中通过大量比对，有力地确认了这段记载的可信性。

我在容格写的《罗马帝国的罗马化地区》（*Die romanishcen Landschaften des römischen Reichs* 1∶43）中找到了关于西班牙的证据。作者引用了一位 4 世纪初的地理学家对西班牙的描述："幅员辽阔，人口众多，百业俱全，向世界各地出口植物油、猪油、火腿和役畜，物产丰富，各方面都很突出。"

没有人怀疑帝国时期的高卢和上意大利经济发达，人口众多。

两地在文献中表现出了高度发达的城市文明，若无普遍的经济繁荣是不可想象的。

狄奥多罗斯（Diodorus，1.31）记载埃及人口有700万，约瑟夫斯（Josephus，2.385）给出的数字是750万，亚历山大里亚另算，因此，如果加上亚历山大里亚，埃及人口至少有800万。即便800万这个数字可能会有人质疑——我也乐于赞同泽克（Seeck）在《古代世界衰亡史》(Geschichte des Untergangs der antiken Welt 1：505）的看法，即我们永远不能从这些偶然的相对数字中得出确切的结论——但我们至少有了一些可能的证据表明当时的人口不仅没有减少，反而有很大增加。不久前发现的莎草纸文献肯定了帝国时期埃及人口众多的看法。埃尔曼和克雷布斯1899年合写的《皇家图书馆莎草纸文献研究》(Aus den Papyrus der Königlichen Museen）第232页中通过一份征税文告得知，在马可·奥勒留时期，法尤姆（Fayum）有一座房屋的十分之一空间中至少住着27个人。人口密度这么高的地方肯定生活着许多人。

上述内容只适用于3世纪中期开始的重大经济变动之前。现在我们暂且不谈以物易物经济对人口变化的影响。不管怎么说，无论是增加还是减少，影响大概不会很快，也不会很强。

贵金属供给

细致研究3世纪贵金属消失现象会对我们很有帮助。相对于货币本身的贬值，当代的奠基巨著，蒙森写的《罗马财政史》(Geschichte des römischen Münzwesens）对这个问题有些忽视。至少通过一番比对，我确信货币贬值其实是——或许主要是——贵金属供给不足的问题，因为矿藏已经被挖空了，至少产量大大降低。

毫无疑问，古代矿藏的产量有时是非常大的。5世纪的希腊肯定有大量钱币流通，古典作者说起西班牙丰富的银矿也是不厌其烦。在1世纪，诗人斯塔乌斯（Statius）列举各地税赋的头一条就是："西班牙金山产出的黄金在达尔马提亚的山上闪耀。"（quidquid ab auriferis ejectat Iberia fossis Dalmatico quod monte nitet）但经过几个世纪的开采，任何一个地方的贵金属产量都变得难以维持。早在公元前1世纪，阿提卡半岛上的劳里厄姆（Laurium）银矿就大幅减产，最后彻底枯竭。没有直接证据证明西班牙的情况；马夸特（Marquardt）在《罗马政制》（Römische Staatsverwaltung 2：260）中说西班牙银矿的产量早在1世纪初就很少了，此说的依据似乎有误。不管怎么说，我没有找到马夸特观点的来源，而其他所有迹象都表明西班牙在一二世纪采矿业依然发达。罗马人也成功发现了全新的矿脉并大力进行开采，达西亚就是一例。但接下来发生了大衰退，以至于赫希费尔德（Hirschfeld）在《罗马行政管理史研究》（Untersuchungen auf dem Gebiete der römischen Verwaltungs-geschichte）第91页（第2版更名为"Die kaiserlichen Verwaltungs-beamten bis auf Diocletian"，第180页）中可以说，其他地方的衰退从没有如此骇人、如此迅猛。《百官志》只提到了一位皇室矿监，而且是在伊利里亚。《狄奥多西法典》（Codex Theodosianus）中关于矿产开采只有几条简短的规定（第10卷第19款）。西哥特人统治的西班牙完全没有关于银矿的记载，最多有一处资料表明，有人在塔古斯河（Tagus）里淘金。西班牙的采矿活动直到摩尔人时期才恢复，而且可能已经换了地方。

据记载，马克里努斯（Macrinus）统治时期（公元217年）还有金银雕像（迪奥·卡西乌斯，78.12）。加里恩努斯去世时（公元268年）国库里还有大量黄金，每名士兵都能即时领到20枚金币（《加里恩努斯皇帝传》*Scr.Hist.Aug.Gallieni* 15）。我们还有其他类似的记载，但这些记载当然都不能证明钱币供给量足以满足庞大帝国的经济需要。

如果说君士坦丁时期的财政秩序有所恢复，那大概一方面是因为经济活动已经采取了其他不需要大量现金的形态；另一方面是因为没收神庙财产确实增加了货币流通量。

塞提米乌斯·塞维鲁时期后勤体系的变化

希罗狄安（3.8.4）中这样描述塞维鲁："他将大部分钱币（chrēmata pleista）发放给士卒，还做出了许多前所未有的让步。事实上，他是第一位提升军饷（sitēresion）的皇帝。他还允许士兵佩戴金戒指，与妻子同住。不过，他认为这些事都不符合军人的朴素作风、战备能力和严谨秩序。"*

"军饷"也可以宽泛地被理解成"报酬"，于是这段话可以这样理解：开头提到的"大部分钱币"指的是赏赐，"军饷"指的是平时工资，从375第纳里提到了500第纳里。这次提饷——后来卡拉卡拉更是提高到了750第纳里（奥古斯都时期禁卫军的工资）——似乎与我的观念全然相悖，也就是钱币日渐稀缺，以实物形式发放补给的做法日益普遍。但希罗狄安的文本证据中说塞维鲁是"第一位"提升军饷的人,他这里讲的不可能是日常工资,日常工资自奥古斯都以来就提升过,康茂德也短暂地提过一次。因此,我认为提升的军饷是包含在"大部分钱币"里面的。另一方面,塞维鲁向士兵发放大量钱币的事实并未排除钱荒已经对经济体产生显著影响的可能性。因为塞维鲁是动用了最极端的暴力手段,大肆杀人抄家,甚至还要进一步贬值货币——我们不能忘记,这位皇帝统治时期的贵金属含量只剩下50%——这才凑齐了提饷的费用。

多马谢夫斯基(Domaszewski)观察到2世纪下半叶有许多墓葬里发现了财宝,这不是因为蛮族入侵,而是因为国内苛政。这当然是正确的:"人们将钱币埋在地下,免得被收税官发现。"

迪奥·卡西乌斯(78.34)佐证了我的看法。文中说马克里努斯不仅向士兵发放钱币,还许诺恢复之前取消的全额配给(trophē)。马克里努斯当然没有削减士兵本人所需的配给,因此,他说的无疑是士兵家属的补助。既然马克里努斯皇帝的总体形象是塞维鲁王朝后的拨乱反正者,我们或许可以得出这样的结论:他努力要废除以增加实物配给、放松家庭限制为基础的一整套先前已经证明有害的制度。

关于亚历山大·塞维鲁还有一段记载说(《亚历山大·塞维鲁传》第15章):"他认真监督士兵的配给发放。"(annonam militum diligenter inspexit.)

与罗马军人婚姻史的许多其他问题一样,"与妻子同住"(gýnaixi synoikein)的含义在学界仍有争议。我采用了一种我认为最合理的解释。在我看来特别奇怪的一点是,直到哈德良时期,外省异族士兵按照罗马法赋予的权利可以正常结婚,因此待遇比公民士兵还好。在埃及，军团享有特权。参见 G. 维尔曼斯（G. Wilmanns），"阿非利加的罗马军营城市"（Die römische Lagerstadt Afrikas），收录于《特奥多尔·蒙森纪念文集》（*Comm. In. hon. Theodor Mommesens*，1877，第 200 页及之后）；P. 迈尔（P. Meyer），《罗马姬妾研究》（*Das römische Konkubinat*），1895；P. 迈尔，《萨维尼期刊》（*Zeitschrift der Savigny-Stiftung*，18：44 页及之后）。

4 世纪的军队兵力和招募方式

据记载，戴克里先将罗马军队的规模增加了几倍，甚至有 4 倍的说法。拉克坦提乌斯（Lactantius）激烈批评这位皇帝增加了军事负担。蒙森自信地得出了一个结论：根据《百官志》和其他所有证据，罗马军队在 4 世纪的总兵力约为 50 万至 60 万人。他又认为当 3 世纪初塞维鲁将军团数量增加到 33 个时，罗马总兵力约为 30 万人。

但正如蒙森本人所指出的，这些数字的依据非常不确切。我们不清楚《百官志》中提到的部队有哪些是实际存在的，每支部队的兵力又有多少。同样不确定的是边防军有多大比例可以算作真正的军人。我到处都找不到一个绝对可靠的数字作为研究的起点和参照点。记述君士坦丁征战史的作者们给出的兵力数字毫无价值。但有一点是必须从一开始就考虑到的，那就是以物易物的经济基础不可能供养大规模的军队，本书之后会经常提到这一点。我们手中可以视为相对可靠的战事经过和个别兵力数据都指向了一个事实：当时军队的规模不仅不比奥古斯都和提比略时大，反而要小得多。

一份瓦勒良皇帝任命后来成为皇帝的奥勒良统率一支大军的文

书列出了每一支部队的兵力。大军包括 1 个军团、4 名日耳曼酋长、300 名伊图里亚弓箭手、600 名亚美尼亚士兵、150 名阿拉伯士兵、200 名撒拉森士兵、400 名美索不达米亚士兵和 800 名重骑兵。不过,这支部队的规模肯定相当小,连小分队的兵力都具体列了出来。

最重要的一个事实来自 357 年的斯特拉斯堡会战。据记载,兵力不超过 1.3 万人的尤利安击败了据说有 3.5 万之众的阿勒曼尼人。这些数字很可能源于尤利安本人。此处只做兵力估算。1.3 万名罗马人在正面对决中击败 3.5 万名日耳曼人是从未有过的事,在 4 世纪更是绝无可能。问题是:罗马兵力为 1.3 万人的说法能否接受?说到底,为了彰显胜利的辉煌而将己方兵力往小了说的倾向太常见了。另外,尤利安不仅能调动整个高卢的兵力,据说还掌握着不列颠和西班牙的部队,而且他打的不是一场遭遇战,而是早有预见、早有准备的决战,没有什么能妨碍他集结全部可用兵力——在这种情况下,1.3 万人似乎是太少了。

但就算假定尤利安把兵力说小了,我们从这个数字仍然可以得出结论:当时参加大决战的部队已经不再是 6 万、8 万人的大军了。哪怕是夸大或低估也要考虑当时人的观念,尤利安不可能给出同时代的人一眼就能看离谱的数字。如果他想炫耀的话,他当然可以进一步夸大阿勒曼尼人的兵力。我不认为他给出的 1.3 万人是完全可靠的数字,但我相信我们仍然可以从中得出一个肯定的结论:参加这场战斗的兵力要比恺撒和日耳曼尼库斯的时候来得少,而且当时都是如此。

有人仍然会提出反对意见,说斯特拉斯堡会战属于例外,因为尤利安激烈批判堂兄君士坦提乌斯二世的嫉妒和猜疑,有意给他使绊子，提供的支援很少。他批判的依据受到了有力的质疑，而且即便他是对的，尤利安仍然直接掌握着最富庶、最精华的省份。另外，据阿米尼乌斯（16.11）记载，他在雷蒂亚的对手巴尔巴提奥（Barbatio）手下有2.5万人以上的兵力。

当时军队规模不大的一个佐证是：若非如此，日耳曼人在罗马军队中的重要性不可能如此突出。诚然，我们无法估算当时日耳曼部落的总人口有多少，但要说有几十万日耳曼人在罗马服役，那也是不可能的。因此，如果罗马军队日益染上了日耳曼人的色彩，那么兵力规模就不会很大。

我不敢给出具体数字，但在我看来，戴克里先绝无可能将兵力提升到赛维鲁斯时期以上。就连3世纪初有30万人的估算值也太高了。塞提米乌斯·塞维鲁增加军团数目的做法是否意味着兵力的增加，这是很可疑的。不管怎么说，我们都不能假定辅助部队的兵力也增加了。在我看来，塞维鲁的33个军团总兵力仍然不超过25万人也是可能的。

我们既然从通行的兵力数字减掉了，那么对4世纪招兵方式的观念必然也要改变。按照维格蒂乌斯和法律文献，地主有义务提供新兵。这似乎是一种全新的制度，用蒙森的话说（前引著作的第246页），它的起源仍然是黑暗的，它的施行可能与同样是新生事物的定居制度和农奴制有关联。按财产多少摊派的招兵条款一直被说成是大地主身上的一项实际负担。

如果我对这种新招兵形式的理解正确的话，那么它就是新的社会政治条件在持续发展的旧制度中的直接反映。旧罗马地方政府以城市为基础，农村人口依附于城市。地主生活在城市里，从那里管理地产，只有巡查或度假时才去自己的农庄。但地主们渐渐从城市迁往农村，让自己的产业摆脱了市政当局的管辖，形成了以地主本人为最高权威的独立行政区。以物易物经济加快了这一进程，地主收不到足够的地租了，于是亲自搬到农庄里，直接享用产出的物资。

在旧的招兵制度下，我们设想的情景是招兵官会同市政当局从大量候选者中选出少数精锐。而在新制度下，地方当局就是地主本人。于是，城市完全退出了招兵事务，因为从市议员以下的市民们都已经被国家安排了各种世袭的职责。城市能出的兵员是极少的。我们无法进行实际估算，因为人口和兵力都没有确切的参照点。暂且假设——只是举一个例子，为了说明问题而已——帝国总人口为9 000万，不包括蛮族辅助部队在内的常备军为15万。按照服役期20年计算，每年大概需要常备军总数的十五分之一，也就是1万名新兵。但即便我们按2万或3万人计算，然后与今天（1900年）的德意志帝国作比较，后者人口为5 400万，每年有25万名左右适役青年应征入伍，我们仍然会发现征兵条令对罗马人口的负担不会很大，哪怕我们把人口估计得低一些，兵力估计得高一些。

从30名或40名适役男子中抽一人从军的兵制自然会偏向志愿兵，而非征召兵。因此，我们完全可以赞同蒙森的看法："如果早在戴克里先之前，志愿兵就已经为军队提供了稳定的新鲜血液，那么后来就更是如此了。"收录于《狄奥多西法典》的帝国公告（第7卷，第13款，"征兵"；第20款，"退伍军人"；第22款，"军人随从与退伍军人子弟"）有许多地方不能给出透彻的解读。但我们从中可以肯定一点：就实际而言，地主招兵同样主要是志愿兵性质。退伍军人的儿子被认为有世代从军的义务，而且当局会通过税收优惠来吸引人参军，优惠会惠及参军者的父母和妻子。如果每年新兵需求都一样多，大概就不会有困难，但蒙受惨重损失或遇到危急时刻时，新兵需求自然就很不稳定、断断续续。在这种情况下，尽管男丁总数是充足的，志愿兵也很可能会出现缺口。因此，就像18世纪那样，招兵或多或少演变成了抓壮丁，于是那些被选中又不想入伍的人就会自残。

但总体来说，我们可以坚持志愿兵为主体的观点。从军事角度来看，确认这一事实是有必要的，否则我们就不能理解罗马人组成的部队为什么依然一事无成。征召兵或壮丁只有在军纪严格、骨干有力的单位中才有战斗力。这时的罗马军团显然已经不行了。只有自愿参军、斗志昂扬、具备应对军旅生活的野兽本能的人才能组成堪用之军。因此，为了适应这种情况，入伍者其实就是志愿兵，但以向地主摊派兵额的形式被保留了下来，这既是为了简化流程，也是为了节约国用。这种做法还将提供兵员的义务转化成了纳金代役。代役是经常发生的事，有时是当局允许，有时是直接下令纳金。406年，面对危急的形势，国家直接张榜招兵，一开始开出的奖金是3枚索利达金币，后来涨到了10枚。国家甚至许诺解放愿意参军的奴隶，而且奴隶能多领到2枚索利达金币作为旅费（pulveraticum：尘金）。地主为一名兵额要提供25枚索利达金币作为代役金，有时是30枚，几名地主可以分担一名兵额的费用。

注　释

第一篇　古罗马人与日耳曼人的冲突

1　早期日耳曼民族

1. According to Caesar (6. 21), the Germans did not marry before their twentieth year; it could not have been much later, however, that they went about establishing a family, since otherwise they would not have been able to maintain their strict custom with respect to chastity. Consequently, in a community of 100 families we must subtract from the 100 heads of families as warriors the aged, invalids, sick, and accidentally crippled, while the quite young men of fourteen to twenty fill the ranks, more or less balancing off the total.

2. The estimate of a Germanic village at a strength of some 750 souls has recently received a noteworthy corroboration in the area of

prehistoric research. In Albert Kiekebusch's dissertation "The Influence of Roman Culture on the Germanic as Reflected in the Burial Mounds of the Lower Rhine" ("Der Einfluss der römischen Kultur auf die germanische im Spiegel der Hügelgraber des Niederrheins"), Berlin, 1908, on the basis of the graves of Darzau the size of the community that buried its urns here is reckoned at a minimum of 800 souls. This is opposed, it is true, by Kaufmann in *Zeitschrift für deutsche Philologie* (1908), p. 456

3. Cf Braune, *Zeitschrift für romanische Philologie* 22: 212.

4. Paulus Diaconus 2. 9:"nisi ei quas ipse eligere voluisset Langobardorum faras, hoc est generations vel lineas, tribueret. Factumque est, et annuente sibi rege quas obtaverat Langobardorum praecipuas prosapias, ut cum eo habitarent, accepit. " ("... unless he granted to him those *farae* [that is, races or familial lines] of the Langobards he had wanted to select. And so it happened. With the king's assent he received his wish that the distinguished families of the Langobards which he had chosen should reside with him. ")

5. Caesar's claim (*Bell. Gall.* 6. 22) that among the Germans the most powerful man possessed no more than any other is not to be taken literally but is, rather, a rhetorical exaggeration of the impression that the account of the agrarian communism necessarily made on the Roman listener. Princes who had a retinue that they fed and provided with expensive weapons must have had significant means and men like Ariovistus or Arminius and his brother Flavus, who appeared in

Rome as eminent men, are unthinkable without a certain wealth. For all that, however, in the eyes of a prominent Roman they still appeared not much different from a common German. The agrarian communism gave the latter such a great economic support that Caesar could no doubt be permitted to write this rhetorical embellishment without our being justified or obligated to interpret it strictly and base further conclusions on it.

6. Tacitus, *Ann.* 13. 54.

2　日耳曼战士

1. Tacitus, *Germania* 6.

2. Tacitus, *Annals* 2. 45. Mauritius, G. A. , 167. Agathias, *Bonn. A.* , p. 81. cit, Müllenhoff, pp. 180-181.

3. Müllenhoff, *Germania*, p. 179.

4. The passage reads (taken from Scheffer, p. 269):"In battles they make the front of their line even and closely packed, and they render their mounted forces or infantry violent and uncontrollable, thinking that only these of all traits keep them from every deed of cowardice. "* Müllenhoff, in *Germania*, p. 179, has interpreted that in the completely opposite way, as a phalanx front. In my first edition of this volume andagain in the first edition of Vol. III, p. 286, I agreed with him, but now I believe that I have found the correct interpretation. Cf. the passage from Leo's *Tactics*, in Vol. III, Book III, Chap. 2. At Leo's

time, whatever it might have been (cf. Vol. III, Book II, Chap. 7), the Germanic square mass no longer existed. His description was only taken over from Mauricius.

5. Tacitus, *Germania 3. Historia* 2. 22: 4. 18. Ammianus, 16. 12: 31.

7. Eduard Norden, in *The Early Germanic History in Tacitus Germania (Die germanische Urgeschichte in Tacitus' Germania)* (1920), p. 125, sees somewhat too much significance in the "Shield song," in my opinion.

6. Plutarch, in *Marius* 25, describing the battle formation of the Cimbri, tells us that it was just as deep as it was wide, and it may be that this serves as the basis for the concept of the German square mass. But since it is also said that this square mass was 30 stadia (about 3½ miles) deep and wide and the entire account is also riddled with fables in otherplaces, its validity as evidence is slight.

7. The description in Dio Cassius 38. 49. 50 is purely rhetorical and has no historical worth.

8. According to Kiekebusch in *The Influence of Roman Cultureon the Germanic as Reflected in the Burial Mounds of the Lower Rhine (Der Einfluss der römischen Kultur auf die germanische im Spiegel der Hügelgräber des Niederrheins)*, p. 64 (see p. 36 n. 2 above), that applies only to the Rhenish Germans. According to him, the Elbe Germans, judging from the grave finds, were rich in iron and generally superior to the Rhenish Germans in their culture.

9. An excellent work is the broad-based study that appeared

in 1916 from the Kossinnas Mannus Library, *The Armament of the Germans in the Older Iron Age, from About 700 B. C. to 200 A. D.* (*Die Bewaffnung der Germanen in der älteren Eisenzeit etwa von 700 v. Chr. bis 200 n. Chr.*), by Martin Jahn (Würzburg, Curt Kabitzsch). In order to determine their possible influence on the Germanic weapons system, the author extends his study to cover those of the Celts and the Romans. According to the grave finds, the shields were so light and thin that they could hardly have withstood a powerful thrust of the lance or blow of the sword. For that purpose, however, they had a metal projection which in its extreme form extended into a rod more than 12 centimeters long. This can hardly be interpreted in any other way than that the Germans not only used the shield for passive parrying. like the Romans but also brandished it actively and sought not so much to stop the enemy thrusts and slashes but to ward them off, and therefore fought simultaneously with both arms. In this connection, see below. Book III, Chapter 1, the excursus concerning the Herulians. According to information given to me by Jahn in a letter, the battle-ax played hardly any role before 200 A. D. , judging from grave finds. It is more often found from the third and fourth centuries on, especially in the graves of the Lusatian region, which at that time was inhabited by the Burgundians.

10. They are collected in the publication *Catalogue of the Castings...with German Depictions* (*Verzeichnis der Abgüsse...mit Germanen-Darstellungen*), by K. Schumacher, 2d ed. , Mainz, 1910.

11. Martin Jahn, *Bewaffnung der Germanen*, pp. 87, 216.

3 古罗马降服日耳曼

1. Florus 4. 12.

2. Ritterling (*Bonner Jahrbücher*, 1906)would substitute here,instead of the Yssel, the Vecht River, which branches off farther away from the Rhine. This difference has no significance for our purposes.

3. Velleius 2. 106.

4. Strabo 7. 1. 3. Velleius 2. 121.

5. Tacitus, *Hist.* 5. 22.

6. Florus 4. 12: "Praeterea in tutelam provinciarum praesidia atque custodias ubique disposuit, per Mosam flumen, per Albim, per Visurgim. Nam per Rheni quidem ripam quinquaginta amplius castella direxit." ("Moreover, for the protection of the provinces he stationed garrisons and guardhouses everywhere along the Meuse, Elbe, and Weser rivers. In fact, along the bank of the Rhine he erected more than fifty forts.") Instead of "Mosam," Asbach (*Bonner Jahrbücher* 85 [1888]: 28), probably justifiably, would read"Amisiam." See also in this connection Tacitus, *Annals* 1. 38.

7. It is therefore an erroneous expression when Köpp. *The Romans in Germany* (*Die Römer in Deutschland*), p. 22, explains that Drusus'dvance to the Elbe was only an "isolated, temporary move forward. "

注 释

4 条顿堡森林会战

1. The fact that the road ran over the hill and not along the valley seems curious to us today, but that was almost the general rule with theroads of antiquity. The Roman milestones in the area of the Rhine that have remained until the present day date back only to the time of Trajan.

2. Frontinus, *Strategem.* 2. 9. 4.

3. It is appropriate that the citations in Frontinus, *Strategem.* 3. 15. 4 and 4. 7. 8. Velleius 2. 120. and Dio Cassius' reference to the effect that only one Roman fort had held out have been combined. In this connection, see below, the special study on the location of Aliso following Chapter VI.

4. Schuchhardt, "Roman-Germanic Research in Northwest Germany" ("Römisch-Germanische Forschung in Nordwestdeutschland"), extract from *Neue Jahrbücher für das klassische Altertum* (1900), p. 29.

5 日尔曼尼库斯与阿米尼乌斯

1. Müllenhoff, in Germania, pp. 436 and 545, has sought explanations for such an apparently incredible error and has made various suggestions: nonetheless, he finally arrives at the conclusion that Tacitus had erroneous geographical concepts. Bremer's attempt in his

"Ethnography of the Germanic Tribes" ("Ethnographie der germanischen Stämme"), *Pauls Grundriss*, to bring order to this confusion by shifting the peoples has also failed to have any satisfying result.

2. See in the last chapter of this volume "Provisions and Train."

3. Knoke has already correctly explained the sequence of events in this manner.

4. General F. Wolf, in *The Feat of Arminius (Die That des Arminius)*, has determined that the region of Iburg corresponds in every respect to Tacitus' description. Caecina would then have split off from Germanicus near Osterkappeln or Bramsche.

6 战争的高潮与结束

1. Tacitus 2. 6, recounts the fact that unusually shallow-bottomed vessels were also built as if that was done in consideration of the tides. This can probably be more correctly considered, as Knoke does, as referring to the ships that were to be able to navigate as far as possible up the rivers.

2. It would not be impossible to explain the return march of one part of the army as serving Germanicus as a covering force, since he had personally come with his legions to Aliso, where he reconstructed an old altar that had once been erected in honor of his father and had dedicated it with a festival. In such cases. however, a cavalry unit, which can move quickly, is no doubt a better covering force than the slow- moving

legions. Furthermore, it still seems more likely that the six legions were left at Aliso and two were moved by sea.

3. This is the sense of the words "cuncta inter castellum Alisonem ac Rhenum novis limitibus aggeribusque permunita " ("The whole area between the fort Aliso and the Rhine was completely built up with new roads and embankments. ") In this connection, see paragraph 3 of the Excursus.

4. This is effectively proved by Paul Höfer in *Germanicus' Campaign of 16 A. D.* (*Der Feldzug des Germanicus im Jahre 16*), 1885.

5. Paul Höfer, *Germanicus' Campaign of 16 A. D.*

7 古罗马与日耳曼的僵持局面

1. In my opinion. Tacitus, *Annals* 11. 19, stands in contradiction to the indications that the Wetterau was not given up in 16 A. D. either, but, even if at first it was still without a Roman settlement, it remained a Roman occupation area. Tacitus says of Claudius:"adeo novam in Germanias vim prohibuit, ut referri praesidia cis Rhenum juberet." ("He so strongly forbade a new campaign in the Germanies that he ordered the garrisons to be withdrawn to the near side of the Rhine. ") A possible explanation for this statement is that it refers only to lower Germany. This explanation is not acceptable, however, and all the less so when *Germania*, Chapter 29, "protalit magnitudo populi Romani ultra

Rhenum ultraque veteres terminos imperii reverentiam" ("The greatness of the Roman people expanded the respect of the empire beyond the Rhine and beyond the old borders") stands in opposition to it, and also when Seneca says:"Rhenus Germaniae modum faciat. " ("The Rhine should mark the border of Germany. ") Germanicus fought against the Chatti not only in lower Germany but also right here in the Wetterau. See Herzog, *Bonner Jahrbücher*, 105 (1901), p. 67. I do not venture to decide how this contradiction is to be clarified.

2. At any rate, this is claimed by General Schröder, *Preussische Jahrbücher* 69: 511. But I have never found this point confirmed.

3. *Preussische Jahrbücher* 69: 514.

4. A quite similar system of watchtowers along the borders and of signaling by fires is to be found with the Swiss up to the eighteenth century. A very interesting account of this system, based on documents and topographical research, is to be found in E. Lüthi, *The Bern Chuzen or High Watchtowers in the Seventeenth Century (Die bernischen Chuzen oder Hochwachten im 17. Jahrhundert)*, 3d ed. , Bern, 1905, A. Francke. When the Freiburgers made a pillaging incursion into the Bern area in 1448, that was reported to the capital by the high watchtower on the Guggershorn. The Bern territorial guard assembled at once but did not move directly against the Freiburgers. Instead, they blocked their retreat, defeated them, and took away their booty.

Between Hirschberg and the Riesengebirge, near Arnsdorf, there are also the remains of such a stone watchtower on a hill from which one can observe the various crossings over the mountain. It perhaps stems from the period of the Hussites.

5. Mommsen, *Römische Geschichte* 5: 108, note, estimates the auxiliaries of the upper German army in the period of Domitian and Traan at some 10,000 men. The Raetian *limes* was considerably shorter and more weakly occupied than the upper German *limes*. The Raetian troops, who, according to Mommsen 5: 143, were at the most 10,000 strong, also had to garrison the Danube line from Ratisbon to Passau. For this reason. Mommsen believes that the forts were probably only very weakly garrisoned in times of peace. Nevertheless, they still had to be able to defend themselves against a sudden attack and to send troops in pursuit of strong robber bands. According to Mommsen, the lower Germanic auxiliaries were perhaps even less numerous than those in *upper* Germany.

8 古罗马帝国的军队建制与军人生活

1. *Eclog.* 1. 71.

2. W. Bahr, *De centurionibus legionariis* (*on the Centurions of the Legions*), Berlin dissertation, 1900, p. 45f.

3. Bang, *The Germans in the Roman Service* (*Die Germanen im römischen Dienst*), p. 78.

4. This is a very significant piece of new knowledge which we owe to Domaszewski's careful study of inscriptions, *The Hierarchy of the*

Roman Army (*Die Rangordnung des römischen Heeres*), 1908.

5. This results from the very nature of the situation and is also evident from a citation in Hyginus, *de mun.*, Chapter 42, which I find on page 60 in Domaszewski's *Hierarchy*. It was probably the same as in the present-day Austrian army (before 1918), where the regiments,in addition to their German army language, had their own national regimental language. As the Romanization of the provinces progressed, the national character of the cohorts gradually faded out. It may also have happened that cohorts stationed very far from their home area received other replacements and changed their character as a result. We must agree with Mommsen. when he emphasizes in *Hermes* 19: 211, that the national character of the cohorts can be concluded from their designations with certainty only at the time of their creation.

6. Seeck. *History of the Fall of the Ancient World* (*Geschichte des Untergangs der antiken Welt*) 1: 390, 534.

7. Marquardt, *Roman Political Administration* (*Römische Staatsverwaltung*) 2. 542, 2d ed.

8. In the year 367, cod. *Theodosianus*. Cited in Marquardt. In Germany. it was not until 1893 that the minimum height was lowered to 1. 54 meters. In 1870. the following regulation was still in force: "The smallest height is 1. 57 meters, but men under 1. 62 may be selected only if they have a particularly strong body frame and if the yearly replacement figure cannot be met without resorting to this expedient." The smallest height for the Guard is 1. 70 Meters.

In France. Napoleon set the height at 1. 59 meters in 1801, but then he lowered it to 1.54 in 1804. In 1818, it was raised again to 1. 57, and in 1872, after some variations, it was lowered again to 1. 54. The Roman foot was 0. 296 meters and was consequently shorter than the old Prussian one, which was 0. 314.

9. Suetonius, *Nero* 19.

10. Schulten, "The Domain of the Legion" ("Das Territorium legionis"). *Hermes* 29: 481.

11. Cicero, *Acad.* 2. 1. 2.

12. Sallustus, *Bell. Jug.* 85. 12.

13. The matter is perhaps somewhat more complicated. The references to the promotion of the centurions are not easy to understand. One theory after another has been advanced on this subject, but no solution has been found that clarifies the whole situation. Theodore Wegeleben's study, "The Hierarchy of the Roman Centurions" ("Die Rangordnung der römischen Centurionen"), Berlin dissertation, 1913, Ad. Weber, publisher, has superseded Domaszewski's study, to be sure, and has thrown some light on the subject through its comprehensive comparison of the inscriptions, but some points have still remained doubtful. Wegeleben's conclusion is that the centurions were of equal rank among themselves, with the exception of the six centurions of the first cohort, of whom the three highest ones, of the *primus pilus*, of the *princeps*, and of the *hastatus*, stood so high that they were no longer referred to as centutions at all. This higher position in the first cohort

was not just a position of honor. It was also based on the practical organization, since this cohort was 1,000 men strong, while all the other cohorts had about 480 men (Wegeleben, p. 37). We are not told how that was balanced off in the formation of the legion. Either the six centurions of the first cohort or the three highest ones were designated as the *primi ordines*. Also unclear is the meaning of *praepositus* (see Grosse, *Roman Military History* [*Römische Militärgeschichte*], p. 143). The remark in Wegeleben, p. 60, concerning the receipt of commands is probably not correct; it is contradicted by Polybius 2. 34.

14. We have just recently been enlightened on the situation of the *principales* by the work of A. von Domaszewski, which is as thoroughas it is valuable. *The Hierarchy of the Roman Army* (*Die Rangord-nung des römischen Heeres*), 1908.

Vegetius 2. 7, speaking of the responsibilities, says: "Campigeni, hocest antesignani, ideo sic nominate, quia eorum opere atque virtute exercitii genus crescit in campo."("The *campigeni*, that is *antesignani*, were so named because the kind of training in the field depended on their hard work and ability.") I have not found an explanation of this passagein Domaszewski.

15. The history of the Roman military pay was first set forth in Domaszewski's essay, "The Military Pay of the Imperial Period" ("Der Truppensold der Kaiserzeit"), *Neue Heidelberger Jahrbücher*,Vol. 10, 1900. But Domaszewski, in judging the pay increases in the imperial period, failed to take into account the simultaneous debasement of

the money. Consequently, he exaggerated the significance of the numerical increase. I consider it impossible that on the occasions of donatives the centurions were excluded and only the soldiers benefited, as Domaszewski believes, p. 231, note 2. In that case, depending on the amount of the donative (under Marcus Aurelius it was once 5,000 denarii for the Praetorians, or five times their annual pay), the privates would often have been better off than the officers.

16. P. Steiner, "The Military Decorations" ("Die *dona militaria*"), *Bonner Jahrbücher* 114: 1 f.

17. In Polybius' camp description, there is no mention of a hospital, whereas there is in Hyginus. See W. Haberrling, *The Ancient Roman Military Doctors* (*Die altrömischen Militärärzte*), Berlin. 1910.

18. Premerstein, "The Bookkeeping of an Egyptian Legionary Unit" ("Die Buchfuhrung einer ägyptischen Legionsabteilung"). *Klio*, Vol. III

19. This is reported by Polybius 14. 3. 6. We may assume that the Romans also retained this custom in later periods.

20. Tertullian says: "Religio Romanorum tota castrensis signa veneratur signa jurat. signa omnibus deis proponit. " ("The religion of the Romans was completely military. It venerated the standards, swore by the standards, and preferred the standards to all the gods. ") Cited in Harnack, *Christian Armies* (*Militia Christi*), p. V.

21. Alfred von Domaszewski, "The Religion of the Roman Army" ("Die Religion des römischen Heeres"). Special reprint from

the *Westdeutsche Zeitschrift für Geschichte und Kunst*, Vol. 14, Trier, 1895. The very important point of the difference between the military and civilian forms of religion has not been mentioned in this article. See also Hirschfeld, "On the History of the Roman Emperor Cult" ("Zur Geschichte des römischen Kaiserkultus"), *Sitzungsberichte der Berliner Akademie*, Vol. 35, 1888.

22. Beloch. in *The Population of the Greco-Roman World* (*Die Bevölkerung der griechisch-römischen Welt*), estimated some 54 million. In a later article, however, in the *Rheinisches Museum*, Vol. 54, 1899, he reached a somewhat higher estimate for Gaul than in his book. I myself have gone even higher. See Vol. I, p. 493. The higher estimate for Gaul tends in turn to lower somewhat the figures for the other countries.

23. "Venio nunc ad praecipium decus et ad stabilimentum Romani imperii salutari perseverantia ad hoc tempus sincerum et incolume servatum militaris disciplinae tenacissimum vinculum, in cuius sinu ac tutelaserenus tranquillusque beatae pacis status adquiescit. " ("Now I come to the principal glory and support of the Roman Empire—the most stubborn bond of military training, safely preserved and intact by its wholesome persistence up to the present time. In its bosom and guardianship the cheerful and calm state of a blessed peace rests.") Valerius Maximus 2. 7.

24. Suetonius, *Domitian*, Chapter 12.

25. *Bell. Gall.* 2. 8; 7. 41, 81. *Bell. civ.* 3. 45, 51, 56. *Afr.* 31. Schambach, *Some Observations on the Roman Use of Missile Weapons,*

Especially in Caesar's Time (*Einige Bemerkungen über die Geschutrverwendung bei den Romern, besonders zur Zeit Cäsars*), 1883. Mühlhausen in Thüringen Program. Fröhlich, *Caesar's Methods of Waging War* (*Kriegswesen Cäsars*) 1: 77. Attempts have recently been made to reconstruct these weapons. During the excavations on the Lippe, an unusual wooden instrument was discovered, which some believe to be the *pilum murale*. G. Kropatschek has added an interesting study on that subject in the *Jahrbücher des Archäoligischen Instituts* 23 (1908): 79.

26. Vegetius 2. 25.

27. Cited in Marquardt 2:567.

28. In addition to the eighth volume of the *Corpus inscriptionum latinarum*, the inscription is treated by Sebastian Dehner in a Bonn dissertation, "Hadriani reliquiae," 1883, and by Albert Müller, *Maneuver Critique by Emperor Hadrian* (*Manöverkritik Kaiser Hadrians*), Leipzig, 1900. I have adopted quite a few of the insertions suggested by these two authors, but not all of them. The translation from the *Militär-Wochenblatt*, 1882, No 34, has been significantly changed in some places and filled in in others.

(Added in the second edition.) Recently, many more small fractions ofthe inscription have been found, but in general they have concerned only the heading and the date. The address is directed "*at pilos*" ("to the *primi pili*"). Héron de Villefosse, *Festschrift zu Otto Hirschfelds 60. Geburtstag*, Berlin, 1903.

29. Legion is to be interpreted as "division" to the extent that it contains all the combat arms.

30. *compares*, actually "comrades." The legion in Lambaesis had the name III Augusta. There were also two more legions that had the number "three": the III Gallica and the III Cyrenaica. Consequently, men had been transferred to one of these two units.

31. I choose this expression because these three classes formed one stratum.

32. I choose this expression by way of analogy with our divisional cavalry. Each cohort of auxiliary troops was permanently assigned a small cavalry detachment.

33. "*frequens dextrator*" has been explained in the most varied ways, and I will not claim that my translation is beyond doubt the right one. It fits the sense and the context with respect to the previously stated number of skirmishing sharpshooters and the later closed attack. "*dextratio*" means the movement of going around from right to left. Thus, the word *dextrator*, which does not appear anywhere else in the sources, may well have been used for a specific turning movement on parade.

9 军事理论

1. In connection with this chapter, I again refer the reader to the basic facts in the introduction to Köchly and Rüstow's *Greek Military Authors* (*Griechische Kriegsschriftsteller*), Part II, and particularly to Jähns' *History of the Military Sciences* (*Geschichte der Kriegswissenschaften*), Vol. I, from which I have taken several citations.

2. Köchly and Rüstow, *Greek Military Authors*, Part II, second section, p. 213.

3. It is also unnecessary for us to go into purely theoretical suggestions, even if they should have led to important experiments, such as Rüstow treats in his *History of the Infantry* (*Geschichte der Infanterie*) 1: 54, since no positive result came from them.

4. Johann Gustav Foerster, *De fide Fl. Vegetii Renati*, Bonn dissertation. 1879, shows Vegetius' inextricable confusion in many places.

5. As a supplement to the translation in *Greek Military Authors* by Köchly and Rüstow, 1: 201.

10 古罗马军事体系的衰落与解体

1. For example—and certainly correctly— L. Schmidt in *Hermes* 34: 135, on the war with the Marcomanni.

2. Dessau, "The Source of Officers and Officials of the Roman

Empire During the First Two Centuries of Its Existence" ("Die Herkunft der Offiziere und Beamten des Römischen Kaiserreichs, während der ersten zwei Jahrhunderte seines Bestehens"), *Hermes* 45 (1910).

3. Tacitus, *Annals* 3. 40.

4. Tacitus, *Annals* 3. 53.

5. Nissen, "The Trade Between China and the Roman Empire" ("Der Verkehr zwischen China und dem römischen Reich"). *Bonner Jahrbücher*, Vol. 95.

6. Mitteis, in his "Studies on the Ancient Banking System Based on Papyrus Finds" ("Untersuchung über das antike Bankwesen auf Grund der Papyrusfunde"), *Zeitschrift für Rechtsgeschichte, Römische Abteilung*, Vol. 19, establishes the fact that indications of a specific exchange of checks, which would, of course, be a very important point, are very weak.

7. According to B. Pick in the *Handwörterbuch der Staatswissenschaften* 5: 918, 2d edition.

8. Mommsen, *Roman Monetary System* (*Römisches Münzwesen*), pp. 755, 777.

9. Based on an inscription found recently in Africa, an attempt has been made to clarify this with reductions of the army strength and the pay. Domaszewski, *Rheinisches Museum* 58: 383. Mamea lowered the strength as well as the pay of the *principales*, but, of course. this action did not go far toward solving the matter. The soldiers and their good will were only too strongly needed both within the empire and beyond it.

10. To be sure, the gold coins were reduced in weight but not in the me way the silver coins were alloyed. From this point, too, we may conclude that there was practically no more circulation of gold coins; otherwise, they would certainly not have passed up the convenient solution of using alloys in these coins as well. A shortage of gold is referred to directly in a source document, *vita Aureliani*, 46, cited by Mommsen in *Geschichte des römischen Münzwesens*, p. 832.

11. In accordance with the verbatim text, the passage in *Scrpt. Hist. Aug. Vita Alexandri* (*Writers of the Augustan History, Life of Alexander*), Chapter 39, must be understood as meaning that the taxwas reduced to one-thirtieth. But the correction and interpretation proposed by Rodbertus, according to which it was one-thirtieth of the value of the cadaster, whereas previously one-tenth was required at least has the advantage of providing something possible and credible from a practical viewpoint. See M. Weber, *Römische Agrargeschichte*, P. 194.

12. Seeck, *Preussische Jahrbücher* 56: 279.

13. On 1 October 205, the soldier C. Julius Catullinus, of the Foutteenth Legion, dedicated an altar to Jupiter, and on it he referred to himself as "*conductor prati Furiani lustro Nert. Celerini primi pili*" ("tenant of the field of Furianus Nert. Celerinus, primus pilus. for a five-year period"). This inscription was found on the Schaflerhof, south of Petronell, near Vienna, and was published in the *Berichte d. Ver. Carunum in Wien, für das Jahr 1899*, p. 141. According to this, then, ground belonging to the legion (*pratum*) was regularly leased out to the

soldiers. In various other places, inscriptions from the same period that also contain the word *lustra* (periods of five years) have been found. The editor, Bormann, has already related this, and certainly correctly so, to the permission that Septimius Severus gave the soldiers to live with their wives.

In the *Militärdiplom*, No. 90, *C. I. L.* III, supplement, p. 2001. the text apparently speaks of the sons of *"milites castellani"* ("soldiers of a fort") (only the letters...*lani* remain). Since it is a question only of the sons of centurions and decurions, Seeck (in *Paulys Realenzyclopädie*, under *castellum; castellani*) believes that this refers to a special type of soldier higher in grade than the privates. I prefer to reconcile the inscription with the context indicated above. Mommsen places it between the years 216 and 247.

14. *Vita*, Chapter 58.

15. Premerstein, *Klio* 3: 28.

16. Biedermann, in his *Studies on Egyptian Governmental History* (*Studien zur ägyptischen Verwaltungsgeschichte*), 1913, establishes in detail (p. 108) that the old Egyptian administrative organization disappeared toward the middle of the third century.

17. It is generally assumed that the auxiliaries had been increased as early as the second century because at that time they still had fewer demands than the legions. Under Augustus, for example. they received only a third of the pay of the legions and had no claim on the large donatives. At the same time, the demands of the legions were

continuously increasing, while their military efficiency was declining. Domaszewski, *Heidelberger Jahrbücher* 10: 226. This assumption is contrary to the possibility that I expressed on p. 171 above that the auxiliaries had been organized into legions. Both theories are mere possibilities. And it is, of course, also imaginable that they existed side by side and that now one and now the other actually took place.

18. I do not believe it necessary to attribute any significance to Caracalla's military frivolities, which are reported in Dio Cassius 77. 7 and in Herodian 4. 8. 2. 3.

19. Petersen, in *The Marcus Aurelius Column, Text* (*Die Markus-Säule, Textband*), p. 44, says of the legionaries shown on the relief: "Their shield is seldom a normal *scutum*, their lance never shown as a *pilum*," and on page 45 he continues: "…often they have trousers." These are unusual phenomena which I do not know how to explain. It has also struck me in Tacitus' account of the German war how little reference is made to the unusual aspects of the Roman combat with the *pilum*.

20. Von Domaszewski, *Die Religion des römischen Heeres*, p. 49. See also p. 113.

第二篇　民族大迁徙

1　日耳曼人为主体的古罗马军队

1. Robert Grosse's *Roman Military History from Gallienus to the Beginning of the Byzantine Thematic Constitution* (*Römische Militärgeschichte von Gallienus bis zum Beginn der byzantinischen Themenverfassung*), Berlin, 1920, has unfortunately very little to offer, despite all the energy that went into it. I have not been able to draw anything from it for my account. See my review in the *Historische Zeitschrift*, 1921.

2. Dio Cassius 78. 17.

3. Zosimus 2. 15. 1. "He collected his forces, which included subjugated barbarians, Germans, and other Celtic nations, and some assembled from Britain."*

4. Ammianus 20. 4. 17. A source of little value, Nicephorus Callistus, also reports this of Valentinian I. But the description in Symmachus, *orationes* 1. 10, to the extent that this rhetorician is to be trusted, excludes that possibility.

5. Ammianus 31. 7. 11.

6. Schuchhardt, "Anastasius' Wall at Constantinople and the Dobrudscha Walls ("Die Anastasiusmauer bei Konstantinopel und die Dobrudschawalle"), *Jahrbücher des Archäologischen Instituts* 16: 107.

7. Brunner, *Deutsche Rechtsgeschichte* 1: 39; (2d edition, p. 58).

8. This point is correctly observed by Dahn in *Procop von Cäsarea*, p. 391.

9. Ammianus 12. 12. 61.

10. Lavisse, *Histoire de la France 1: 2. Les Origines, la Gaule*

indépendant et la Gaule Romaine, by G. Bloch, Paris. 1901, p. 299 f. Ad. Blanchet, in *The Roman Walls of Gaul* (*Les enceintes Romaines de la Gaule*), 1907, rejects, on the basis of the broadest research, the theories that would place the construction of these fortifications as late as Diocletian's period, in the fourth century or even later.

11. According to the citation by Dahn, in *Könige der Germanen* 5:26.

12. Mommsen, *Ostgotische Studien, Neues Archiv für ältere deutsche Geschichte* 14: 460. L. Schmidt, *Geschichte der Vandalen*, 1901, pp. 65, 72, 122.

13. The study on the battle at the Milvian Bridge by F. Trebelmann in the *Abhandlung der Heidelberger Akademie*, 1915, is very valuable topographically, but from the military history viewpoint it misses the mark just as much as Seeck's account does. Both authors are still entangled in the concept of massive armies. They even believe the sources to the effect that Maxentius had superior forces — and even several times as many — to those of Constantine. Since it is naturally impossible to construct any reasonable account with such preconceptions, Seeck grasps the expedient of having both commanders lead their armies by dreams and portents rather than strategic considerations. I do not see why both Constantine and Maxentius should not have been capable of interpreting their dreams and signs in the same way as had previously been done by Themistocles. Pausanias, and Mardonius. The account by Landmann in *Dölgner's Constantine the Great and His Times (Konstantin*

der Grosse und seine Zeit), 1913, is reasonable, but in view of the lack of sources, it is without any conclusion of importance to military history

2 斯特拉斯堡会战 无

3 阿德里安堡会战

1. It is curious that the West Roman troops were fighting in the Dobrudscha and when they were returning to Illyricum, they encountered the Taefalae. Is it possible that they had previously left the Taefalae behind them? These bands probably did not cross the Danube until the Roman troops had already moved farther eastward. Perhaps the East Goths under Alatheus and Safrax also did not come across the Danube until now, although Ammianus recounts this earlier. In any case, the reinforcements that moved to join the Germans must have been very significant.

2. Here I believe it is permissible to combine the accounts by Eunapius and Zosimus with that of Ammianus. See Excursus.

3. Constantine Joseph Jirecek. *The Military Road from Belgrade to Constantinople* (*Die Heerstrasse von Belgrad nach Konstantinopel*), 1877, p. 145.

4. In addition to the *Generalkarte* of the Balkans, published by Artaria in Vienna in 1897, there is now available a still better Bulgarian

map (1: 420, 000), which I have used. It is based on surveys made by Russian officers during the war of 1877-1878. The map of European Turkey published by the Turkish general staff, although it bears the title "Drawn up by the General Staff of His Majesty, through Allah's Grace all-powerful and all-protecting, " is only a scarcely changed reproduction of the Austrian *Generalkarte*, according to Hardt von Hartenthurm in the *Mitteilungen des königlich-kaiserlichen militärischen geographischen Instituts,* Vol. 18. See *Austria-Hungary and the Balkan Countries (Oesterreich-Ungarn und die Balkanländer)*, by L. v. Thalloczy, Budapest, 1901.

5. Socrates 4. 38.

6. Theodoret 4. 33.

7. Sozomenos 6. 40.

8. Socrates 4. 38.

4 军队兵力

1. G. Kaufmann, *Deutsche Geschichte* 1: 89.

2. I cannot understand how Schmidt, in *Geschichte der Vandalen,* p. 130, can interpret the remark by Procopius 2. 7, that Belisarius with 5, 000 horsemen defeated the enemy, as meaning that the Guard was 5, 000 men strong and these are to be added to the 15, 000 men that Procopius 1. 11 gives as the army strength.

3. *Panegyriki* 9 praises Constantine for having accomplished more

with fewer troops than did Alexander, who had supposedly had 40. 000.

Panegyriki 8. 3. 3. says he defeated Maxentius "vix enim quarta parte exercitus contra centum milia hostium" ("with scarcely a quarter of his army against 100, 000 of the enemy").

In 313 against Licinius, he is also said by Anon. Bales. to have had 25, 000 men.

4. A very energetic addition to the analysis of the figures reported by Procopius is given by H. Eckhardt in the Königsberg Program (1864), "On Agathias and Procopius as Sources for the War with the Goths" ("Ueber Agathias und Procop als Quellenschriftsteller für den Gotenkrieg"). In the final analysis, however, he still holds that, everything considered, a figure of 200, 000 men for the East Goths is quite believable (page 11).

5. The number of Cimbrian warriors who crossed the Brenner Pass in 101 and descended into Italy is given by the Romans as 200. 000. Judging from the length and the type of route they took, I have felt justified in estimating that they were at most 10, 000 strong. See Vol. I, page 513. *Preussische Jahrbücher* 147 (1912): 199.

6. The passage reads: Malchus, ed. Bonn, p. 268: "They established peace on condition that the emperor supply pay and food for 13,000 men whom Theodoric chose. "*

7. That this ruse was also common with the Romans, particularly in this period, is amply documented in A. A. Müller's "Excurs zu Tacitus 1. 46, " *Philologus* 65: 306. Among other passages, Zosimus 2. 33; 4. 27.

Also in Libanius.

8. See Dahn, *Könige* 2: 78, where the source passages are also indicated. *Hist. misc.*, p. 100, and *Ennod. v. Epiph.*, p. 390.

9. Recently published in *Beihefte zum Militär- Wochenblatt* 11 (1901).

10. *History of the Burgundian-Roman Kingdom* (*Geschichte des burgundisch-römischen Königsreichs*), p. 323.

11. A very thorough treatment of this, as of the whole question, is to be found in Jahn, *Geschichte der Burgunder* 1: 337. See also Wietersheim- Dahn 2: 212.

12. The passages are quoted in Jahn 1: 345.

13. Orosius 7. 40.

14. Sidonius Apollinaris 7. 7. "viribus propriis arma hostium publicorum remorati: sibi adversus vicinorum aciem tam duces fuere quam milites. " ("They held back the forces of the public enemy with their own strength. They were their own generals as well as soldiers against the army of the enemy at hand. ") Cited by Dahn 5:93.

15. *Constit. novellae Valentin.* III, title V:

"Ex illa sane parte totam sollicitudinem omnemque formidinem vestris animis auferendam, ut hujus edicti serie cognoscat universitas, nullum de Romanis civibus, nullum de corporatis ad militiam esse cogendum, sed tantum ad murorum portarumque custodian, quoties usus exegerit. " (New Orders of Valentinian III. Title V: "Indeed, from that side all anxiety and every fear ought to be removed from your minds, and that in consequence of this edict all should know that no Roman citizen and no member of a guild is to be forced into military service, but only to the guarding of walls and gates as need requires. ") According to Section 3, everyone was also obligated to participate in the construction and repair of the walls.

Title IX (440): "ut Romani roboris confidentia et animo, quo debent propria defensare, cum suis adversus hostes, si vis exegerit, salva disciplina publica servataque ingenuitatis modestia, quibus potuerint, utantur armis, nostrasque provincias ac fortunas proprias fideli conspiratione et juncto umbone tueantur: hac videlicet spe laboris proposita, ut suum fore non ambigat, quidquid hosti victor abstulerit. " ("that, with confidence in Roman strength and the spirit in which they ought to defend their own, with their own hands against the enemy if violence demands it, with public discipline intact, and with the moderation of nobleness preserved, they should make use of what weapons they could, and they should guard our provinces and their own property with faithful unanimity elbow to elbow; that clearly in this proposed expectation of hardship it should not be in doubt that whatever the victor takes away from the enemy will be his own. ")

Cassiodor's grandfather is supposed to have repelled the Vandals when they were plundering Sicily and Bruttium. *Var.* 1. 4. 14, cited by Schmidt in *Geschichte der Vandalen*, p. 71.

16. Procopius 1. 28.

17. Zosimus 5. 40.

注 释

5 民族大迁徙时期的日耳曼军队

1. Mommsen, "Ostgotische Studien, " *Neues Archiv* 14: 504.

2. Könige der Germanen 3: 3; 4: 61.

3. In the case of the East Goths, the *millenarius* appears only a single time, and Mommsen ("Ostgotische Studien, " *Neues Archiv* 14: 499) has seen fit to explain the word completely differently; he relates it to *millena*, "hide"— hardly correctly.

4. There possibly even exists an etymological trace leading back from the monarchy to the leader of the Hundred. Ammianus 25. 5. 14, reports that among the Burgundians the kings had been called *hendinos*, and Wackernagel has felt justified in relating the word to "Hundred. " Other scholars, however, have explained it differently.

5. Dahn, *Könige der Germanen* 3: 161, from Cassiodorus. Later, Theodoric quite generally prescribed that the soldiers might exchange their ruined carts and exhausted animals on the march with the landowners through the intermediary of a royal official, the Sajo. But the soldiers were not to put pressure on the citizens, and they were to be satisfied if in exchange for larger and better animals they received, for example, smaller but healthy ones (Dahn, *Könige* 3: 88, from Cassiodorus. *Var.* 5. 10).

6. Dahn, in *Könige der Germanen* 6: 82, believes that, while the migrating armies of the Germanic tribes were accompanied by women, the latter could not possibly have followed the campaigns in the same

numbers.

Where then are the Goths supposed to have left their wives and daughters?

7. "Walsians, some of whom already had German names, appeared individually in Ratisbon as late as the ninth century, around Ebersberg as late as the eleventh, and in the Salzburg region as late as the twelfth and thirteenth centuries. " Riezler, *Geschichte Bayerns* 1: 51. Many Romanics settled in the Tyrol in particular.

The *Tegernseeer Gründungsgeschichte* reports that only 1. 000 Bavarian knights had conquered the territory. While the legend has no validity in itself, it does reflect the continuing idea that here not only was a territory occupied but a people was subjugated.

8. Wait, *Deutsche Verfassungsgeschichte* 2: 169; 2d edition, 2: 1, 282.

9. Brunner, *Deutsche Rechtsgeschichre* 1: 85.

6　日耳曼人与古罗马人的混居

1. Prosper Tiro, anno 440: Deserta Valentinae urbis rura Alanis… partienda traduntur. (The uninhabited countryside of the city Valentina is handed over to be divided up by the Alani.)

Prosper Tiro, anno 442:"Alani, quibus terrae Galliae ulterioris cum incolis dividendae a Patricio Aëtio traditae fuerant, resistentes armis subigunt, et expulsis dominis terrae possessions vi adipiscuntur. " ("The

Alani, to whom the territory of Farther Gaul had been handed over by the patrician Aëtius to be divided with the inhabitants, suppressed the armed resistance of the natives. They acquired the property by force, after the owners of the land had been driven off. ")

2. Here we may pass over whatever else there still was in the way of lease conditions, etc. See Brunner, *Rechtsgeschichte* 1:199.

3. Procopius 3. 2.

4. Hartmann has drawn attention to this in his *History of Italy in the Middle Ages* (*Geschichte Italiens im Mittelalter*) 1: 109. The liability of the curiae naturally did not carry over to the Germans. Of course, the argument disappears as to whether and where the taxes were shifted as a result of the division.

5. The idea that an original 1/2: 1/2 division of the cultivated land was later changed to 2/3: 1/3 has been rejected with good and convincing reasons by Kaufmann in *Forschungen zur Deutschen Geschichte*, Vol. X.

6. Gaupp, p. 352, note.

7. *Lex Visig.* 9. 2. 6.

8. Dahn, *Konige* 3: 162, Note 4.

9. The lex *Burg.* carries the signature of thirty-one or thirty-two *comites* (Binding, *Fontes rerum Bernensium*, p. 95, Note 16). But it is no doubt not necessary that all of these comites were active administrators of counties, Binding, in his *Geschichte des burgundischgermanischen Königreichs* 1: 324, assumes that there were at least thirty-two counties.

10. If in *lex Visig.* 10. 1. 16 it is assumed that a Goth has taken by

force the third belonging to a Roman and he is supposed to return it if the situation has not existed for fifty years, that can after all only apply to estates of absentee landowners. A Roman who had been robbed of his entire property by the Goth with whom he was supposed to share would certainly have taken up the fight for his rights either immediately or never, On the other hand, a high Roman may have realized for many years that one of his estates had illegally been taken from him but then finally, after the sense of legal security had become firmer among the new masters, he might have again made his claim.

11. Gaupp, p. 404.

第三篇　查士丁尼皇帝与哥特人

1　查士丁尼军制

1. A. Auler, *de fide Procopii in sec. bello Persico Justiniani I imp. enarrando (On the Reliability of Procopius in Describing the Second Persian War of Emperor Justinian I)*, Bonn dissertation, 1876.

2. Belonging to the same period as Procopius are two theoretical documents that do not offer much in themselves but are important as controls, extension, and even refutation of Procopius. One is a writing by Urbicius (Orbikios) and the other an anonymous work, *Peri stratēgikēs (On Generalship)**. For discussion of both, see Jähns, *Geschichte der Kriegswissenschaften* 1: 141 ff. and Rüstow-Köchly. *Griechische*

Kriegsschriftsteller 2: 2.

3. De *Justiniani Imperatoris aetate quaestiones militares scripsit Conradus Beniamin* (*Military Questions from the Age of Emperor Justinian I by Conrad Benjamin*), Berlin dissertation, 1892, W. Weber.

4. Mommsen, *Hermes* 24: 258.

5. Justinian also sought to maintain the institution of the "border guards" (*Grenzer*), and he organized new ones in Africa. The edict covering this was even transcribed into the code and has come to us in that way. Mommsen, *Hermes* 24: 200. But the salary that was allocated and promised to these men, in addition to the land given to them, could not be paid to them; there was too much demand elsewhere for liquid currency. Finally, Justinian seems to have deprived them of their character as soldiers as well as their pay. Procopius, *hist.* arc. 24, as cited by Mommsen in *Hermes* 24: 199. Others consider this as applying only to the east.

6. Taken from the translation by Coste in the *History Writers of the Earliest German Period* (*Geschichtsschreiber der deutschen Vorzeit*).

7. Spartian, Chapter 10.

8. Vopiscus, Chapter 7.

9. Dahn, *Procop von Cäsarea*, p. 395.

10. Procopius, *bell. Pers.* 2. 17; 2. 18. *bell. Vand.* 2. 14.

11. See Vol. I, p. 67. Luschan, "On the Ancient Bow" ("Ueber den antiken Bogen"), *Festschrift für Benndorf*, 1898. Jähns. *Trutzwaffen*: the entire very informative chapter on the bow, third phase. See also

my Vol. III, Book 3. Chapter 8:"English Archery" ("Das englische Bogenschiessen"). The same account appears again there.

12. Reproduced in Diehl, *Justinien et la civilisation byzantine*, p. 209.

13. Köchly and Rüstow. *Griechische Kriegsschriftsteller* 2: 2, 201. It is from the anonymous document.

2 塔吉纳会战

1. According to the translation by Coste in the *History Writers of the Earliest German Period* (*Geschichtsschreiber der deutschen Vorzeit*).
Nissen claims that the name reads not "Taginae" but "Tadinae."

3 维苏威火山会战 无

4 卡西林努斯河会战 无

5 战　略

1. Dahn, *Procop von Cäsarea*, p. 412.

2. Köchly and Rüstow, *Griechische Kriegsschriftsteller* 2: 2, 167. Chapter XXXIV, p. 4.

3. Jähns, *Geschichte der Kriegswissenschaften* 1: 155. See vol. IV, pp. 194, 207.

注 释

第四篇　向中世纪过渡

1　古罗马-日耳曼国家的军事组织

1. Although the law of Valentinian I is contained in the *Codex Theodosianus* 4. 14, Heinrich Richter has sought to interpret away this content in his work, *Das weströmische Reich*, p. 681. Note 150. But his interpretation, considering among the *barbara conjux* (barbarian wife) and the *gentiles* (foreigners) only barbarians outside the border of the Roman Empire, is juridically untenable. That Valentinian himself gave Merobaudes a Roman as his wife, and Theodosius gave Fravitta the Goth and the Vandal Stilicho his own nieces were exceptions such as the most powerful people sometimes make for themselves.

2. According to Zeumer, "History of the West Gothic Laws" ("Geschichte der westgotischen Gesetzgebung"), in the *Neues Archiv für ältere deutsche Geschichtskunde* 24: 574, Leovigild (569-586) legally permitted the *connubium* (intermarriage) between Goths and Romans; but he says that, in fact, the prohibition had already been violated and disregarded many times previously.

3. Mommsen, *Ostgotische Studien* 497: "As only the Goth can be a soldier in Theodoric's state, so too can he alone be an officer. The exclusion of Romans from the military offices counterbalances the exclusion of the Goths from positions as civil magistrates."

4. Procopius, *bell. Goth.* 1. 2.

5. Dahn, *Könige* 3: 5: 36.

6. In this third edition, this paragraph has been reworked on the basis of the study by Eugen Oldenburg, *The Military Organization of the West Goths* (*Die Kriegsverfassung der Westgoten*), Berlin dissertation, 1909.

7. Procopius, *bell. Goth*. 1. 12.

8. The *Codex Eurici*, Chapter 310, uses the expression buccellarius four times; the corresponding *Antiqua* 5. 3. 1 uses the circumlocutions *"quem in patrocinio habuerit"* ("whom he had in patronage") and *"in patrocinio constitutus"* ("placed in patronage").

9. Waitz 2: 531. 3d edition, 2: 1: 215.

10. Waitz 2: 528. 3d edition, 2: 1: 213.

11. Binding, *History of the Burgundian-Romanic Kingdom* (*Geschichte des burgundisch-romanischen Königreichs*) 1: 196, Note 671.

12. Procopius 3. 22.

13. Brunner, *Deutsche Rechtsgeschichte* 1: 302, argues that the Romans were already referred to as subjects in the oldest existing version of the *Lex Salica* but still did not form any part of the army. This text is from the time of Clovis. Under Clovis' sons, however, in later texts and a supplement, note is taken of the fact that Romans can also be in the army.

14. Roth. *Benefizialwesen*, p. 172, has assembled examples of military accomplishments by Gallo-Romans. But when he concludes

from this that, contrary to the effeminate Italians, the Gallo- Romanic population can still be generally designated as warlike, that is concluding too much. Roth especially praises the Aquitanians. Why is this particular group supposed to have been especially brave? The preference for the one area shows us the error of the whole concept: these are no more than individual events preserved by chance, which have given a false picture. Quite similar things may have happened in Italy without, as a matter of chance, being described. The refining process of civilization and the inevitably accompanying softening had affected the population of Gaul in the course of four and a half centuries no less than it had the Italians.

15. Proven by Roth with numerous examples, p. 173.

16. Roth, *Benefizialwesen*, p. 180.

17. Gregory 4. 47 and elsewhere. Waitz 2: 533.

18. The Burgundians, too, already had other than free men as warriors. The *Lex Gundobada*, Title X, reads: "Si quis servum natione barbarum occiderit lectum ministerialem sive expeditionalem, sexagenos solidos inferat, multae autem nomine XII.

Si alium serum Romanum sive barbarum aratorem aut porcarium XXX sol. solvat. "

("If anyone should have killed a barbarian slave selected for service at court or for military service, he would pay 60 solidi, and 12, moreover, as a fine.)

("If anyone should have killed another slave, Roman or barbarian, farmer or swine-herd, he would pay 30 solidi. ")

In this case, then, we have the barbarian military serving man (*Kriegsknecht*); the common servant (*Knecht*) can also be a Roman, but this is not possible for the military serving man.

2 战术变化

1. Aurel. Victor. , Chapter 21.

2. *Ars veterinaria* 6. (4.) 6. The horses of the Thuringians were also praised by Jordanes 1. 3. 21.

3. *De bell. Vand.* 1. 8.

4. Procopius, *de bell. Vand.* 2. 14.

5. Schmidt, *Geschichte der Vandalen*, p. 39.

6. Procopius, *bell. Goth.* 1. 16; 1. 28; 1. 29. *bell. Pers.* 2. 18.

7. Brunner, Zeitschrift der Savigny-Stiftung (1887): 6.

8. For example, 3. 28; 4. 30; 8. 45; 9. 31.

9. Procopius 2. 25. Agathias 2. 5. Whether Procopius' statement here is entirely reliable must be considered doubtful, since he completely denies that the Franks used both the spear and the bow, weapons which many other sources indicate they had. Waitz, *Deutsche Verfassungsgeschichte* 2: 528; 2d edition, 2: 213. If Procopius' report is at all correct, there may have been some unusual circumstance or other, as in 552, when the invaders were principally Alamanni, whom we elsewhere find to be specifically famous as cavalry.

10. Jähns, *Geschichte der Kriegswissenschaften* 1: 142.

11. *Oeuvres* 28: 163.

12. Napoleon used very similar expressions in his regulations for the training of dragoons, as cited by Kerchnawe, *Kavallerie-Verwendung*, p. 3, note.

13. In Procopius, *bell. Pers.* 1. 14. Belisarius describes the Persian infantry as follows: "All the infantry is nothing else than a crowd of pitiful rustics who come to the army for no other purpose than to undermine a wall, to strip the dead, or to perform other services for the soldiers. "*

14. The reader's attention is called to the citation already analyzed above, Procopius, *de bell. Vand.* 1. 18, where it is recounted how the Vandals came neither in order nor formed for battle, but "They went in *symmoriai*, and these were small — about thirty, or in fact, twenty men. "* Those could have been such diminished clans.

15. The *ango* has some similarity to the Roman *pilum*, and so it can be considered as a javelin.

16. Rüstow, in *Heerwesen Cäsars*, p. 25, assumes that on the average the cavalry was one-fourth as strong as the legionary infantry, thus forming 20 percent of the army. Marquardt, in *Römische Staatsverfassung* 2: 441, agrees with this point. Fröhlich, *Kriegswesen Cäsars*, p. 40, rightly avoids considering this relationship as an average. Of the numbers reported in the sources, 20 percent is not an average but the maximum.

3 初期日耳曼-古罗马军事体系的衰落

1. Some of the codes call for half of all the serving men instead of a tenth.

2. *Könige der Germanen* 6: 222, 2d edition.

4 封建制度的起源

1. The provisions of the edict read as follows: "ut nullus judex de aliis provinciis aut regionibus in alia loca ordinetur: ut si aliquid mali de quibuslibet conditionibus perpetraverit, de suis propriis rebus exinde quod male abstulerit, juxta legis ordinem debeat restituere. " (that no judge from different provinces and regions should be appointed in other locations; that if he should have rendered some injury under any circumstances, according to the order of this law he would have to restore what he subsequently gained from his own property. ") *Mon. Germ. Leg.* 1. 14. Waitz, *Deutsche Verfassungsgeschichte* 2: 377. *Judex* applies to the official in general, also the count. The indefinite expression "*de aliis provinciis et regionibus*" ("from different provinces and regions") is either the pure bombast of a copyist or intentional because of those owners who had property in several districts. It is not specifically stated that only estate owners were to be named, but this is to be inferred from the prohibition "*de aliis provinciis aut regionibus,* " together with

the requirement for wealth: owners of a large mobile fortune without real property hardly came into consideration for the position of count.

2. *Geschichte des Benefizialwesens*, p. 153.

3. On this point I agree essentially with Brunner in his *Deutsche Rechtsgeschichte*, except that he still considers *pueri* too much as unfree men.

The difference between the Frankish monarchy and that of the other Germanic countries was first clearly recognized and sharply defined by Sohm; Sohm's idea was in turn effectively developed by W. Sickel, *Westdeutsche Zeitschrift* (1885): 231 ff.

4. Dippe, *Vassalage and Obeisance in the Kingdom of the Merovingians (Gefolgschaft und Huldigung im Reiche der Merowinger)*, p. 44.

5. Examples in Dippe, p. 18.

6. According to the extract in Boretius, *Contributions to the Critique of the Capitularies (Beiträge zur Kapitularienkritik)*, p. 154.

7. According to M. Heym. *The German Production of Foodstuffs (Das deutsche Nahrungswesen)*, p. 295. räuchern (to smoke) is a common Germanic word; this method of protecting meat from spoiling is therefore very ancient, When Pomponius Mela reports that in Germany they ate meat raw, Heym believes that this statement referred to smoked meat. The technique of making cabbage and greens preservable by a special procedure is, according to Heym, p. 327, not a native one; *sauerkraut* is a name that was adopted much later. Nevertheless, it may

not be impossible that Abbot Fulrad knew this dish and took some of it into the field with him.

8. See the excursus, "Provisions and Train."

9. (added in the 2d edition.) Consequently, I have not, as Erben states in the *Historische Zeitschrift* 101: 329, admitted the possibility of depots, for example on the Rhine, only missing testimony therefor, but I have expressly argued against the possibility of such depots.

10. Bronsart, *Dienst des Generalstabes*, p. 414, 2d edition. Today it is even more.

11. N. B.: under the then existing conditions; the present-day train horse, on a modern road, pulls more than twice that much.

12. Roth, *Benefizialwesen*, p. 99, Note 224.

13. Petit de Juleville, *Histoire de la littérature francaise*, 1:67. Toward the middle of the ninth century, Abbot Lupus of Ferrière en Gâtinais sent his nephew to Prüm to learn German. Consequently, there was no longer the possibility for this at home; but it was still considered advisable to know that language.

14. W. Bruckner, *The Language of the Lombards* (*Die Sprache der Langobarden*), Strasbourg, 1895.

15. Roth, *Benefizialwesen*, pp. 98, 100, 101. In a roster of the monks of St. Denis drawn up in 838, we find only eighteen non-Germanic names in a list of 130; furthermore the majority of the eighteen were biblical names. Even in the most southerly part of Gaul, we find the names in the ninth century to be predominantly German.

The same situation is shown in the rosters in a sacramentary of the Paris church at the end of the ninth century, published by Leopold Delisle in the *Mémoires de l'Institut de France* 32 (1886): 372.